日本古代の地域と社会統合

溝口優樹著

吉川弘文館

目　次

第二部　律令制導入後の社会統合
――行基集団を中心として――

挿図・表　目次

序　章　本書の視角と構成

一　本書の視角

1　社会統合の概念

現代社会に生きる人々は、国家と無関係ではいられない。国家とはいかなる存在であり、なぜ存在するのだろうか。かかる問題を考えるにあたって、歴史学の果たす役割は大きい。日本古代史は、日本列島に国家がはじめて登場する時代を分析対象としているため、国家形成の問題が重要な研究課題の一つとなっている。

第二次世界大戦後における日本の古代国家形成史の研究は、石母田正「古代史概説」(1)を嚆矢として、程度の差こそあれ多くはF・エンゲルス『家族・私有財産・国家の起源』(2)（以下、『起源』と略記する）の影響下に進められてきた。(3)すなわち、エンゲルスが提示した①領域による国民の区分、②公権力、③租税、④官僚という要素が国家の基本的な属性として重視されてきたのである。これらの指標のうち、どれを重視するかは論者によって差はあるが、「領域による国民の区分」についてはとりわけ重視される傾向にある。(4)

石母田はその後に『日本の古代国家』(5)を著し、日本の古代国家の構造について、在地での首長層と人民のあいだに存在する人格的な支配＝隷属関係が第一次的・基本的であり、その存在を前提として第二次的・派生的な国家対公民の支配＝収取関係が実現するとする「在地首長制」の概念を提示し、その後の多くの研究に影響を与えた(6)。首長制とは、そもそも文化人類学において、社会進化のなかの特定の段階を指す語として用いられていたが、石母田の論やそれを受けた研究のなかには、本来とは異なる独自の意味として用いられている場合がある(7)。E・R・サーヴィスの定義によるならば、首長制社会とは「強固な有機的性格を有しており、特殊化、再分配およびそれに関連した権威の中央集中化によって統合されている」社会である(8)。

一九九〇年代に入ると、文化人類学、とりわけ新進化主義学派の研究成果を本格的に取り入れた国家形成史論が相次いで提起された。鈴木靖民は、サーヴィスやM・D・サーリンズに代表される新進化主義人類学の成果を摂取して、日本古代における首長制社会論の有効性を提唱し(9)、首長制社会の諸段階を経て、七世紀末以降には首長制社会の要素が遺存する未開（原初）国家が成立、九世紀に国家が確立するとの見通しを提示した(10)。さらに新進化主義の新たな展開のうち、K・クリスチャンセンのまとめた首長制社会ないし成層社会の理論的枠組みを適用・導入することにより、日本の国家形成の諸段階を改めて説明している(11)。

一方で都出比呂志は、考古学の立場から国家形成史論を提起し、学界に強いインパクトを与えた。都出は、H・クラッセンやP・スカールニクが主宰する国際的共同研究会が提起した初期国家論をもとに、初期国家を、①階層制、②恒常的余剰、③地域編成原理、④強制力の四指標が発達する点で首長制と区別される社会段階と定義づけ、三世紀末以後の倭の社会が国家段階に到達していたとした(12)。さらに、前国家から国家への移行過程に、首長制、初期国家、成熟国家の三段階を設け、①階級関係、②余剰の存否、③権力の形態と内容、④社会統合の原理、⑤物資流通を指標として日本列島中央部における国家形成の諸段階をあとづけ、弥生時代、古墳時代、律令制社会が三段階のそれぞれに対応するとした。[13]

さて、以上のようにマルクス主義にもとづく枠組みや文化人類学にもとづく枠組みに依拠した国家形成史論が提起されてきたが、さまざまな問題点も指摘されている。[14]

『起源』については、エンゲルスが依拠したL・H・モルガンの学説が成り立たないことが指摘されている。[15]また、エンゲルスの提示している国家の四つの特徴が世界史上に存在した多様な国家から帰納的に導き出されたものではなく、演繹的に導かれたものであるため、国家成立の厳密な指標としてそれほど尊重すべきものとは考えられないことや、「領域による国民の区分」の具体例としてあげられるアテネにおけるクレイステネスの改革は支配集団内部の編成の問題であって、それを人民が領土の単なる付属物となったとみるのは誤認であること、アテネ市民が登録されたデーモス（区）の性格が本質的には人的集団と考える説があること、アテネが地理的・歴史的条件に規定された特殊例と考えられることなども問題点としてあげられている。[16]

新進化主義人類学の研究についても問題点がある。たとえば、研究の対象としてあまり俎上にあげられてこなかったアフリカの諸社会では、サーヴィスなどの首長制社会の定義ではとらえきれない事例があるとされる。[17]また首長制社会をめぐる研究の近年の動向は、単純な発展段階論から脱却し、その多様性をいかにとらえるかというところへむかっているとされる。[18]さらに統計的に文化複雑度を測る方法にもとづき、首長制が厳密な概念として、あるいは独立した範疇として成立し得るのかという点を疑問視するむきもある。[19]その一方で、ある社会が国家なのか、あるいはよく発達した酋長（首長）制社会であるのか判別することは難しいともいわれる。[20]

かかる現状に鑑みると、既存の理論的枠組みに依拠して日本の古代国家の形成・成立を説明することは大きな困難をともなうものと考えられる。むしろ、理論的枠組みそのものを再構築しなければならないであろう。国家とはいかなる存在か（国家の本質）、何をもって国家とするか（国家の指標）といった問題は、日本古代史の研究からのみでは明らかにし得ないのではなかろうか。これらの点は、人類史上に存在した、あるいは存在するさまざまな国家から帰納的に導き出される必要がある。かかる作業によって、あらゆる国家のもつ普遍的な属性とともに、時間軸を絞ったうえで、アジアの国家、日本の国家といった地域軸での特質も明らかになるであろう。その点からいえば、さまざまな事例を俎上にあげている初期国家論[21]は注目される。初期国家論のように、さまざまな国家を俎上にあげて帰納的な研究をおこなうためには、そのもとになる各国家の研究が重要である。かかる点を認識したうえで、古代国家に関わる実証的な研究を重ねていくことが、日本古代史研究に求められているといえるだろう。しかし現在の日本古代史研究は、個別具体的な研究が精緻化している一方で、マクロな視点・問題意識を有する研究が少ないように思われる。国家論が古代史研究のすべてではないにしても、個別研究をおこなううえで念頭に置くべき重要な問題であることには違いない。本書はかかる問題意識にもとづき、社会統合という分析視角を導入したい。社会統合は、新進化主義人類学でとくに重視されてきた概念である。とりわけサーヴィスの『未開の社会組織』は、社会統合の形態によって社会組織の諸段階を区分したものである。本書の分析視角にも大きく関わってくるので、やや詳しくみておきたい。

まず、サーヴィスに一定の影響を与えたのはJ・H・スチュワードの研究[22]である。スチュワードはさまざまな社会文化体系が異なる段階で異なる過程を通して発展するとし（「多系進化論」）、複雑さの程度が異なる社会文化制度を扱うにあたって、それらを「社会文化的統合のレベル」という概念を用いて区分した。

サーヴィスは「未開」の社会組織を、スチュワードの表現を用いた「社会文化統合のレベル」によって、バンド、部族、首長制社会に区分した[23]。それによれば、バンドは親族と婚姻の家族的紐帯によって統合されている。それに対して部族はクランをはじめとして、年齢階梯団、秘密結社、あるいは治療・戦闘・祭礼そのほかの特殊目的のためのソダリティー〈何らかの「コーポレート〈集団的―筆者註〉」な機能や目的をもつ非居住的「アソシエーション〈共通の目的をもって組織された団体―筆者註〉」〉といった、汎部族的ソダリティーによって統合されていた。汎部族的ソダリティーとしてもっとも普遍的なものはクランであり、出自の観念・共通祖先の観念を必要とするソダリティーである。首長制社会は、強固な有機的性格を有しており、特殊化、再分配およびそれに関連した権威の中央集中化によって統合されている。生産性の高さから人口が稠密になり、社会はより複雑で組織化されており、とくに経済・社会・宗教的諸活動を調節するセンターの存在によって、部族から区別される。定住と地域差によってそれぞれの居住集団の生産が特殊化し、それにともなって調整と生産品再分配の必要性が生じ、センターへの産物集荷がおこなわれ、再分配がおこなわれる。かかる中央調節機関が社会統合を助長し、維持する役割を果たす。国家は法的力を行使する官僚制によって統合されているという。国家は、首長制社会の特徴を多く保持しているが、新しい統合形態、すなわち合法的な力を含む特殊な機構によって統治されている点で首長制社会と区別される。

よく発達した首長制社会と国家に類似した特徴がみられる点は多くの指摘があるが、サーヴィス自身も国家が首長制社会の特徴を多く保持している点を明記している。それでも両者が区分されるのは、国家が新しい統合形態、すなわち合法的な力を含む特殊な機構によって統合されているためである。首長制社会とは、社会統合の形態によって定義づけられた社会なのである。

前述のように、新進化主義人類学の研究や、それによって示された首長制社会の概念にはさまざまな問題点もある。しかし、①首長と呼ばれる存在、また首長制社会とみなされる社会に多様性があること、②首長制社会は社会統合の形態によってほかの社会と区分できるが、ほかの要素においては区別が難しいこと、③一方的な進化のプロセスを想定することはできず、首長制社会は必ずしも国家の前段階として位置づけられるものとは限らないこと、④社会構造は社会分類の指標であって成長や複雑性の原因とは無関係であり、むしろほかの諸要因の作用の結果であることなどを考慮したうえで、社会統合の形態に注目する限りでは、首長制社会の概念は成り立ち得る。

なお、首長制社会を規定する要素として再分配の概念がこれまで重視されてきたが、生産の特殊化も、社会的な分業や地域間における生産品の交換を促し、再分配の要因となった点で重要である。生産の特殊化は地理的条件によって生じるが、職務分掌などの政治的な条件によっても助長されることに留意しておきたい。

ところで社会統合の概念は、動的・静的なとらえ方をすることができる。動的な意味でとらえると、個別に存在する複数の社会が統合してより大きな社会を形成していくこと、換言すれば社会の拡大をあらわす概念だといえる。たとえば弥生時代における社会の拡大が「ムラからクニへ」といったシェーマで表現されることがあるが、その是非はともかくとして、動的な意味での社会統合を端的に示しているといえる。しかし社会統合が意味するのは、社会の拡大だけではない。静的にとらえると、ある社会が社会としてつなぎ合わさっている状態、つまり社会的結合と換言することもできる。社会統合はこのように二通りのとらえ方ができるのであるが、後者のほうがより本質的な問題である。なぜなら、社会が地理的あるいは人口的に拡大すると、従来の原理では統合しきれず、新たな統合形態が必要となるからである。つまり、動的な意味での社会統合は、静的な意味での社会統合の変化がともなうのである。本書が分析視角として用いる社会統合とは、主として社会が社会として統合している状態を意味する。

社会統合という概念は、これまでの日本古代史研究においてあまり大きく扱われることはなかった(24)。ただし、中心的なテーマに据えられることは少なかったにせよ、さまざまな研究のなかで論及されることはあり、とりわけ国家論においては、国家成立の指標の一つとされてきた。たとえば多くの古代国家論が依拠してきた『起源』によると、血縁団体に立脚した氏族社会が破砕されて、領域によって国民を区分する国家が成立するとされる。これを簡潔に表現すると、社会統合の原理が国家の成立にともなって血縁から地縁へ転換したということになる。

また都出の「初期国家論」においても、国家形成のさまざまな指標のなかに「社会統合の原理」が含まれている。それによれば、社会が首長制→初期国家→成熟国家と変遷するのにともない、社会統合の原理は「血縁・地縁ともにある。血縁関係を基礎とする場合でも、平等関係でない円錐クランが統括する」→「地縁編成原理がよりすすんでいる。中間首長による間接支配が存在する」→「個別人身支配が強化され、中間首長の間接支配の比重が弱まる」という変遷をたどるとされる[25]。ただ社会統合の原理というと、血縁か地縁かの二者択一の問題かのようにとらえられがちであるが、そう単純な問題ではない。すなわち、社会的紐帯が血縁にもとづくとすると、その社会はより「人格的」に組織されているような印象を与え、地縁的といえば、より「非人格的」な支配を思い起こさせるため、表面的には国家の本質と関連があるが、日本列島においては血縁的紐帯と地縁的紐帯の区別は明確でなく、この二つを前国家段階、国家段階に単純に対応させることは適切でないとの指摘がある[26]。社会統合という概念を分析視角として導入するにあたっては、血縁＝人格的＝非国家的、地縁＝非人格的＝国家という対応関係は必ずしも成り立たないという、如上の指摘を考慮する必要があろう。確かに国家による統合は領域による国民の区分と親和性が強い。ただ、国家が血縁を媒介とした統合を図ることもあれば、地縁を媒介とした人格的関係にもとづく統合もあり得るであろう。社会統合の原理を尺度とする場合は、法的力を行使する官僚制による社会統合を国家成立の指標とすることができる。

サーヴィスの論をみてわかるように、社会は血縁や地縁だけでなく、社会の形態（段階）によって経済や宗教、クランなどさまざまな要素によっても統合される。とりわけ首長制社会では経済、国家では官僚機構の問題が密接に関わってくる。また、かかる新進化主義人類学の議論を相対化するならば、たとえば国家における宗教といった具合に、社会を構成するさまざまな要素が社会統合に果たした役割も検討しなければならない。このように社会を構成するさまざまな要素は社会統合において何らかの機能を有しており、したがって社会統合は社会を構成するさまざまな要素に対する分析視角としても有効な概念である。社会統合は新進化主義人類学において重視された概念であったが、本書においてもさまざまな社会を区分するうえで有効な概念として社会統合を分析視角に据える。

2　国家形成史の視角

古代国家の成立をめぐっては、さまざまな指標が出揃った時点をもって国家の成立とする考え方と、指標となる要素が萌芽しつつある段階をもって国家とする考え方がある。日本古代史研究においては前者の立場をとる研究が多く、その結果として国家の成立を七世紀末から八世紀初頭にかけての律令制の施行に求めることが多い。それに対して都出は、国家とそれ以前の社会とを対比の論理で二分することによって律令制以前の長期の移行過程の分析を軽視したり粗雑な扱いで処理したりする弊害が生じていることを指摘し、国家とそれ以前の社会との間の長い「移行過程」を歴史過程として解明することの重要性を説く(27)。国家とそれ以前の段階を対比の理論で二分することの問題点は、じつは律令制以後にも当てはまるのではなかろうか。すなわち、国家とそれ以前の段階を二分することによって、国家成立の後の推移が見落とされがちになる恐れも生じるのである。律令制が本格的に導入された八世紀初頭には、先行研究であげられているようなさまざまな指標が出揃っており、どれを重視するにしても、遅くともこの頃には国家が成立していたとみてよいだろう。しかし、それを国家の「完成」ととらえることは躊躇せざるを得ない。なぜならば、それぞれの属性がどの程度成熟しているかは別問題だからである。律令制の導入は、国家のさまざまな属性が成文法によって制度化された点において、確かに重要な画期ではある。ただ、それが実態としてどこまで機能したのかは別に検討しなければならない。

そこで注目されるのは、佐々木憲一が有効性を説く「システム論的思考」であろう。すなわち社会をサブシステムと呼ばれるさまざまな側面から成り立つシステムととらえ、それらサブシステムが各々違ったスピードで時間とともに変化するという考え方である。それによって、今まで相容れないようにみられていたモデル、仮説を同じ土俵上で比較検討でき、さらには統合解釈も可能になるとされる[(28)]。このように考えるならば、さまざまな指標が出揃っている八世紀初頭に国家が成立していたことは認められるが、さまざまな側面の成熟度は画一的であるとは限らず、また国家の展開にともなって、さまざまな属性のうちのある部分は伸張し、またある部分は衰退する可能性も想定できる。したがって、成立した国家の展開を一律に「成熟」や「衰退」ととらえることも難しくなってくる（さまざまな要素を総合的にとらえて位置づけることは可能であろうが）。国家の展開をありのままにとらえるためには、国家の属性である各要素を一貫した分析視角にもとづいて、国家形成史の延長線上でとらえる必要があるのではないだろうか。それによって、国家成立後の展開も、国家形成史と同じ尺度で論じることが可能となる。したがって、律令制の導入を重要な画期として認めつつも一度相対化し、それ以降の時代もひきつづき国家形成史の延長線上でとらえたい。そのうえで社会統合の原理に注目する場合は、法的力を行使する官僚制による社会統合の有無によって国家とそれ以外を二分するよりも、それがどの程度機能していたかという観点から、国家の成熟度を考える視点が有効だと考えられる。

かかる視点に立つとき、吉田孝や鈴木の議論は注目される。吉田は、大宝律令の施行は建設すべき国家の青写真・設計図であって、ただちにその規定が実現したわけではなく、天平時代、平安時代前期を画期として「律令国家」が建設されていくとした[(29)]。また鈴木は、律令制の導入後も国家以前の段階の社会の親族関係の原理や再分配の経済習慣などが遺存する未開（原初）国家とみて、古代国家の確立を九世紀の平安時代前期に求める[(30)]。両者の立場は異なるが、律令制の施行を国家の「完成」とみなさない点で共通している。本書も、律令制の施行を国家形成史の流れのなかで相対化し、八世紀以降をも含めた長期スパンで国家形成史をとらえることとする。

3　フィールドの設定

社会統合の様相を具体的に解明しようとする場合、地域社会が主な分析の対象となる。よって本書は地域社会論としての側面を有している。日本古代の地域史については、従来の研究が、地域対中央という単純な図式でしか検討されてこなかったという弊害が指摘され、国家を視野に入れつつも、地域相互の内的・外的連関を追求することの重要性が説かれている。[31] 近年はこのような立場から、「中央」対「地方」という意識を相対化し、多様な地域を「国家」という政治的権力によって制度的に設定された地域すなわち「制度的地域」と、歴史的に存在する地域、あるいは「制度的地域」の枠組みを越えたネットワークすなわち「歴史的地域」としてとらえる研究も提起されている。[32] このような研究は、中央との関係のみに拘泥せず、人々の営みを分析することによって、歴史的に形成された地域社会像を浮き彫りにしようとするものであるといえる。かかる視点は、地域史研究において今後も継承すべきであると考える。ただ本書は国家論の一部となることを目的とするものであるので、地域間の相互の連関も考慮しつつ、それも含めていかに国家形成史のなかに位置づけられるかという点を意識したい。

ところで、地域史を研究するうえで大きな障害となるのが史資料の限定性である。まとまった史資料が存在し、古代における具体的な歴史的展開をある程度通時代的に追うことができる地域はそう多くはないだろう。そのような状況下にあって、本書においてとくにフィールドとして扱いたいのが和泉北部地域である。和泉北部地域とは、現在の大阪府南部に位置し、おおむね国郡制下における和泉国大鳥郡を中心とする地域を指すが、特定の行政区画に限定されるものではない。むしろ、この地で活動する人間に注目することによって、多様な地域社会の輪郭が浮かび上がってくるであろう。この地域をとりあげる理由としては、一つに比較的豊富な史資料の残存状況があげられる。とくに『新撰姓氏録』（以下、『姓氏録』と略記する）によって、それが編纂された九世紀までにこの地域に居住した氏族を知ることができる点が大きい。『姓氏録』はあくまでも編纂当時における各氏族の氏姓や系譜を記したものであるが、それは歴史的に形成された産物であり、そのプロセスを紐解くことによって歴史的事実を抽出していく方法は有効であろう。また、この地域の歴史を知り得る手がかりとして、八世紀前半に行基のもとで建立されたという大野寺の土塔（以下、単に土塔と表記する）から検出された文字瓦がある。これは土塔の造営過程で記銘された一次史料であり、一二〇〇点以上という量とも相俟って、当時の社会のあり方を知るうえで絶好の素材といえる。このように豊富な史資料の残存状況から、ある程度通時代的に歴史的展開を追うことができる点が、和泉北部を対象とする大きな理由の一つである。

和泉北部を対象とするもう一つの理由は、この地域が中央と地方の両方の要素を包含している点である。和泉地域は律令制下には畿内として位置づけられる地域であり、王権の所在地から物理的な距離が近い。首長制社会は経済・社会・宗教的諸活動を調節するセンターの存在が大きな特徴であるが、五世紀代の和泉北部地域には大王（倭王）墓級の前方後円墳を含む百舌鳥古墳群が造営され、須恵器生産の一大拠点である陶邑古窯跡群（以下、「陶邑」と表記する）が形成されるように、「センター」の所在地となる地域であり、その意味では中央としての性格を有していた。しかし地域全体が「センター」としての性格を有していたわけではなく、「センター」からの再分配をうけて統合される、いわば地方としての性格を有する地域も内包している。和泉北部地域を分析の対象とすることで、社会統合の中心となる中央の様相と、それによって統合される地方の様相をあわせて明らかにすることができるのである。

なお、本書は日本古代におけるあらゆる社会統合を体系的に論じるものではない点を予め断っておきたい。日本古代史の研究はさまざまなサブカテゴリーが存在するが、社会統合はあらゆる分野に導入可能な分析視角である。本書は社会統合という分析視角にもとづいた実証研究の試みの一つである。

二　本書の構成

本書は全二部から構成される。第一部は従来の国家形成史研究でもとりあげられてきた七世紀以前、第二部は律令制が施行され、遅く見積もっても国家が成立したと考えられている八世紀前半をそれぞれ扱う。

1　陶邑古窯跡群

首長制社会では、経済・社会・宗教的諸活動を調節するセンターの存在が社会統合において重要な役割を果たす。日本列島の場合、倭王権[33]がセンターとして諸機能を調節し、各地域がその仕組みに参画することによって社会統合が進められたと考えられる。倭王権は鉄器や須恵器などさまざまな物資や技術などの再分配をおこない、社会を統合した。和泉北部地域に所在した「陶邑」も再分配センターの一つとしてあげることができよう。

「陶邑」は五世紀前半頃から十世紀頃まで継続する須恵器焼成窯跡を中心とした複合遺跡群である。日本列島における須恵器生産[34]について概観すると、五世紀代は短期間で零細な操業が想定される場合が多いが、五世紀後半から六世紀前半になると「陶邑」からの技術伝播によって日本列島の各地で須恵器窯が築かれて生産が始まるとされ、「最初の拡散」としてとらえられている。さらに六世紀後半から七世紀前半にかけての時期に再び画期を迎え、各地で大規模な生産が展開されるようになり、「第二の拡散」と呼ばれているが、必ずしも「陶邑」を中心とする技術拡散としてはとらえられないとされる。要するに「陶邑」は五世紀初頭に形成され、五世紀後半頃から再分配センターとして機能し、六世紀後半にはその役目を終えたことになる。このような「陶邑」の動向を切り口として、社会統合の諸段階に迫ることができよう。「陶邑」は須恵器窯を中心とした遺跡群であるため、考古学的な研究が中心となっている。しかし、文献史料の分析、とくに関連する氏族の分析からも「陶邑」の実態にアプローチすることは可能であろう。須恵器生産のような特殊技術の再分配は、各地域における生産の特殊化を促し、社会の有機的性格を強める効果があったと考えられる。したがって、「陶邑」をはじめとする須恵器生産の問題は当該期の社会統合の様相に迫る格好の素材といえる。

以上の問題関心から、第一部では「陶邑」をとりあげ、その成立と七世紀頃までの展開を論じる。第一章では、「陶邑」の一帯に分布する氏族を分析し、「陶邑」の成立過程を探る。第二章では、須恵器生産との関連が想定されるミワ系氏族が「陶邑」のなかでもどの地域と結びついているかという点に注目し、五世紀後半を中心とした時期における「陶邑」の機能や須恵器生産体制のあり方を検討する。第三章では、六世紀後半から七世紀前半における須恵器生産の再編とミワ系氏族の動向を関連づけて考察し、その展開のなかに「陶邑」の位置づけを試みる。第一章から第三章までは「陶邑」を中心とした須恵器生産の分析を通して、人制や部制と呼ばれる倭王権の職務分掌あるいは地域支配の体制を具体的に扱うことになる。その考察結果を踏まえて第四章では、人制や部制の構造を明らかにし、七世紀以前における社会統合のあり方に迫る。

2　行基集団

社会統合の形態に着目する場合、法的力を行使する官僚制によって統治されている点において国家はほかの社会と区別される。日本列島では、諸機能を調節するセンターとしての役割を果たしてきた倭王権が律令制の導入を図り、大宝元年（七〇一）には体系的に編纂された大宝律令が完成し、施行される。それまでの歴史的経過のなかで、どの時点を国家の成立とみるかという詳しい議論は控えるが、この時点で国家が成立（「完成」かどうかは別として）していたとみてよいだろう。しかし、国家形成の流れを重視し、それを長期スパンでとらえるならば、社会統合は律令制の施行後も有効な分析視角であり、追求しなければならない課題である。

国家は合法的力を行使する官僚制によって統治されるが、そのような制度が確立していたとしても、どの程度機能していたのかという問題がある。新たな社会統合の形態が出現しても、統合原理が円滑に転換するとは限らず、何らかの社会矛盾が生じることが想定される。このような社会の変化が生じた際に重要な役割を果たしたと考えられるのが仏教である。仏教は六世紀半ば頃に倭国に伝わったとされ、七世紀前半の推古三十二年（六二四）に調査した際に寺院は四六所あったとされるが[35]、七世紀末の持統六年（六九二）になると五四五寺にまで増加したとされる[36]。寺院数の数え方や、造寺をともなわない仏教信仰のあり方などを加味して考えねばならないが[37]、七世紀末までに仏教信仰が日本列島の各地に普及していたことが認められるであろう。

これまでの研究において、仏教が地域社会の統合に重要な役割を果たしたことが指摘されている。地方寺院の成立をめぐって三舟隆之は、在地では地方豪族が孝徳期を契機とする立郡（評）によって旧来の支配領域が分割・再編され、在地社会が大きく変化したことを背景として、祖先信仰のもとで同族意識を集約させ、再編された共同体内の結合を強化しようとしたとする[38]。また古市晃は、六世紀末から七世紀前半にかけて、北部九州、中国地方、東北地方における拠点的官衙には、仏堂と考えられる施設が設けられていたことを指摘し、この段階の倭王権の地域支配において、仏教が支配のための統合論理として不可欠の要素であったとする[39]。さらに竹内亮は七世紀後半における寺院の増加をめぐって、新たな地方統治制度の導入や対外戦争によって社会秩序が動揺するなかで地方有力者が地位を確立する手段として、社会結合を実現するための知識結集という仕組みを備えた造寺をおこなったとする(40)。

先行研究で指摘されているごとく、仏教は社会統合の手段として王権・国家あるいは各地の首長層によって利用された。仏教は律令制が施行された八世紀になっても各地で盛んに信仰され、その多くは知識という形をとった。知識とは仏事に結縁するため財物や労力を提供するものや団体、その行為、また寄進された財物などのことをいう。造寺や造像、写経、さらには交通施設や灌漑施設の造営など種々の事業が知識によっておこなわれた。そのなかでも、八世紀前半に発生した特筆すべき現象としてあげられるのが行基集団の活動である。行基のもとには多数の人々が集まり、畿内を舞台として灌漑・交通施設等の造営を含む多岐にわたる活動を展開した。

行基集団は仏教信仰を媒介とした集団であるが、それは既存の社会集団といかなる関係にあり、なぜ形成される必然性があったのだろうか。この点を社会統合の形態の変化にともなって生じた社会矛盾という観点から考察することによって、当時の国家や社会が置かれていた歴史的な位置がみえてくるのではないだろうか。

行基やその集団をめぐる研究はこれまでに多くの蓄積があるが、近年は出土文字資料の増加によって、新たな研究が可能となった。その代表的な例が豊富な出土文字資料を擁する土塔である。行基集団を論じるにあたっては、文字瓦を中心とした土塔の出土文字資料を積極的に活用したい。

以上の問題意識から第二部では、律令制が導入され、国家が成立した八世紀における社会統合のあり方を考えるため、行基集団をとりあげる。第一章では土塔の文字瓦をとりあげ、その造営や補修をおこなった仏教を信仰する集団、すなわち知識の歴史的性格について基本的な考察をおこなう。第二章では土塔から出土した文字瓦のなかでも、とくに「司解」銘瓦をめぐって考察を加え、行基集団と律令官司の関係について論及する。第三章では、土塔の知識の構造について検討し、さらに当時の地域社会のあり方に迫る。第四章では、土塔の知識に関する成果を踏まえつつ、行基集団の構造を明らかにし、さらに、社会・土木事業をおこなった歴史的背景を考える。第二部は行基集団を扱ったものであるが、それを国家史に位置づけることで、八世紀前半における国家の成熟度をうかがうことができるだろう。

註

（1）石母田正「古代史概説」（『岩波講座　日本歴史　一　原始および古代　一』所収、岩波書店、一九六二年）。
（2）F・エンゲルス著、戸原四郎訳『家族・私有財産・国家の起源』（岩波書店、一九六五年）。
（3）吉田晶『日本古代国家形成史論』（東京大学出版会、一九七三年）、原秀三郎『日本古代国家形成史研究』（東京大学出版会、一九八〇年）など。
（4）伊藤循「国家形成史研究の軌跡—日本古代国家論の現状と課題—」（『歴史評論』五四六、一九九五年）など。
（5）石母田正「日本の古代国家」（『石母田正著作集　三　日本の古代国家』所収、岩波書店、一九八九年、初出は一九七一年）。
（6）吉田晶『日本古代村落史序説』（塙書房、一九八〇年）、吉田孝『律令国家と古代の社会』（岩波書店、一九八三年）、大町健『日本古代の国家と在地首長制』（校倉書房、一九八六年）など。
（7）都出比呂志「国家形成の諸段階—首長制・初期国家・成熟国家」（『前方後円墳と社会』所収、塙書房、二〇〇五年、初出は一九九六年）。
（8）E・R・サーヴィス著、松園万亀雄訳『人類学ゼミナール　一二　未開の社会組織』（弘文堂、一九七九年）。
（9）鈴木靖民「日本古代史における首長制社会論の試み」（『倭国史の展開と東アジア』所収、岩波書店、二〇一二年、初出は一九九〇年）。
（10）鈴木靖民「日本古代国家形成史の諸段階」（『倭国史の展開と東アジア』〈前掲註（9）書〉所収、初出は一九九三年）。
（11）鈴木靖民「国家形成の諸段階の再検討—首長制社会と対外交通」（『倭国史の展開と東アジア』〈前掲註（9）書〉所収、初出は一九九六年）。
（12）都出比呂志「日本古代の国家形成論序説—前方後円墳体制の提唱」（『前方後円墳と社会』〈前掲註（7）書〉所収、初出は一九九一年）。

(13) 都出比呂志「国家形成の諸段階—首長制・初期国家・成熟国家」(前掲註(7)論文)。
(14) 最近では下垣仁志「考古学からみた国家形成論」(『日本史研究』六〇〇、二〇一二年)が従来の理論的枠組みを整理しつつ、問題点を指摘している。
(15) 小野澤正喜「マルクス主義と文化人類学」(綾部恒雄編『文化人類学二〇の理論』所収、弘文堂、二〇〇六年)。
(16) 長山泰孝「国家成立史の前提」(大阪大学文学部日本史研究室編『大阪大学文学部日本史研究室創立五〇周年記念論文集　古代中世の社会と国家』所収、清文堂出版、一九九八年)。
(17) 松本尚之『アフリカの王を生み出す人々』(明石書店、二〇〇八年)。
(18) 石村智「多系進化と社会階層化—フィジー・トンガ・サモアの事例比較—」(『近江貝塚研究会論集　二　往還する考古学』所収、近江貝塚研究会、二〇〇六年)。
(19) 大林太良「民俗学における通文化的(統計的)研究から見た未開と文明」(川田順造編『「未開」概念の再検討Ⅱ』所収、リブロポート、一九九一年)。
(20) 植木武「初期国家の理論」(植木武編『国家の形成』所収、三一書房、一九九六年)。
(21) 最近のヨーロッパ、ロシアなどを中心とする初期国家論の動向は須藤智恵美「初期国家論研究の成果と現在」(『考古学研究』六〇—四、二〇一四年)に詳しい。また、中国での初期国家論の主な研究については鈴木靖民「日本古代史における首長制社会論の試み」(前掲註(9)論文)に言及がある。
(22) J・H・スチュワード著、米山俊直・石田紝子訳「社会文化的統合のレベル—一操作概念」(『人類学ゼミナール　一一　文化変化の理論』所収、弘文堂、一九七九年)。
(23) E・R・サーヴィス著、松園万亀雄訳『人類学ゼミナール　一二　未開の社会組織』(前掲註(8)書)。
(24) 社会統合をタイトルに掲げた古代を対象とする考古学の論文としては、新納泉「古墳時代の社会統合」(鈴木靖民編『倭国と東アジア』所収、吉川弘文館、二〇〇二年)がある。
(25) 都出比呂志「国家形成の諸段階—首長制・初期国家・成熟国家」(前掲註(7)論文)。
(26) 佐々木憲一「日本考古学における古代国家論—システム論的見地から—」(『国家形成の考古学』所収、大阪大学考古学研究室、一九九九年)。

(27) 都出比呂志「日本古代の国家形成論序説—前方後円墳体制の提唱」(前掲註(12)論文)。
(28) 佐々木憲一「日本考古学における古代国家論—システム論的見地から—」(前掲註(26)論文)。
(29) 吉田孝「律令国家の諸段階」(『律令国家と古代の社会』〈前掲註(6)書〉所収)。
(30) 鈴木靖民「日本古代国家形成史の諸段階」(前掲註(10)論文)。
(31) 川尻秋生「古代地域史研究の現状と本論の視角」(『古代東国史の基礎的研究』所収、塙書房、二〇〇三年)。
(32) 亀谷弘明『古代木簡と地域社会の研究』(校倉書房、二〇一一年)。
(33) 佐藤長門「倭王権の列島支配」(『日本古代王権の構造と展開』所収、吉川弘文館、二〇〇九年、初出は一九九八年)は、「大和」が八世紀半ばにはじめて史料にあらわれる表記であること、「政権」の語が汎時代的に使用可能で、王の存在を不可欠とする時代の特質を表現するには適切でないこと、当時の列島が「倭」と記され、支配者も「倭王」と自称しており、ことさらにカタカナで表記する必要もないことなどから、律令制以前の政治権力を「倭王権」と呼称している。本書で用いる倭王権の用語もこれに倣う。
(34) 田辺昭三『須恵器大成』(角川書店、一九八一年)、菱田哲郎「須恵器の生産者—五世紀から八世紀の社会と須恵器工人」(『列島の古代史　四　人と物の移動』所収、岩波書店、二〇〇五年)、城ヶ谷和広「製陶」(一瀬和夫・福永伸哉・北條芳隆編『古墳時代の考古学　五　時代を支えた生産と技術』所収、同成社、二〇一二年)など。
(35) 『日本書紀』推古三十二年九月丙子(三日)条。
(36) 『扶桑略記』持統六年九月条。
(37) 古市晃「七世紀日本列島諸地域における仏教受容の諸相」(『日本古代王権の支配論理』所収、塙書房、二〇〇九年、初出は二〇〇六年)は、日本列島諸地域への仏教普及を考えるうえで、寺院の存在以外にも重視すべき要素が存在することを指摘している。
(38) 三舟隆之『日本古代地方寺院の成立』(吉川弘文館、二〇〇三年)。
(39) 古市晃「七世紀日本列島諸地域における仏教受容の諸相」(前掲註(37)論文)。
(40) 竹内亮「古代の造寺と社会」(『日本史研究』五九五、二〇一二年)。

第一部　律令制導入前の社会統合

――陶邑古窯跡群を中心として――

第一章　氏族分布からみた初期陶邑古窯跡群

はじめに

経済・社会・宗教的諸活動を調節するセンターの存在は、首長制社会を特徴づける要素である。倭王権はそのようなセンターとして諸活動を調節し、社会統合を助長した。河内地域（摂津・和泉を含む）には、大王（倭王）墓を含むとみられる古市古墳群や百舌鳥古墳群があり、また大県遺跡・陶邑古窯跡群(1)（以下「陶邑」と表記する。図1・2を参照）といった大規模な手工業生産の拠点も所在するなど、倭王権にとって重要な基盤となる地域であった。そのうち第一部でとりあげる「陶邑」は大阪府の南部に所在し、五世紀前半頃から十世紀頃まで継続する須恵器焼成窯跡を中心とした複合遺跡群である。センターとしての役割を担った拠点の一つである「陶邑」の実態分析は、社会統合のあり方を探るうえで有効である。

「陶邑」における須恵器生産のあり方については考古学からの研究が盛んであるが、文献史料の検討からその実態に迫ろうとする研究も多い。とくに七世紀以前については、部制やミヤケとの関わりが盛んに議論されてきた。

まず「陶部」の設定を疑問視する浅香年木は、五世紀後半以降の「陶邑」における須恵器生産について、窯跡群一帯に分布が復元される荒田直・大村直・狭山連・蜂田連・神直といった氏族の首長層が、部民制の外部で須恵器生産者を管掌していたとみた。[2] また、「陶邑」と大和の三輪との関係を論じた佐々木幹雄は、三輪山から「陶邑」産須恵器が多量に出土していることや、「陶邑」の栂地区（上神郷）に神直が分布していることなどに注目し、五世紀前半頃から栂地区に居住していた渡来系の伴造が、生産した須恵器を供給することによって三輪と関わりをもつなかで神直となり、五世紀末から六世紀初頭に分化した勢力が三輪山へ移り三輪君となったとした。[3] 一方、「陶邑」の須恵器生産とミヤケとの関連を論じた中村浩は、『日本書紀』安閑元年十月甲子（十五日）条にみえる「桜井屯倉」と「茅渟山屯倉」を同一のものとみて、上神郷域に所在する深田（橋）遺跡に比定し、中央政権による須恵器生産の直接支配の拠点として位置づけ、同地で須恵器の集荷・保管・搬出がおこなわれたとした。[4]

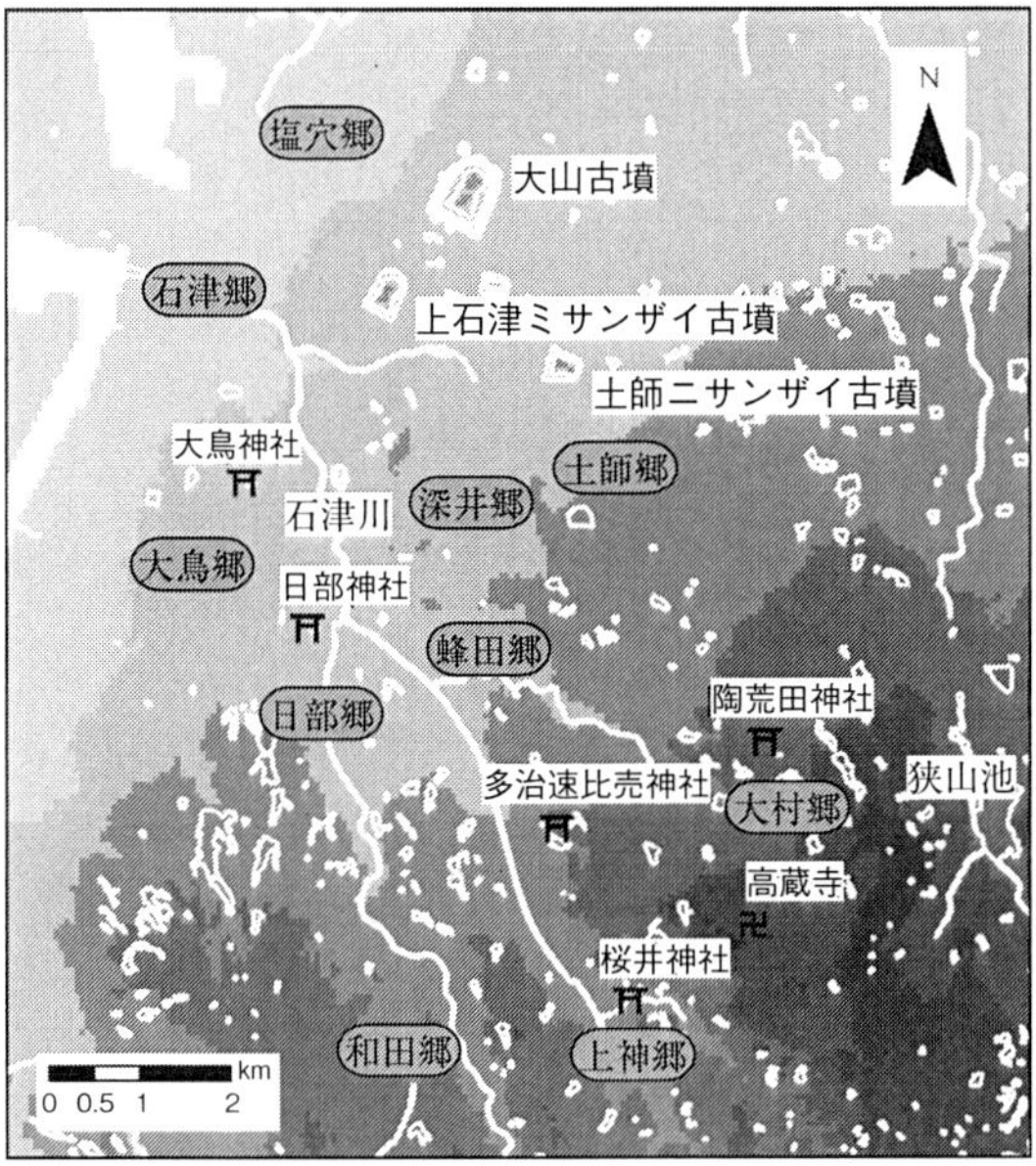

図１　和泉国大鳥郡

佐々木や中村の研究をうけた菱田哲郎は、「陶邑」のなかでも六世紀に生産が活発化し、七世紀に最盛期を迎える栂地区の須恵器生産について、「神直を頂点とするミワ部たち」がミヤケ（桜井屯倉）を生産の拠点とし、三輪山の祭祀に従事する三輪君によって統轄されていたとした。[5] 他方、鷺森浩幸は「陶邑」一帯に分布する和太連・民直や石津川水系との関わりが想定される蜂田連・大鳥連・殿来連といった中臣系氏族が祭祀に関わる範囲で須恵器生産に関与していたとし、かかる体制が六世紀代にさかのぼる可能性を指摘した。[6] また同様に、大神氏

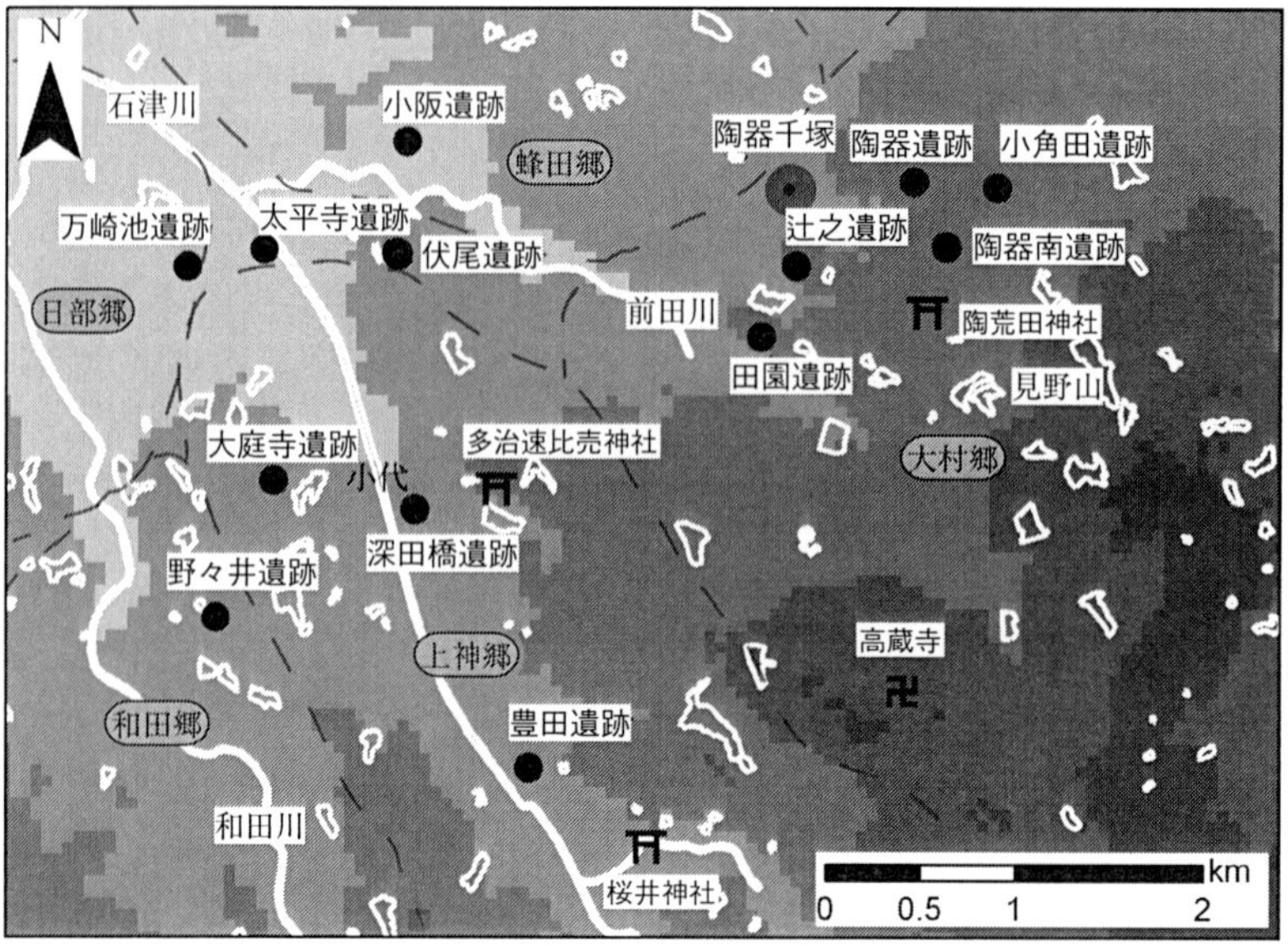

図２　「陶邑」周辺の遺跡

—神部の関与も大神神社の祭祀に関わる限定的なものであったとし、雄略期あるいはそれ以降、「陶部」による須恵器生産が中心になっていたと想定した(7)。

これらの研究によって、五世紀後半から七世紀に至る「陶邑」の須恵器生産体制については、具体的様相が明らかになりつつある。しかしながらその前段階に関しては、同時代史料が欠如していることもあって文献史料の検討からは言及が少ない。そのなかで中村は、「陶邑」一帯に分布する大村直や和田首などの氏族が「神魂命」を祖としていることに注目し、須恵器生産の開始期に紀直系氏族が関与していた可能性を想定した(8)。また中林隆之は、初期段階の「陶邑」は「葛城氏」—「紀氏集団」の支配を前提として形成されたと指摘している(9)。中林の説は大筋で首肯し得ると思われるが、その具体的様相については依然として明らかでない点も多い。

本章では如上の研究状況に鑑み、初期(10)の「陶邑」の様相について、主として分布氏族の分析により検討する。

一　初期の「陶邑」と「紀伊集団」「葛城集団」

1　初期の「陶邑」における集落の動向

具体的な考察の前に、考古学的な観点から「陶邑」の成立過程について確認しておきたい。この時期の「陶邑」における集落の動向については、岡戸哲紀が次のように三段階の変遷としてまとめている(11)。

①　出現期。大庭寺遺跡のように、須恵器生産を専門とする工房的な性格をもつ集落が出現する。大庭寺遺跡は、前代から営まれていた小規模集落が渡来系工人の定住により変貌したものとされる。それに対して、万崎池遺跡のように前代からの伝統的な集落も継続しており、須恵器生産に間接的に関与したとされ、後者が前者を補助していた可能性が指摘されている。

②　発展期。生産の拡大にともない、生産専門集落が増加・多様化する。小阪遺跡にみられるように、渡来系工人だけでなく、倭系工人も須恵器生産に積極的に関与したとみられている。また大庭寺遺跡は、渡来系集団を主体とすることに変わりはないが、日本列島に固有の特徴が出てきた須恵器を生産するようになる。

③　完成期。伏尾遺跡・野々井遺跡・深田（橋）遺跡といった大規模集落が出現する。これらの遺跡は、大庭寺遺跡と比べて渡来系の色彩が薄い。伏尾・野々井両遺跡は須恵器生産開始前夜に弥生時代からの伝統的な集落を形成していたことから、有力な在地集団が須恵器生産に積極的に参加したものと考えられている。

以上、岡戸の所説に従って、初期段階の「陶邑」における集落の動向について概観した。このように「陶邑」の形成、須恵器生産の開始には、渡来系工人の定住や在地集団の間接的・直接的関与が想定される。これらの点に留意しつつ、項を改めて初期の「陶邑」の様相について考察する。

2　「陶邑」と「紀伊集団」

まず、紀伊の豪族集団が「陶邑」の形成にいかに関与したのか検討したい。表1に示したように、「陶邑」一帯に分布する氏族をみると、坂本臣（朝臣）、和山守首、和田首、大庭造、神直、大村直など、紀（朝臣・直）氏と同祖同族関係にあたる氏族が多く認められる。また『新撰姓氏録』（以下、『姓氏録』と略記する）によると、和泉国には紀朝臣・紀直と同祖関係を有する氏族が多い（表2）。紀直との同祖同族関係を称する氏族のうち、大村直・和田首・和山守首・大庭造・神直については居地を律令制下の郷単位で復元することが可能であり、それらはすべて大鳥郡の窯跡分布域に分布している。一方で紀朝臣との同祖を称する氏族のうち、坂本朝臣・布師臣・掃守田首の三氏については居地を郷単位で復元することができるが、これらは和泉郡に分布している。よって、須恵器生産に深く関わった氏族としては、大村直など紀（とくに直）系氏族が想定されよう。[12] 栄原永遠男によると、紀直と紀臣の両系統を中心とする紀氏の同族は、もともと同族集団を構成しており、四世紀から六世紀の段階では、「紀氏集団」という概念で考えることが必要であるという。[13] したがって本章でも、紀直・紀臣の前身となる紀伊方面の諸集団およびそれらの勢力下にあった諸集団を「紀伊集団」として把握したい。

そうとらえる場合、これら和泉の諸氏の同祖同族関係が形成された時期が問題となろう。この点について栄原は、紀臣・紀直系の両方の氏族が和泉に分布することや、和泉の諸氏が倭王権により封じ込められている紀直と簡単に同祖関係を結び得たとは考えにくく、和泉の諸氏がそのような志向をもつ理由も明らかにしにくいといったことから、紀臣と紀直が分立する前の「紀氏集団」の段階（四世紀から六世紀）に成立したとするほうが理解しやすいとして

表1　「陶邑」の地区区分と郷の対応関係および分布氏族

<table>
<tr><th>地区</th><th>窯跡合計数</th><th>最古段階</th><th>5c</th><th>6c</th><th>7c</th><th>8c</th><th>9c～</th><th>郷名</th><th>分布氏族</th></tr>
<tr><td>高蔵寺(TK)</td><td>198</td><td>○</td><td>55</td><td>38</td><td>17</td><td>39</td><td>3</td><td rowspan="2">大村郷</td><td rowspan="2">大村直
菱木(比志貴)造
荒田直
茅沼山村主</td></tr>
<tr><td>陶器山(MT)</td><td>114</td><td></td><td>11</td><td>38</td><td>12</td><td>15</td><td>11</td></tr>
<tr><td>栂(TG)</td><td>122</td><td>○</td><td>22</td><td>38</td><td>36</td><td>22</td><td>—</td><td>上神郷</td><td>神直
大庭造
神人
和田首</td></tr>
<tr><td rowspan="3">大野池(ON)</td><td rowspan="3">86</td><td rowspan="3">○</td><td rowspan="3">31</td><td rowspan="3">2</td><td rowspan="3">2</td><td rowspan="3">2</td><td rowspan="3">—</td><td>信太郷</td><td>信太首
取石造</td></tr>
<tr><td>坂本郷</td><td>坂本臣(朝臣)
韓国連</td></tr>
<tr><td rowspan="2">和田郷</td><td rowspan="2">和太連
民直
和山守首
和田首
狭山連</td></tr>
<tr><td rowspan="2">光明池(KM)</td><td rowspan="2">145</td><td rowspan="2"></td><td rowspan="2">14</td><td rowspan="2">21</td><td rowspan="2">23</td><td rowspan="2">41</td><td rowspan="2">1</td></tr>
<tr><td rowspan="2">池田郷</td><td rowspan="2">池田首
池辺直
和田首
韓国連</td></tr>
<tr><td>谷山池(TN)</td><td>74</td><td></td><td>—</td><td>19</td><td>10</td><td>25</td><td>—</td></tr>
</table>

〔凡例〕

① 窯跡の数は『泉州における遺跡の調査Ⅰ　陶邑 VIII　大阪府文化財調査報告書第46輯』(大阪府教育委員会，1995年)，中村浩『和泉陶邑窯の歴史的研究』(芙蓉書房出版，2001年)による．

② 地区と郷の対応関係は，菱田哲郎「須恵器の生産者—5世紀から8世紀の社会と須恵器工人」(『列島の古代史4』所収，岩波書店，2005年)を参照した．

③ 分布氏族は吉田晶「和泉地方の氏族分布に関する予備的考察」(小葉田淳教授退官記念事業会編『国史論集』所収，1970年)や『日本歴史地名大系　大阪府の地名』(平凡社，1986年)，佐伯有清『新撰姓氏録の研究』考證篇2・4・6(1982～83年)などを参考にした．

表2　『新撰姓氏録』にみえる和泉の紀系氏族

氏族	本拠地	種別	同祖関係	『新撰姓氏録』の記載
坂本朝臣	和泉郡坂本郷	皇別	紀朝臣	紀朝臣同祖。建内宿禰男、紀角宿禰之後也。男白城宿禰三世孫建日臣、因レ居賜二姓坂本臣一。日本紀合。
的臣		〃	〃	坂本朝臣同祖。建内宿禰男、葛城襲津彦命之後也。
布師臣	和泉郡八木郷	〃	〃	同レ上。
紀辛梶臣		〃	〃	建内宿禰男、紀角宿禰之後也。
大家臣		〃	〃	建内宿禰男、紀角宿禰之後也。謚天智庚午年、依レ居二大家一、負二大宅臣姓一。
掃守田首	和泉郡掃守郷	〃	〃	武内宿禰男、紀角宿禰之後也。
丈部首		〃	〃	同レ上。
爪工連		神別	紀直	神魂命男、多久豆玉命之後也。雄略天皇御世、造二紫蓋爪一、幷奉二飾御座一。仍賜二爪工連姓一。
物部連		〃	〃	神魂命五世孫、天道根命之後也。
和山守首	大鳥郡和田郷	〃	〃	同レ上。
和田首	〃	〃	〃	同レ上。
高家首		〃	〃	同レ上。
大庭造	大鳥郡上神郷	〃	〃	神魂命八世孫、天津麻良命之後也。
神直	〃	〃	〃	同神五世孫、生玉兄日子命之後也。
紀直		〃	〃	神魂命子、御食持命之後也。
大村直	大鳥郡大村郷	〃	〃	紀直同祖。大名草彦命男、枳弥都弥命之後也。
川瀬造		〃	〃	神魂命五世孫、天道根命之後也。
直尻家		〃	〃	大村直同祖。
高野		〃	〃	大名草彦命之後也。
工首		未定雑姓	〃	神魂命之後也。

いる[14]。この点についても、大筋で従うべき見解であると思われるが、本章では『姓氏録』にみえるような同祖関係が形成される前提として、四世紀から六世紀にかけてのある段階に、和泉の諸集団が「紀伊集団」の勢力下に入ったという程度に理解しておきたい。

「紀伊集団」が「陶邑」周辺へ進出した時期について、もう少し絞り込みたい。その点に関して注目したいのが、根使主伝承である。根使主は、紀臣（朝臣）と同族にあたる坂本臣（朝臣）[15]の祖とされる伝承的人物である。『日本書紀』によると、安康天皇は草香幡梭（大草香皇子の妹）を大泊瀬皇子（後の雄略）の妃にしようとし、根使主を大草香皇子のもとに遣わした。大草香皇子はそれに応じ、誠心のしるしとして押木玉縵を根使主に託すが、根使主はそれを着服する一方で、安康には大草香皇子が拒否したと讒言し、大草香皇子は怒った安康から遣わされた兵に殺害される（安康元年二月戊辰朔条）。その後、雄略は草香幡梭を皇后とするが、根使主が呉使の饗応の際に着していた玉縵が美しいと聞いて根使主を引見したところ、皇后によって、その玉縵は大草香皇子が安康の勅を奉じて妾（草香幡梭）を雄略に進める際に献じたものであることを指摘される。それを聞いて怒った雄略は根使主を斬ろうとしたが、根使主は逃亡して日根（後の和泉国日根郡）に稲城を造って戦い、官軍によって殺害される（雄略十四年四月甲午朔条）。以上が根使主伝承の大まかな流れであるが、その顛末について『日本書紀』は次のように記す。

【史料1】『日本書紀』雄略十四年四月甲午朔条

天皇命二有司一、二二分子孫一、一分為二大草香部民一、以封二皇后一。一分賜二茅渟県主一、為二負嚢者一。即求二難波吉士日香香子孫一、賜レ姓為二大草香部吉士一。其日香香等語、在二穴穂天皇紀一。事平之後、小根使主〈小根使主、根使主子也〉。夜臥謂レ人曰、天皇城不レ堅。我父城堅。天皇伝聞二是語一。使三人見二根使主宅一。実如二其言一。故収殺之。根使主之後為二坂本臣一、自レ是始焉。

右は、雄略に滅ぼされた根使主の勢力の処断を説明するものである。それによると、雄略に滅ぼされた根使主の子孫は二つに分けられ、一つは大草香部の民として皇后に付せられ、もう一つは茅渟県主に賜って負嚢者とされた。栄原は、根使主の子孫とは根使主が支配していた部曲であり、大草香部の民とは名代の一種で大鳥郡日下部郷付近と結びつけて考えるべきであって、根使主はもともと大鳥郡日下部郷付近に勢力をもっていたとする。またそうすると、その地は「陶邑」に近く、「陶邑」と関わりの深い茅渟県主に、根使主の子孫の残り半分が与えられて負嚢者とされたことも理解しやすいという。[16] 雄略期に部制が成立していたことは確認できないため、この段階で日下部が設定されたとみることはできないが、根使主に象徴されるような首長が後の大鳥郡日部郷のあたりに勢力を有しており、雄略との抗争・敗北を契機として、その勢力が大王の強い統制下に置かれたと理解することは可能であろう。

したがって、遅くともこの抗争が起こる五世紀後半までに、根使主に表象されるような「紀伊集団」の勢力下にあった首長が、「陶邑」周辺に勢力を有していたと推測できるのである。ここで留意すべきは、日部郷すなわち根使主の拠点の所在地である。日部郷は石津川の中流域に位置しているが、「陶邑」で生産された須恵器は石津川の水運を利用して河口部まで運搬されたと考えられている。[17] よって、「陶邑」の経営には石津川中下流域の掌握が必須になると思われるが、石津川中流域における根使主に表象される勢力の存在が認められるならば、それは「紀伊集団」が須恵器の流通路となる石津川の中流域を掌握していたことを示すと考えられる。窯跡が集中するのは日部郷域よりもさらに上流域であり、そこに「紀伊集団」が進出した時期を絞り込むことは難しい。しかし、「紀伊集団」による石津川中流域への進出・掌握は、さらに上流に位置する「陶邑」の掌握と連動するのではなかろうか。つまり、五世紀後半の雄略期までに「紀伊集団」が「陶邑」やその周辺地域一帯に進出し、その地の首長層を勢力下に入れていたと考えられるのである。この時期はまさに、「陶邑」が形成される時期にあたる。

また、根使主の処断に関する伝承（史料1）は、五世紀後半に設置された「茅渟県陶邑」の経済基盤のあり方を考えるうえでも示唆的である。「茅渟県陶邑」が、人制（「人」を称するものが倭王権に仕奉する体制）のもとで「神人」が上番する須恵器生産のセンターであったならば、[18] 各地から上番する須恵器生産者たちは、一時的にせよ各々が本拠地と切り離された状態となり、その生活を支える経済基盤が必要となる。このような経済基盤も、「茅渟県陶邑」の設置とともに編成されたのではないだろうか。根使主の子孫の半分が茅渟県主の「負嚢者」にされたとする伝承は、根使主配下の人々すなわち「紀伊集団」の管掌下にあった経済基盤が茅渟県主に与えられたことを示すものであろう。これは「茅渟県陶邑」の経済基盤となるものであり、また「茅渟県陶邑」の成立と連動すると考えることができる。また裏を返せば、雄略期以前は「陶邑」を経営するための経済基盤を「紀伊集団」が管掌していたことをも示唆するものである。要するに、根使主の子孫の半分が茅渟県主の「負嚢者」にされたという伝承は、「茅渟県陶邑」の成立にともなって、そこに上番する須恵器生産者を支える経済基盤が設定されたことを示すと考えられる。

なお、根使主伝承に関わる遺跡の比定を試みると、大鳥郡旱部郷域に位置する万崎池遺跡が該当する可能性がある。岡戸によると、万崎池遺跡の出土遺物には初期須恵器が数点認められるものの、そのほとんどは土師器で占められ、渡来人との関係が示唆される軟質系土器の出土も確認されておらず、集落の立地や構造も前代の泉北丘陵における一般的なものであるという。また、泉北丘陵における弥生時代以来の伝統的集落でありながら、須恵器生産には間接的に関わり、大庭寺遺跡の集落を営んだような専門集団を補助する集団であったとされる(19)。旱部郷域に勢力を有した根使主に表象される集団が、雄略期に「茅渟県陶邑」を支える経済基盤として再編されたとみるならば、万崎池遺跡の性格はこれとよく合致すると思われるのである。

3 「陶邑」と「葛城集団」

次に、葛城の豪族集団(「葛城集団」)が初期の「陶邑」にいかに関与したのか検討したい。そこでまず注目されるのが、式内社である陶荒田神社との関係から大鳥郡大村郷域(窯跡の地区区分では陶器山地区)に分布したと復元できる荒田直である。

【史料2】『姓氏録』和泉国神別

荒田直。高魂命五世孫、剣根命之後也。

【史料3】『姓氏録』大和国神別

葛木忌寸。高御魂命五世孫、剣根命之後也。

【史料4】『姓氏録』河内国神別

葛木直。高魂命五世孫、剣根命之後也。

【史料5】『日本書紀』神武二年二月乙巳（二日）条

復以㆓剣根者㆒為㆓葛城国造㆒。

【史料6】『先代旧事本紀』国造本紀

以㆓剣根命㆒為㆓葛城国造㆒。即葛城直祖。

【史料7】『先代旧事本紀』国造本紀

橿原朝御世、以㆓剣根命㆒、初為㆓葛城国造㆒。

右の史料2によると、荒田直は剣根の後裔を称する氏族である。剣根は葛木忌寸（史料3）、葛木直（史料4）が祖としており、荒田直はこれらの氏族と同祖同族関係にあたる。[20] また剣根は葛城国造に任じられたと伝承されていた（史料5～7）。

剣根が葛城国造に任じられたとする伝承は神武期のこととして記されるが、門脇禎二によると葛城国造は円大使主の滅亡後にはじめて任じられたという。[21] ただし葛城国造が任じられるには、国造制の成立が前提となる点に留意が必要であろう。『古事記』や『日本書紀』には円大使主が贖罪のために天皇に所領を献上しようとしたと記され、『日本書紀』推古三十二年（六二四）十月条には「葛城県」の名称がみえる。これについては、円大臣が大王に奉献した

（大王に没収された）所領が「葛城県」へ継承されたとみられている。[22] また中林は、「剣根」に形象化された集団は元来「葛城氏」を構成する豪族であったが、雄略王権に恭順しこれに荷担した集団であったとみる。[23] 以上を整理すると、「葛城集団」を構成する豪族のうち、円大使主の伝承に象徴されるような雄略との抗争のなかで、雄略に協力したものが葛城地域の一部の支配を認められ、国造制のもとで葛城国造になったと考えられるのである。

以上の検討に大過なければ、葛城地域から離れた和泉北部（大鳥郡大村郷域）に居住する荒田直が、葛城国造と同様の系譜を有するようになった背景が問題となる。これについては、和泉の諸氏と紀（臣・直）氏との同祖関係形成に関する前述の栄原の指摘と同様の状況が当てはまるのではなかろうか。すなわち「葛城氏」に表象される集団が雄略との抗争によって解体した後に任じられた葛城国造、すなわち葛木（葛城）直（後に連を経て忌寸）が、それまで無関係であった和泉の氏族と同祖関係を結ぶ背景、あるいは逆に和泉の氏族があえて葛木忌寸（直）と同祖関係を結ぼうとした動機は想定しがたい。荒田直と葛木忌寸（直）との同祖関係が形成された背景には、その前提として「葛城集団」が解体する以前に何らかの素地があったとみるべきであろう。

つまり、雄略期までに「葛城集団」が「陶邑」に進出しており、在地の首長層を勢力下に取り込んでいたと考えられる。かかる関係を背景として、荒田直は葛木忌寸（直）と同様に剣根の後裔を称するようになったのではなかろうか。要するに荒田直は、五世紀後半までは「葛城集団」の勢力下にあり、その解体前後に雄略に協力した在地の首長の後裔であったと考えられるのである。

前項では、「陶邑」の形成に「紀伊集団」が深く関与していたことを推定したが、紀（朝臣・臣）氏と同祖同族関係にある氏族のなかには、的臣や布師臣など「葛城集団」と深く関わると思われる氏族が存在する。

【史料8】『姓氏録』和泉国皇別

坂本朝臣。紀朝臣同祖。建内宿禰男、紀角宿禰之後也。男、白城宿禰三世孫、建日臣、因レ居賜二姓坂本臣一。日本紀合。

的臣。坂本朝臣同祖。建内宿禰男、葛城襲津彦命之後也。

布師臣。同レ上。

右によると、的臣や布師臣は紀角宿禰の後裔を称する坂本朝臣と同祖であると称しながら、「葛城襲津彦」の後裔を称している。かかる伝承はいかにして共有されたのであろうか。直木孝次郎は、的臣を含む「葛城襲津彦」の後裔を称する氏族が大和川の近辺に関係が深いことに着目し、「曾都毗古ともっとも関係の深い葛城氏が、大和川を通じて大和から河内・摂津方面に勢力をのばし、的・玉手・阿芸那の諸氏、さらには忍海原・布敷・下神・小家の氏々をも勢力下にとりいれ、同族系譜を作り上げていったのか、あるいは英雄化された曾都毗古伝説が、やはり大和川を通路として流域諸地方にひろがり、これら諸氏族の祖先と仰がれるように至ったのか、どちらかであろう」としたうえで、後者の蓋然性が高いとした[24]。ただ、英雄化されたソツヒコの伝承が流布したにしても、それを受容して系譜に取り込んだ背景を考えなければならない。これについても、的臣をはじめとする諸氏の前身集団が雄略期までに「葛城集団」の勢力下にあったことが、英雄化したソツヒコの伝承を取り入れる素地になったのではないだろうか。つまり、和泉の的臣や布師臣が「葛城襲津彦」の後裔を称していることは、荒田直が剣根の後裔を称しているのと同様に、五世紀後半までに「葛城集団」が和泉へ進出していたことを示すものと考えられるのである。

二　「紀伊集団」「葛城集団」と渡来人

1 「紀伊集団」と渡来人

ここまで、「陶邑」に分布する氏族の分析から、紀伊や葛城の豪族集団が雄略期までに「陶邑」に進出していたことを想定した。須恵器生産には朝鮮半島の技術が用いられ、「陶邑」の形成にあたり渡来人が招致・配置されたと考えられる。それについても、「陶邑」の形成を主導した紀伊や葛城の豪族集団が深く関わったのではないだろうか。紀（臣・直）氏は、朝鮮半島との交通に関わる伝承を多く有する氏族である(25)。これらの伝承は、本拠地である紀伊の木材（クス）を用いて造船をおこない、潮流を利用しながら瀬戸内海の要衝を占拠し、それを背景に倭王権の外征軍の主力となったことに由来するとみられる(26)。ただ薗田香融によれば、紀伊水軍が活躍したのは五世紀後半から六世紀前半にかけての時期である(27)。それでは「陶邑」の初期にあたる五世紀前半頃は、どのようであったのだろうか。

そこで注目されるのが、紀伊にみられる加耶系氏族の存在である。『播磨国風土記』揖保郡大田里条には、呉勝が韓国から渡来し紀伊国名草郡大田村に定住したと記される。また『日本霊異記』下巻第三十縁には、名草郡能応村の僧観規の俗姓として三間名干岐の名がみえる（三間名干岐は任那加耶〈加羅〉の首長の意である）。李永植は、岩橋千塚古墳群における加耶的要素や楠見遺跡から出土した陶質土器の加耶的要素、また大谷古墳の遺物が加耶の古墳のものと同系統であるといったような周辺遺跡の様相から、これらを五世紀前半頃における加耶との交通に関わるものとする(28)。つまり、紀伊には五世紀前半段階における加耶地域との交通によって渡来系の人々が居住していたのである。

そこで、「陶邑」における加耶的な要素についてみておきたい。『姓氏録』などからは、「陶邑」周辺に加耶系の氏族が分布していたことが確認できない。しかし考古学の成果によると、「陶邑」における加耶的な要素が指摘されている。酒井清治によると、西日本を中心とした各地で須恵器生産が開始された段階にあたる大庭寺・栂（TG）232号窯は、馬山・昌原・金海・釜山にかけての沿岸地域の加耶系譜として想定されるという。(29) このような「陶邑」における加耶系渡来人の配置には、「紀伊集団」が一定の役割を果たしたのではないだろうか。つまり、五世紀前半頃における「紀伊集団」の朝鮮半島との交通のなかで加耶南部から人々が渡来し、「陶邑」で須恵器生産を開始したと推定されるのである。

2　「葛城集団」と渡来人

「陶邑」の形成にあたって、渡来人の配置には「紀伊集団」が深く関与したことを想定したが、「葛城集団」も同様に渡来人の配置に関与した可能性が高い。『日本書紀』には、渡来人に関わる「葛城襲津彦」の伝承がいくつかみられる。(30) そのなかでも注目されるのが次の史料である。

【史料9】『日本書紀』神功五年三月己酉条

新羅王遣㆓汙礼斯伐・毛麻利叱智・富羅母智等㆒朝貢。仍有㆘返㆓先質微叱許智伐旱㆒之情㆖。是以、誂㆓許智伐旱㆒、而紿之曰、使者汙礼斯伐・毛麻利叱智等、告㆑臣曰、我王以坐㆓臣久不㆑還、而悉没㆓妻子㆒為㆑孥。冀蹔還㆓本土㆒。知㆓虚実㆒而請焉。皇太后則聴之。因以、副㆓葛城襲津彦㆒而遣之。共到㆓対馬㆒、宿㆓于鉏海水門㆒。時新羅使者毛麻利叱智等、竊分㆓船及水手㆒、載㆓微叱旱岐㆒、令㆑逃㆓於新羅㆒。乃造㆓蒭霊㆒、置㆓微叱許智之床㆒、詳為㆓病者㆒、告㆓襲津彦㆒曰、微叱許智忽病之将㆑死。襲津彦使㆑人令㆑看㆓病者㆒。即知㆑欺、而捉㆓新羅使者三人㆒、納㆓檻中㆒、以㆑火焚而殺。乃詣㆓新羅㆒、次㆓于蹈鞴津㆒、抜㆓草羅城㆒還之。是時俘人等、今桑原・佐糜・高宮・忍海、凡四邑漢人等之始祖也。

右は「質」として倭へ送られていた微叱許智伐旱を、新羅王が逃れさせたことに怒った「葛城襲津彦」が新羅を攻めて「俘人」を連れ帰り、それが「四つの邑の漢人」の始祖になったとする伝承である。「四つの邑」がどこに比定されるかについては諸説あるが、奈良県御所市の南郷遺跡群の様相から、五世紀の第2四半期に、「葛城氏」の手によって渡来系の技術者が計画的に配置され、大量の手工業製品が複合的・機能的に生産されはじめたと推定されており、そのような意味では「四つの邑の漢人」の渡来伝承は史実の一端を伝えているとみられる(31)。

このように、「葛城集団」が後の「四つの邑の漢人」の渡来に関与したとみられているが、「陶邑」にも漢人集団の存在がうかがわれる。『姓氏録』右京諸蕃上、坂上大宿禰条逸文には、仁徳の時代に渡来した人々の後裔として三〇の氏族をあげるが、そのなかに茅沼山村主がみえる。私見では、「茅渟山」は「茅渟県陶邑」と同一の地域、すなわち大鳥郡大村郷域の陶荒田神社周辺と考えられるので(32)、茅沼山村主もこの周辺に居住していた可能性が高い。佐伯有清によると、村主は漢人集団の長の称号が後にカバネ化したものであるので(33)、茅沼山村主も同様に漢人として編成された渡来系集団であると考えられる。だとすれば、「四つの邑の漢人」の渡来伝承に登場する「葛城襲津彦」に表象された「葛城集団」との関連も想起されよう。

また「葛城集団」と渡来人の関係については、「葛城氏」の滅亡後に、その支配下にあった末使主、木曰佐、木勝といった渡来系氏族が葛城から山背国紀伊郡に移住したとする平林章仁の指摘が留意される(34)。そのうち注目したいのが末使主である。末使主については『姓氏録』に記載がある。

【史料10】『姓氏録』山城国諸蕃

末使主。出レ自二百済国人津留牙使主一也。

【史料11】『姓氏録』和泉国神別

末使主。天津彦根命子、彦稲勝命之後也。

山城国の末使主は百済系を称しているが（史料10）、和泉国の末使主は天津彦根の後裔と記されている（史料11）。

族の祖である。
『姓氏録』によると、天津彦根は額田部湯坐連（左京神別下・河内国神別）や額田部（左京神別下）といった額田部系氏族の祖である。

和泉国における末使主の居地は郡・郷単位で復元できないものの、ウヂナの「末」を地名とみた場合、「茅渟県陶邑」の近辺すなわち大村郷域の陶荒田神社周辺に求められる可能性がある。和泉の末使主に関して留意すべきは、「使主」というカバネである。「使主」をカバネとする氏族のうち、出自が明らかなものに漢使主、和薬使主、後部薬使主、小高使主、末使主、長田使主などがあるが、和泉の末使主を除いてはすべて渡来系氏族である。[35]この点からすると、和泉の末使主もじつはもともと渡来系氏族であり、後次的に天津彦根の後裔を称した可能性が考えられよう。和泉の末使主が渡来系氏族であるならば、もとは山城のものと同じく百済系であった可能性が高いだろう。このこと と、渡来系の末使主が「葛城氏」の支配下にあったとする平林の指摘を考えあわせるならば、末使主の和泉への居住の背景には「葛城集団」による配置が想定される。

それでは和泉の末使主は、なぜ天津彦根の後裔を称したのであろうか。そこで注目されるのが須恵国造の存在である。「国造本紀」は須恵国造を記し、成務期に茨城国造の祖である建許侶の児、大布日意弥が国造に任じられたとする。また、茨城国造については、応神期に天津彦根の孫である筑紫刀禰が国造に任じられたとあることから、須恵国造も天津彦根を祖としていたことがわかる。上総国周淮郡には額田郷と湯坐郷があることから、須恵国造は額田部（湯坐）氏との地縁ないしは職掌上の関係を媒介として天津彦根を祖とする系譜を有するようになったのではないだろうか。和泉の末使主は、須恵国造の「スエ」という名称にうかがわれる共通性を媒介として天津彦根の系譜を称するようになった可能性も想定し得よう。末使主の系譜に関しては問題があるが、いずれにしても五世紀前半頃の「陶邑」における渡来人の招致・配置は「葛城集団」が主導した蓋然性が高い。

なお、南郷遺跡群と「陶邑」の両遺跡群における渡来人の招致・配置には「葛城集団」の関与が想定されるが、後者（「陶邑」）から前者へと須恵器が搬入されたとみられている。すなわち南郷遺跡群からは須恵器が出土しているが、五世紀代の須恵器窯はこの一帯にはなく、「陶邑」から搬入された可能性が指摘されている。[36] 南郷遺跡群は、渡来人を「葛城氏」の「家産」に組み込んだものであると位置づけられているが、[37] 当該期の「陶邑」がその基盤として機能したことを示すのではないだろうか。ただし、「陶邑」が倭王権を構成する大豪族の本拠地ではなく、百舌鳥古墳群にも近接する泉北丘陵に形成されたのは、それが各々の豪族に属する「家産」的なものではなく、倭王権に属する須恵器生産の拠点として企図されたことを示すものであろう。

3 「紀伊集団」と「葛城集団」

以上、「紀伊集団」と「葛城集団」が渡来人の招致・配置を含めて「陶邑」の形成に深く関与したことを想定してきた。この両者が緊密な関係にあったことは、すでに指摘されている。平林は「葛城氏」の衰亡後に、その支配下にあった渡来系氏族が山背国紀伊郡に移住したとみられることや、大和国葛上郡に大坂直、伊蘇志臣、滋野宿禰といった紀氏同族が居住していること、『古事記』孝元段や『紀氏家牒』の系譜関係から、「葛城氏」と紀氏が親密な関係にあったことを指摘している。[38]

また前田晴人によると、「葛城氏」は紀伊の首長との密接な連携を構築し、それを前提に紀ノ川ルートで朝鮮半島へ向かったという。[39] 内陸部に本拠地をもつ「葛城集団」の朝鮮半島との交通は、「紀伊集団」に依存する部分があったといえるだろう。さらに中林は、和泉地域の「葛城襲津彦」を祖とする坂本臣同祖氏族の存在（前掲史料8）に注目し、「紀氏集団」（とくに坂本臣の前身を中心とした紀臣系の集団）が、四世紀後半から五世紀半ば頃にかけて仁徳──

履中―反正系の王統に密着し、「畿内王権」のヘゲモニーを掌握していた「葛城氏」と、当時、実際に婚姻関係を含む密接な関係を構築しながら和泉方面に進出し、ともに連携して朝鮮半島などの外交・軍事行動をとっていたことを反映するとみている(40)。

以上の研究を踏まえると、和泉地域、とくに「陶邑」の一帯に紀系氏族や「葛城襲津彦」を祖とする氏族、さらに葛木忌寸（直）と同祖を称する氏族がみられるのは、「紀伊集団」と「葛城集団」が連携して和泉に進出し、「陶邑」の形成に関わったことを示すものと考えられよう。「陶邑」における渡来人の招致・配置も、この両者の連携のもとにおこなわれたとみなすことができるのである。

おわりに

本章では、主に分布氏族の分析を通して初期の「陶邑」の様相について検討してきた。論じたことをまとめると次のようになる。

① 五世紀前半頃、当該期の大王と密接に結びつき、倭王権のなかで朝鮮半島との交通に大きな役割を担っていた葛城の豪族集団や紀伊の豪族集団が連携し、「陶邑」が形成される。具体的には、和泉北部地域に居住した在地の首長層を勢力下に取り込み、朝鮮半島との交通のなかで招致した渡来人を配置し、須恵器生産が開始された。

② 須恵器生産者の経済基盤は、紀伊の豪族集団の勢力下にあった、根使主に表象される首長が「陶邑」の周辺で管掌していた。この段階の「陶邑」は特定の豪族に属する「家産」的なものではなく、倭王権に属する須恵器生産の拠点として企図された。五世紀後半頃になると雄略王権のもと、紀伊や葛城の豪族集団との抗争を経て、須

恵器生産体制が再編される。日本列島における須恵器生産のセンターとして「茅渟県陶邑」が設置されるとともに、これまで根使主に表象される首長が管掌していた経済基盤の一部は茅渟県主の管掌下に置かれ、人制のもとで地方から「茅渟県陶邑」に上番する須恵器生産者の経済基盤となった。

本章の考察によると、「陶邑」周辺は須恵器の焼成に必要な燃料や窯の構築に不可欠な丘陵が存在しただけでなく、大王に対抗し得る有力な首長層が不在であったために、紀伊や葛城の豪族集団を中心とした倭王権による大規模な開発が可能になったと考えられる。つまり「陶邑」一帯は、在地勢力の取り込みと渡来人の配置によって、倭王権の基盤として組み込まれた地域であった。この点は、古代河内地域の歴史的性格の一端を示しているといえよう。「陶邑」が形成された五世紀前後は、倭王権が生産・経済センターの機能を果たす拠点を形成しはじめていた時期として位置づけることができる。

註

(1) 「陶邑」は大阪府堺市、和泉市、狭山市など大阪府南部を中心とした地域に広がる遺跡群の名称である。「陶邑」の名称は、『日本書紀』崇神七年八月己酉(七日)条にみえる「茅渟県陶邑」に由来するものであるが、そこにみえる「茅渟県陶邑」と遺跡群としての「陶邑」は同一のものであるとは考えられない。したがって「陶邑」は遺跡群の名称として用い、史料にみえる「茅渟県陶邑」とは区別する。なおこの遺跡群については、「陶邑」という名称が不適切であり、大阪府南部窯址という名称を用いることが提起されている(森浩一「須恵器の研究メモ」〈『考古学の模索』所収、学生社、一九七八年、初出は一九七六年〉、山田邦和「序章」〈『須恵器生産の研究』所収、学生社、一九九八年〉)。筆者も『日本書紀』にみえる「茅渟県陶邑」とこの窯跡群全体が一致しないとの認識から、この意見に賛同する。しかし発掘調査報告書をはじめ、遺跡群の名称として「陶邑」の名称があまりに流布しているため、本書では如上の問題点を承知しつつも、一応「陶邑」を用いておくこととする。

(2) 浅香年木「須恵器生産と陶部の関係」(『日本古代手工業史の研究』所収、法政大学出版局、一九七一年)。

(3) 佐々木幹雄「三輪と陶邑」(大神神社史料編修委員会編『大神神社史』所収、大神神社社務所、一九七五年)、同「続・三輪と陶邑」（『民衆史研究』一四、一九七六年）。

（4）中村浩「和泉陶邑窯の経営—茅渟山屯倉に関する一考察—」（『和泉陶邑窯の研究—須恵器生産の基礎的考察—』所収、柏書房、一九八一年、初出は一九七七年）。

（5）菱田哲郎「須恵器の生産者—五世紀から八世紀の社会と須恵器工人」（『列島の古代史　四　人と物の移動』所収、岩波書店、二〇〇五年）、同『古代日本　国家形成の考古学』（京都大学学術出版会、二〇〇七年）。

（6）鷺森浩幸「陶邑古窯跡群と中臣系氏族」（『和泉市史紀要』一一、二〇〇六年）。

（7）鷺森浩幸「陶邑と陶部」（栄原永遠男編『日本古代の王権と社会』所収、塙書房、二〇一〇年）。

（8）中村浩「和泉陶邑窯の成立—初期須恵器生産の概観的考察—」（『和泉陶邑窯の研究—須恵器生産の基礎的考察—』〈前掲註（4）書〉所収、初出は一九七三年）。

（9）中林隆之「古代和泉地域と上毛野系氏族」（『和泉市史紀要』一一、二〇〇六年）。なお中林は「葛城氏」をウヂ成立以前の葛城方面の諸豪族、およびその配下全体に対する呼称として用いている。また栄原永遠男『紀伊古代史研究』（思文閣、二〇〇四年）は、ウヂ成立以前において和泉南部の淡輪地域、紀ノ川下流平野の北岸側・南岸側、紀ノ川河口部を中心とする沿岸部、紀ノ川中流域などの諸地域に存在した集団の連合体を「紀氏集団」と規定しており、中林もそれに依拠している。本章では「葛城氏」「紀氏集団」にほぼ相当する概念として、用語の統一性を図るために地域の名称をとって「葛城集団」「紀伊集団」の語を用いる。

（10）私見によれば、五世紀後半になると「陶邑」の一画（陶荒田神社周辺）に倭王権が直接管理する須恵器生産のセンターである「茅渟県陶邑」が設置される（溝口優樹「ミワ系氏族と陶邑古窯跡群」〈『国学院雑誌』一一〇—七、二〇〇九年、本書第一部第二章〉）。それ以前の段階を本章では「陶邑」の初期として把握したい。

（11）岡戸哲紀「揺籃期の陶邑—集落の動向からみた陶邑の成立過程」（『文化財学論集』所収、文化財学論集刊行会、一九九四年）、同「陶邑と四ツ池遺跡」（『続文化財学論集　第二分冊』所収、文化財学論集刊行会、二〇〇三年）。

（12）薗田香融「岩橋千塚と紀国造」（『日本古代の貴族と地方豪族』所収、塙書房、一九九一年、初出は一九六七年）、吉田晶「和泉地方の氏族分布に関する予備的考察」（小葉田淳教授退官記念事業会編『国史論集』所収、一九七〇年）。

（13）栄原永遠男『紀伊古代史研究』（前掲註（9）書）。

（14）栄原永遠男「「紀氏集団」と和泉南部地域」（『紀伊古代史研究』〈前掲註（9）書〉所収、初出は二〇〇一年）。

(15)『姓氏録』左京皇別上および和泉国皇別には坂本朝臣、摂津国皇別には坂本臣を載せており、いずれも紀朝臣と同祖を称している。なお、坂本朝臣は坂本臣が朝臣を賜姓されたものである（『日本書紀』天武十三年〈六八四〉十一月戊申朔条、『続日本紀』天応元年〈七八一〉六月戊子朔条）。
(16)栄原永遠男「「紀氏集団」と和泉南部地域」（前掲註(14)論文）。
(17)中村浩「和泉陶邑窯の経営―茅渟山屯倉に関する一考察―」（前掲註(4)論文）。
(18)溝口優樹「ミワ系氏族と陶邑古窯跡群」（前掲註(10)論文）。
(19)岡戸哲紀「揺籃期の陶邑―集落の動向からみた陶邑の成立過程」（前掲註(11)論文）。
(20)葛木（城）忌寸は天武十二年（六八三）九月に葛城直が連を賜姓され（『日本書紀』天武十二年九月丁未〈二十三日〉条）、さらに忌寸を賜姓されたものである（天武十四年〈六八五〉六月甲午〈二十日〉条）。
(21)門脇禎二「葛城と河内―河内王朝（政権）論批判―」（『葛城と古代国家』所収、教育社、一九八四年）。
(22)塚口義信「葛城県と蘇我氏（上・下）」（『続日本紀研究』二三一・二三二、一九八四年）、加藤謙吉『大和の豪族と渡来人』（吉川弘文館、二〇〇二年）。
(23)中林隆之「古代和泉地域と上毛野系氏族」（前掲註(9)論文）。なお「葛城氏」の分裂については、襲津彦の後、葛城地域南部を勢力圏とした玉田宿禰系と北部を勢力圏とした葦田宿禰系に分かれ、前者に属する円大臣は雄略によって滅ぼされたものの、後者の系統はその後も勢力を保持したとする指摘も留意される（塚口義信「葛城県と蘇我氏（上・下）」〈前掲註(22)論文〉）。
(24)直木孝次郎「的氏の地位と系譜」（『日本古代の氏族と天皇』所収、塙書房、一九六四年、初出は一九六一年）。
(25)『日本書紀』応神三年是歳条、仁徳四十一年三月条、雄略九年三月条、同五月条、顕宗三年是歳条、欽明二十三年七月是月条、敏達十二年七月丁酉朔条、崇峻四年十一月壬午（四日）条。
(26)岸俊男「紀氏に関する一考察」（『日本古代政治史研究』所収、塙書房、一九六六年、初出は一九六一年）。
(27)薗田香融「古代海上交通と紀伊の水軍」（『日本古代の貴族と地方豪族』所収、塙書房、一九九一年、初出は一九七〇年）。
(28)李永植「古代人名からみた「呉」」（『加耶諸国と任那日本府』所収、吉川弘文館、一九九三年、初出は一九九〇年）。
(29)酒井清治「須恵器生産のはじまり」（『国立歴史民俗博物館研究報告』一一〇、二〇〇四年）。
(30)『日本書紀』神功五年三月己酉（七日）条（四邑漢人）、応神十四年是歳条・十六年八月条（弓月君）、仁徳四十一年三月条（酒

君）。なお「葛城襲津彦」については、今津勝紀「葛城襲津彦―五世紀前半の北東アジア史断章」（鎌田元一編『古代の人物　一　日出づる国の誕生』所収、清文堂出版、二〇〇九年）を参照。今津は葛城襲津彦が対外戦争に活躍した時期について、五世紀の第2四半期が妥当であるとしており、「葛城集団」が朝鮮半島との交通のなかで渡来人を招致し、形成期の「陶邑」に配置したとする本章の考察とも整合する。

(31)　加藤謙吉『大和の豪族と渡来人』（前掲註(22)書）。

(32)　溝口優樹「三輪君と須恵器生産の再編―六・七世紀の陶邑古窯跡群を中心に―」（『国史学』二〇六・二〇七合併号、二〇一二年、本書第一部第三章）。

(33)　佐伯有清「新羅の村主と日本古代の村主」（『日本古代の政治と社会』所収、吉川弘文館、一九七〇年）。

(34)　平林章仁『蘇我氏の実像と葛城氏』（白水社、一九九六年）。

(35)　太田亮『全訂日本上代社会組織の研究』（邦光書房、一九五五年）。

(36)　木下亘「須恵器から見た葛城の物流拠点」（『葛城氏の実像』所収、奈良県立橿原考古学研究所付属博物館、二〇〇六年）、酒井清治「渡来系土器から見た日韓交流」（同前書所収）。

(37)　田中史生「渡来人と王権・地域」（鈴木靖民編『日本の時代史　二　倭国と東アジア』所収、吉川弘文館、二〇〇二年）。

(38)　平林章仁『蘇我氏の実像と葛城氏』（前掲註(34)書）。

(39)　前田晴人「葛城の古代道路と雄略天皇」（『日本古代の道と衢』所収、吉川弘文館、一九九六年、初出は一九九五年）。

(40)　中林隆之「古代和泉地域と上毛野系氏族」（前掲註(9)論文）。

第二章　「神人」と陶邑古窯跡群

はじめに

第一章では氏族分布を手がかりとして、五世紀前後における初期「陶邑」の様相について論じた。その後の「陶邑」は、日本列島の須恵器生産において重要な位置を占めるようになる。五世紀後葉から六世紀前葉にかけての時期は、日本列島の各地で須恵器窯が築かれて生産が開始されるが、それは「陶邑」からの技術伝播によるものとされ、「最初の拡散」としてとらえられている。(1) この時期の「陶邑」は倭王権の強い影響下に置かれた再分配センターとしての性格が認められよう。「陶邑」における須恵器生産は、日本列島各地への技術移転がともなっているため、「陶邑」だけにとどまらず、列島規模の問題でもある。かかる問題を考えるにあたって注目したいのが、須恵器生産と何らかの形で関わっていると考えられるミワ系氏族である。日本古代、とくに律令制以前における須恵器生産をめぐっては、「ミワ」を称する氏族が須恵器の生産と密接な関係にあったことが指摘されており、近年それに関する研究が増えている。本書では①大神朝臣（三輪君）と同祖同族関係にある氏族（賀茂朝臣・宗形朝臣・大神複姓諸氏族など）、②ウヂナに「ミワ」の語を含む、あるいはそれに類する氏族（神直・神部直・神人・神人部・神部・大庭造など）のいずれかに該当するものをミワ系氏族と定義し、とくに②を指してミワ系氏族と呼ぶこととする（引用箇所は元の表現を用いる)。

ここでミワ系氏族と須恵器との関係をめぐる研究を整理しておきたい。まず先駆的な研究をおこなった佐々木幹雄は、三輪山から「陶邑」産須恵器が多量に出土していることや、「陶邑」の栂地区(上神郷)に神直が分布していることなどに注目し、五世紀前半頃から栂地区に居住していた渡来系の伴造が、生産した須恵器を供給することによって三輪と関わりをもつなかで神直となり、五世紀末から六世紀初頭に分化した勢力が三輪山へ移り三輪君となったとした(2)。また坂本和俊は、多くの地方窯の周辺でミワ系氏族の分布が確認されることを指摘し、ミワ系氏族が「陶邑」だけでなく地方での須恵器生産にも重要な役割を果たしていたことを想定した(3)。さらに菱田哲郎は、牛頸窯跡群出土の須恵器刻書銘や湖西・美濃須衛・牛頸・陶邑の各窯跡とミワ部との関連等から、律令制以前の須恵器生産はミワ部を中心に部民制の枠組みのなかでとらえられるとした(4)。そして後藤建一は、天平十二年(七四〇)「遠江国浜名郡輸租帳」と湖西窯跡群を分析し、八世紀前半における遠江国浜名郡新居郷の中核窯場には神直、周辺の小規模窯場には神人・神人部・和爾神人らが対応しており、かかる窯業生産のあり方が六世紀末から七世紀初頭の開窯期にまで遡ることができるとした(5)。

一方でミワ系氏族と須恵器生産の関係については、いくつかの問題点も指摘されている。高橋照彦は、須恵器生産が三輪(神)氏あるいは神部と関連づけられる場合が少なくないものの、須恵器生産をそれらのみと関連づけるべきではないとしている(6)。また鷺森浩幸も、神部は大神氏の部曲として直接的には大神氏に対して奉仕する部民であって、王権と直結する性格の部民ではないとし、「陶邑」における須恵器生産に関しては大神神社の祭祀に関連する限りにおいて関与したとみる。そして、「陶邑」周辺に分布が確認される和山守首・和田首といった首姓諸氏や、神直・大庭造・大村直などの紀直系の諸氏が東漢氏のもとで「陶部」を管理していたとする(7)。

鷺森の所説は「陶邑」の須恵器生産が王権によって直接的に支配されたことを前提とするものである。しかし「陶邑」は五世紀前後から十世紀にかけて東西一一キロメートル、南北九キロメートルの範囲に展開する遺跡群であり、全時期を通して、また全域にわたって王権が直接的に支配していたとは考えがたい。「陶邑」と須恵器生産を管掌した集団の関係をめぐっては、「陶邑」内の地域差と時期差を考慮する必要があろう。とくに、鷺森が主な考察の対象とした七世紀以前については、「陶邑」内の地域ごとで須恵器生産の集団や体制が異なることが考古学の研究によって多く指摘されている。(8)また、ミワ系氏族と「陶邑」の関係をめぐる菱田の指摘は、須恵器生産の「第二の拡散」の時期をめぐるものであるが、「最初の拡散」の時期についても追求する余地があるのではないだろうか。

右の点を踏まえ、本章では「陶邑」内の地域差に注意を払いながら、ミワ系氏族が「陶邑」内のどの地域と結びついているのかを検討し、倭王権の再分配センターとして機能していた五世紀後葉以降における「陶邑」の実態や、ミワ系氏族が須恵器生産に関与したことの歴史的意義を明らかにしたい。

一　ミワ系氏族の性格

1　ミワ系氏族の姓と系譜

「陶邑」の一帯には、須恵器生産との関連が指摘されているミワ系氏族が居住していた。(9)また、日本列島の各地にもミワ系氏族の分布が認められる。それらも含めて、『姓氏録』や国史の記載によって、系譜や姓の分析からミワ系氏族の歴史的性格に迫ってみたい。

まずは、「陶邑」に居住したミワ系氏族の系譜を確認しておく。

【史料1】『姓氏録』和泉国神別

大庭造。神魂命八世孫、天津麻良命之後也。

神直。同神五世孫、生玉兄日子命之後也。

史料1には、和泉国の氏族として大庭造と神直がみえる。このうち大庭造について中村浩は、「オホニワ」というウヂナが、「オホミワ」の転訛したものであったことを指摘している(10)。かかる見解に従うならば、大庭造もミワ系氏族の一種とみなすことができよう。神直の居住地は『和名類聚抄』にみえる上神郷に求めることができるが、大庭造についても大庭寺の地名が遺っていること等から、同じく上神郷に居住地を求めることができる。『姓氏録』の記載によると、和泉の神直や大庭造は神魂命の後裔を称している。和泉国に居住していた神直・大庭造の両氏はウヂナに「ミワ」ないしはそれが転訛した「ニワ」を含んではいるが、大神朝臣（もと三輪君）と同祖関係にはなく、同じく神魂命を祖とする紀直と同祖同族関係にあたる。紀直の同族とみられる神直に関しては次の史料がある。

【史料2】『続日本紀』宝亀八年（七七七）三月壬戌（十日）条

紀伊国名草郡人直乙麻呂等廿八人賜二姓紀神直一。

この記事にみえる紀伊国名草郡人直乙麻呂は、その居地や直というカバネから紀直の同族と考えられる。和泉の神直は、この紀神直が単姓化して和泉に移住したものである可能性も否定しきれないが、そのことを示す史料もないので、一応は別個の集団と考えておきたい。いずれにしても、紀直の同族とみられる氏族が紀神直という複姓の形で改姓された点が注目される。また、神直の系譜に関しては次の事例もあげられる。

【史料3】『日本三代実録』貞観二年（八六〇）十二月二十九日甲戌条

従五位下行内薬正大神朝臣虎主卒。虎主者、右京人也。自言、大三輪大田々根子之後。虎主、本姓神直、成レ名之後、賜二姓大神朝臣一。幼而俊弁、受二学医道一、針薬之術、殆究二其奥一。承和二年為二左近衛医師一、遷二侍医一。十五年授二外従五位下一、兼二参河掾一。後遷兼二備後掾一。齊衡三年授二従五位下一。貞観二年拜二内薬正一。卒時年六十三。虎主性好二戯謔一、最為二滑稽一、与レ人言談、必以二対事一。嘗出レ自二禁中一、向下作二地黄煎一之処上、途逢二友人一。問云、向二何処一去。虎主答云、奉二天皇命一、向二地黄処一。此其類也。然処レ治多レ効、人皆要引、療レ病之工、広泉没後、虎主継塵、太收二声価一焉。

右は大神朝臣虎主の卒伝であるが、それによると彼の本姓は神直であり、みずから「大三輪大田々根子之後」を称していた。オホタタネコは『古事記』や『日本書紀』において三輪君等の始祖として位置づけられている[11]。虎主はそれと同様にオホタタネコの後裔を自称していたのである。彼は「右京人」とあるように京貫されており、もとの本拠地は明記されていない。ただし、ある程度推測は可能である。井上薫は、正税帳に地黄煎のことがみえるのは和泉帳だけであり、『延喜式』典薬寮式に生地黄の生産場所として薬園と並び和泉だけが記されることから、生地黄を中央に貢進する国が和泉だけであったことを指摘する。そのうえで、虎主の卒伝に「作地黄煎之処」へ行ったと記されることをめぐって、薬園の作地黄煎所に行った場合や、その頃まで和泉の大鳥郡に造地黄煎所が存続し、そこへ行った場合を想定した[12]。そして、それをうけた吉井巌は、和泉国の神直と在京の大神朝臣との密接な関係を想定し、「和泉の神直が京にあって大神朝臣となって行く」としている[13]。虎主が属する神直が京貫される前の本拠地は断定できないが、造地黄煎所との関連からして和泉国であった可能性がもっとも高いであろう。そうだとすれば虎主は系譜を仮冒していた可能性が高いと考えるが[14]、ここでは九世紀半ばに大神朝臣と同祖関係を称する神直がいたことを確認しておきたい。

次に、神人の系譜についてみる。

【史料4】『姓氏録』摂津国神別

神人。大国主命五世孫、大田々根子命之後也。

神人。同上。

【史料5】『姓氏録』河内国神別

神人。御手代首同祖。阿比良命之後也。

【史料6】『姓氏録』未定雑姓和泉国

伯太首神人。天表日命之後也。

【史料7】『姓氏録』未定雑姓和泉国

神人。高麗国人、許利都之後也。

神人は、オホタタネコの後裔を称し、大神朝臣と同祖関係にあたるもの（史料4）もいるが、御手代首と同祖で阿比良命の後裔を称するもの（史料5）や高麗国人、許利都の後裔と称する渡来系のもの（史料7）もいる。また、伯太首神人という複姓の氏族もいるが、天表日命の後裔を称している（史料6）。ミワ系氏族は、ウヂナに「ミワ」を含んでいても必ずしも同祖同族関係にはなく、また大神朝臣と同祖同族関係にあるとも限らない。つまりミワ系氏族の系譜意識の多様性を看取することができる。ミワ系氏族の系譜の多様性に関連して注目したいのが、和爾神人、伯太首神人、紀神直といった複姓の存在である。直木孝次郎は複姓を、同族的系譜関係をもつもの（第一種）と、そうでないもの（第二種）に分類した。第一種複姓は上半部が共通しており、所属するウヂを表す。また第二種複姓は下半部が共通しており、職掌を表すとされる。[15] これに従うと、「神人」や「神」は下半部に共通しているところから職掌にもとづくウヂナであると考えられる。また、上半部を異にしている点からは、同族関係にはなかったことがうかがわれる。大神（三輪）氏の同族であることを示す複姓ならば、「ミワ」が上半部となるであろう。[16] このことから、各地のミワ系氏族は、「ミワ」と表現される何らかの共通した職掌に従事していたと考えられる。なお、大神朝臣と同族関係をもつ氏族は大神引田朝臣や大神真上田朝臣、三輪栗隈君といったように、「大神」や「三輪」が複姓の上半部を構成する（第一種複姓）。つまり、この場合の「ミワ」は職掌ではなく所属するウヂを表しているので区別する必要がある。

2　ミワ系氏族の職掌

前項では、ミワ系氏族が姓とする「ミワ」が何らかの職掌を示していると推定した。では『ミワ』と表現される職掌とは、何だったのであろうか。また先行研究ではミワ系氏族と須恵器生産の関係が説かれているが、姓の示す「ミワ」と須恵器生産はどのように関わるのであろうか。

まず「ミワ」が意味するものとして想起されるのは、三輪山あるいは三輪神祭祀であろう。神人や神人部は、在地で三輪系の神を奉祭する集団であったと考えられている。[17] とくに湊敏郎は、神人・神人部（両者を「神人部」と仮称する）について、『新抄格勅符抄』にみえる大神神戸の分布と一致するところから、大神神戸の前身であったとする。[18]

このように、ミワ系氏族が三輪神祭祀に深く関与した集団であったとする点は認められるべきであろう。

ただし、これらミワ系氏族の姓である「ミワ」が三輪山や三輪神を指していると断定することはできず、別の考え方もできるように思われる。なぜならそもそも「ミワ」は、酒や土器を表す語だからである。[19]『日本書紀』や『万葉集』にみえる「神酒《みわ》」の記述や、『和名類聚抄』が神酒を「日本紀私記云、神酒和語云二美和一」と記していることから、「ミワ」が酒を指す語であったことは確実である。

また酒は液体である以上、何らかの容器を必要とする。佐々木幹雄は、三輪の神祭祀において重要な酒を貯蔵、供献するうえで、高温で焼成されるために器面が緻密で機能的な須恵器が必要とされたと推定した。(20)「ミワ」はこのような酒の容器を意味する語でもある。佐々木秀子は、「ミワ」は接頭語「ミ」とまるいものを意味する語幹の「ワ」からなり、『万葉集』に「哭沢の神社にみわ据え」（二〇二）、「五十串立てみわ据えまつる」（三二二九）とあることから、「ミワ」はまるく底の不安定な器のことであり、神に奉る酒を入れる土器の呼称が内容物に移り、神への献酒をも「ミワ」と称するに至ったと推測した。(21)さらに吉井も、「ミワ」の「ワ」は土器を製作する場合に粘土紐で輪を作りつつ巻き上げていく、いわゆる巻上げ技法の「ワ」に淵源する語であり、「ミワ」は巻上げ技法によって作られた神への供献用の神聖な土器であったとみている。(22)このように、「ミワ」が酒よりも、本来は土器のほうを指していたとする見解も根強い。土器と酒のどちらが「ミワ」の本義かについてはこれ以上深入りしないが、ミワ系氏族が姓としている「ミワ」が神酒やその容器を指すものであった可能性は高いだろう。

そもそも三輪山という地名も、神酒や酒器に由来している可能性がある。松倉文比古によると、三輪山の呼称が成立する以前は「御諸山（岳）」と呼ばれていたとされる。(23)仮にミワ系氏族が姓とする「ミワ」が三輪神や三輪神社等に由来するのであれば、三輪の地名の成立が前提となる。しかし、三諸岳が何らかの理由で三輪山と呼ばれるようになったのであれば、ミワ系氏族の職掌を意味する「ミワ」のほうが三輪山の地名よりも遡る可能性を考えねばならない。松倉は三輪君が祭祀に関与するようになってはじめて「三輪山」の名称が用いられるようになったとするが、三輪君の姓が成立するのも三輪の地名が前提となろう。五世紀中頃から六世紀初めには祭祀に用いる酒器として、「陶邑」産の須恵器が三輪山に搬入されており、[24]この頃には、三諸山と「ミワ（神酒・酒器）」とが結びついていたことになる。三輪山の名称もそれに由来するのではなかろうか。「ミワ」の語義を追求すると、ミワ系氏族が姓とする「ミワ」とは、三輪の地名よりも神酒や酒器が観念された語であった可能性が強いと考えられるが、神酒・須恵器の生産と三輪神祭祀が密接な関係にあったことは間違いない。ここではそれらを一括して、仕奉[25]「ミワ」と呼んでおくこととする。要するに「ミワ」が示す職掌とは神酒・酒器の生産やそれを用いた三輪神祭祀を含んでおり、ミワ系氏族の姓はそのような仕奉に由来していると考えられるのである。

二　「茅渟県陶邑」と「神人」

1　オホタタネコ伝承

先にみたように、ミワ系氏族のなかには、三輪君（大神朝臣）と同祖同族関係にあるものもあれば、そうでないものも存在する。そのなかでも、「陶邑」の一部を占める上神郷に居住した神直は、『姓氏録』の段階では大神朝臣と同祖同族関係を形成してはいなかった。しかし従来の研究では、後に大神朝臣となる三輪君と上神郷域に居住する神直の関係に大きな関心が払われてきた。その理由となっているのが、オホタタネコ伝承の存在である。

【史料8】『日本書紀』崇神七年八月己酉（七日）条

倭迹速神浅茅原目妙姫・穂積臣遠祖大水口宿禰・伊勢麻績君、三人共同レ夢、而奏言、昨夜夢之、有二一貴人一、誨曰、以二大田田根子命一為下祭二大物主大神一之主上、亦以二市磯長尾市一為下祭二倭大国魂神一之主上、必天下太平矣。天皇得夢辞、益歓於心。布告天下求大田田根子、即於茅渟県陶邑得大田田根子而貢之。天皇即親臨于神浅茅原、会諸王卿及八十諸部、而問大田田根子曰、汝其誰子。対曰、父曰大物主大神。母曰活玉依媛。陶津耳之女。亦云、奇日方天日方武茅渟祇之女也。

【史料9】『古事記』崇神段

此天皇之御世、疫病多起、人民為尽。爾天皇愁歎而、坐神牀之夜、大物主大神、顕於御夢曰、是者我之御心。故、以意富多多泥古而、令祭我御前者、神気不起、国亦安平。是以、駅使班于四方、求謂意富多多泥古人之時、於河内之美努村、見得其人貢進。

オホタタネコ伝承は、『日本書紀』と『古事記』の両方にみえる。『日本書紀』によれば、国が治まらなかったとき崇神の夢に大物主神があらわれて、わが児「大田田根子」に自分を祭らせればうまく治まると告げ（崇神七年二月辛卯〈十五日〉条）、それを探したところ「茅渟県陶邑」にて発見したという（史料8）。その後、大田田根子は大物主の祭主とされ（崇神七年八月己酉〈七日〉条）、さらに翌年も大物主を祭らせたことがみえ、大田田根子が「今の三輪君らの始祖」であるとされる（崇神八年十二月乙卯〈二十日〉条）。『古事記』では伝承の内容がやや異なるが、「意富多多泥古」が見つかったのが「河内之美努村」となっている点を確認するにとどめておく（史料9）。

オホタタネコ伝承については多くの議論があるが、三輪君の出自に論及する研究をいくつかとりあげ、若干の私見を加えたい。佐々木幹雄は、五世紀前半頃から「陶邑」の栂地区において須恵器生産を管掌していた伴造が、大和国三輪に勢力を有していた「山麓集団」に、三輪の神祭祀に必要な酒器としての須恵器を供給するところから三輪と交渉をもつに至り、「神直」を名乗るようになったとする。そして、その一部が三輪山へ移り、王権より三輪の神祭祀を継承させられ、後に三輪君となったという[26]。

佐々木の説は、伝承にみえる「茅渟県陶邑」「河内之美努村」を遺跡群としての「陶邑」と同一視し、その範囲内からミワ系氏族を抽出して、三輪君を上神郷に居住した神直の出自と考えたものである。しかし、神直は全国に普遍的に分布している氏族であり、そのなかから上神郷域における神直の特殊性を見出すことはできない。果たして上神郷が「茅渟県陶邑」に該当するのかという問題があり、その結果によっては再検討の必要があろう。

和田萃は、六世紀に新しく興った三輪君氏が「陶邑」の須恵器生産集団を支配下においたことから、三輪君の祖オホモノヌシ神の後裔として須恵器生産集団の祖オホタタネコを組み入れたと推察し、陶邑集団から奉献される須恵器を三輪君が三輪山祭祀に使用するところから、両者の間に擬制的な同族関係が生じたとした[27]。

和田の説も、「陶邑」にみられる神直を意識したものであろう。しかし中央豪族である三輪君が、支配下においたとされる須恵器生産者集団の祖に出自を求めたとは考えがたい。地方伴造である神直が中央豪族（本宗）である三輪君と同祖関係を称するのは理解しやすいが、中央豪族が地方の伴造氏族から分かれたと主張するケースは稀であろう。また先述のように、九世紀半ばには大神朝臣と同祖同族関係を主張する神直も確かに存在したが、『姓氏録』の記載からも明らかなように、必ずしも神直は三輪君との同祖同族関係にあったわけではない。この場合に問題となる和泉の神直は神魂命を祖としており、むしろ紀直との同祖同族関係を称しているのである。

これらの研究に対して菱田は、オホタタネコをめぐる記事が実際の系譜関係や四世紀の何らかのできごとを反映しているととらえるのは早計であるとしたうえで、伝承の主体は「陶邑」の須恵器生産者にあるとし、上神郷における須恵器生産を担ったのが神直を頂点とするミワ部たちであり、彼らが須恵器生産者の代表として、陶津耳や大田田根子の伝承をもっていたものと推測した[28]。菱田は後に「おそらくこの伝承は三輪山の祭祀を執りおこなった三輪君によって維持されていたと考えられる」とも述べているが[29]、伝承の主体はあくまで三輪君であろう[30]。

神直を中心とした「陶邑」の須恵器生産者が伝承の主体であるとすれば、在地の伴造氏族がみずからを管掌する中央豪族の系譜を規定したことになり、両者の序列関係からして考えがたい。『姓氏録』において大神朝臣が類似の伝承を載せている一方で、和泉国の神直にはそれがみられないことも、伝承の主体が神直や須恵器生産者などでなかったことを示す。つまりこれは、三輪君が「陶邑」の出自であることを須恵器生産者が説いた伝承ではなく、三輪君が主体的に「茅渟県陶邑」の出自であることを説いた伝承なのである。

先学の研究は、オホタタネコを「陶邑」の須恵器生産者ないしは神直と結びつけるものであったが、三輪君の出自を「陶邑」の特定の集団に求める必要はなく、まずは伝承に記される「茅渟県陶邑」「河内之美努村」の地理的位置を明らかにしなければならない。そのうえで、その地域における遺跡の様相と照応させれば「茅渟県陶邑」の性格が明らかになり、伝承のもつ意義も浮かび上がるのではないだろうか。

2　「茅渟県陶邑」と三輪君

「茅渟県陶邑」「河内之美努村」の性格を検討するにあたって、その地理的位置を明らかにしておきたい。陶邑古窯跡群という名称からうかがわれるように、大阪府南部に展開したこの窯跡群の総称が「茅渟県陶邑」であったとみる見解がある。(31)しかし森浩一が指摘しているように、ここには窯跡が数百もあるにもかかわらず、大字名・小字名などではスエの地名が遺らず、式内社の陶荒田神社の名称と高蔵寺の「大修恵院」という山号にスエを見出せるにすぎない。(32)また『日本書紀』仁賢六年是秋条には「菱城邑」という地名がみられることも留意される。「菱城邑」は現在の堺市菱木の地に比定されるが、「陶邑」の考古学的な地区区分でいえば、(33)栂地区の北部に位置している。このことから、「陶邑」はいくつかの「ムラ」にまたがる遺跡群なのであり、「茅渟県陶邑」はそのうちの一つであると考えられる。したがって、「陶邑」全体が「茅渟県陶邑」であるとはいえず、ふさわしい地域をより小規模に限定された範囲で検討する必要があることになる。

そこで注目されるのが、式内社の陶荒田神社の存在である。陶荒田神社の「陶」を地名とみた場合、この周辺地域が「茅渟県陶邑」の有力な候補地となる(34)。さらに『古事記』にみえる、「美努村」に比定可能な「見野山」の地名が陶荒田神社の付近に存在していることもあげられる。『日本書紀』の「茅渟県陶邑」と『古事記』の「美努村」は同一の地域を指すことになり、整合的に理解することができる。一方で「スエ」や「ミノ」の地名は「陶邑」内のほかの地域からは見出すことができない。これらのことから、「茅渟県陶邑」「河内之美努村」は、「陶邑」のなかでも陶荒田神社を中心とする地域に比定することができる。なお、「陶邑」の考古学的な地区区分でいえば陶器山地区、郡郷の地域区分でいえば大鳥郡大村郷の一部にあたる。

この一帯における集落遺跡としては辻之・田園・小角田・陶器南遺跡が存在する。樋口吉文は、これらの遺跡を包括する陶器山北部地区を、その特殊性に着目し、「茅渟県陶邑」と推定した(35)。本章も大筋でこの見解に従いたい。これによれば、陶荒田神社周辺の遺跡群が五世紀後半から六世紀にかけて成立することから、「茅渟県陶邑」の成立は五世紀後半から六世紀ということになる。かかる遺跡群こそが「茅渟県陶邑」の実体であろう(36)。

それでは、三輪君は「茅渟県陶邑」といかなる関係があったのだろうか。三輪君が「茅渟県陶邑」から出たオホタタネコを祖とするという伝承以外に、三輪君と「茅渟県陶邑」との関係を示す史料はない。しかし、このあたりに所在する湯山古墳(37)の特徴から関係を説くむきもある。湯山古墳は大阪府堺市見野山に所在し、標高一二一メートルの独立丘陵の頂部に位置した墳長三〇メートル前後の前方後円墳である。副葬品としては、鉄製品、金銅製・銀製装飾品、勾玉、雲母片、須恵器などが出土しているが、おおむね六世紀後半から七世紀初頭の遺物と推定されている。松田度は、湯山古墳と三輪山山麓に所在する珠城山古墳群との共通性や、雲母が古代の薬物の一つに数えられ、疫病を治めたとするオホタタネコの伝承との関連性がうかがわれる点をあげ、湯山古墳の様相に三輪君の特徴がみてとれると指摘し、『古事記』や『日本書紀』に記された三輪氏の台頭時期と重なることからも、一時的にせよ三輪氏が河内地域を拠点としていた時期があったのではないかとする。(38)

なお樋口は、「茅渟県陶邑」に居住した勢力は域内の集落遺跡や古墳の調査内容からみて六世紀後半に最盛期をもち、一定の組織機構をもって陶器山地区と高蔵寺地区の須恵器生産を主導したが、七世紀中頃には急速に衰退し、「茅渟県陶邑」が廃絶した七世紀後半以降の両地区の須恵器生産は、発掘調査により確認されている集落自体の廃絶や構成の大きな更新からみて、新たな組織により運営されていたことは確実であるとする。(39)「茅渟県陶邑」が存続した期間のうち、湯山古墳が築造された時期を中心とする前後の時期、すなわち六世紀後葉から七世紀中葉の段階は、三輪君の本拠地ではなかったにしろ、その強い影響下にあったとみてよいであろう。オホタタネコ伝承は、「陶邑」の須恵器生産者ないしは神直と三輪君を結びつけるものではなく、陶器山・高蔵寺地区における須恵器生産の拠点である「茅渟県陶邑」と三輪君との関連を説いたものであったのである。

3　「茅渟県陶邑」の性格

三輪君が関係を説く「茅渟県陶邑」とは、いかなる性格のムラだったのであろうか。この問題を考えるにあたり、「陶邑」の内外における須恵器生産技術の移転のあり方に注目したい。これにより、「陶邑」内の地域差、さらには「茅渟県陶邑」の性格が浮かび上がってくると思われる。

西村康は、「陶邑」を地理的条件、窯体構造、生産品の様相から「東大地区」(陶器山・高蔵寺地区)、「中大地区」

（栂地区）、「西大地区」（大野池・光明池地区）に区分し、各大地区は別個の工人グループによる経営であったが、七世紀に入ると「東大地区」と「中・西大地区」にまとまっていくとした(40)。また白石耕治も、七世紀には生産体制が高蔵寺・陶器山地区の東方領域と栂・大野池・光明池地区の西方領域に明瞭に区分されることを指摘している(41)。さらに菅原雄一は、五世紀後葉から六世紀前葉の「陶邑」窯における東西の地域差に関して、東西各地域の窯体構造・製作技術・器形の各要素で、東地域の要素が栂地区を中心として西地域でも認められる点から、東地域が西地域へ技術的影響を与えたと指摘する(42)。以上のことから、五世紀後葉の高蔵寺・陶器山地区は、「陶邑」のなかでもほかの地区への技術扶植という役割を担った特殊な地区であったということができる。

次に、「陶邑」が日本列島各地に成立する地方窯に与えた影響についてみておく。五世紀後半になると、列島各地での須恵器生産がより顕著になるが、それらの須恵器生産地はそれぞれの器形の共通性や窯の構造の共通性から、「陶邑」からの技術伝播によって成立したと考えられている(43)。菅原は、東地域系譜の地方窯が多く認められ、西地域系譜の地方窯が少ないことなどから、東地域の工人集団が技術改良と統一性に加えて、技術拡散の面でも主導的な役割を果たしたと指摘する(44)。これによると、高蔵寺・陶器山地区は「陶邑」の各地区だけではなく、地方窯への技術移転という役割をも有していたことになる。その高蔵寺・陶器山地区における経営の拠点が「茅渟県陶邑」であった。したがって「茅渟県陶邑」は、この時期における技術移転のセンターとしての機能をもったムラだったことになる。

それでは、「茅渟県陶邑」から「陶邑」内のほかの地区、さらには日本列島各地の生産地への技術移転はどのようにしておこなわれたのであろうか。五世紀末から六世紀前葉までの技術伝播について菱田は、中央すなわち「陶邑」に地方から人が出向いて技術を修得し、帰郷した後にその技術によって須恵器生産がおこなわれたとの見解を示し、上番にもとづく労働力の編成がなされた可能性を指摘している(45)。「陶邑」のなかでも技術移転の中心が高蔵寺・陶器山地区であり、その拠点が「茅渟県陶邑」であるならば、このような須恵器生産者の上番先が「茅渟県陶邑」だったと考えられる。そして、「上番にもとづく労働力」の担い手こそが「神人」ではなかったか。このことを神人という姓の分析から説明したい。

ミワ系氏族が姓とする「ミワ」は、先述のように三輪神祭祀や造酒、およびその容器生産といった職掌を意味していた。また「神人」の「人」については、『日本書紀』が雄略の時代に「人」の設置記事を集中的に記していること(46)が注目される。このことは、さまざまな職務を負った「人」が雄略期頃という比較的古い時期に編成されたとの認識が、『日本書紀』編纂時に存在したことを示している。しかも、「典曹人」（江田船山古墳出土大刀銘）や「杖刀人」（稲荷山古墳出土鉄剣銘）のように、五世紀後半の金石文からも「人」を称する人々が編成されて王権に仕奉していたことが確かめられる。人姓の呼称が五世紀後半からそのまま継承されたものかどうかは別としても、「人」称が雄略期頃の仕奉に由来するという『日本書紀』の歴史観は、ある程度史実性が認められると考えてよかろう。となると「神人」の姓は、〈雄略期頃の仕奉「ミワ」〉に由来した姓だった可能性が浮上する。

実際に、五世紀後半頃には祭祀に用いる須恵器が「陶邑」から三輪山に供給されているように、「陶邑」において三輪山の祭祀に用いる須恵器の生産、すなわち仕奉「ミワ」がおこなわれていた。「ミワ」が本来は土器を意味する語であったかどうかはおくとしても、このような三輪山での祭祀やそれに用いる神酒と結びついた須恵器の生産は、仕奉「ミワ」としてふさわしい。しかも、「典曹人」や「杖刀人」は地方から上番して大王のもとで仕奉をおこなっていたとみられるが、『日本書紀』にみえる「養鳥人」も地方豪族から献じられ（雄略十年九月戊子〈四日〉条）、軽村・磐余村というムラに配置されたとされる（雄略十年十月辛酉〈七日〉条）。このように人称者が上番によって仕奉していたことを勘案すると、「神人」の姓が示す仕奉も上番によっておこなわれていた蓋然性が高い。さらに養鳥人が軽村・磐余村といった特定のムラに配置されたことを参考にすると、「神人」の姓が示す仕奉もどこかのムラに配置されておこなわれていたと考えられ、その配置先としては「茅渟県陶邑」がふさわしい（三輪山も上番先の一つであった可能性もある）。以上のように「神人」の姓が示す仕奉の具体的な内容として、五世紀後半頃に「茅渟県陶邑」に上番し、三輪山の祭祀に関係する須恵器生産をおこなうというものを想定することができる。

ただし、「神人」の呼称は、五世紀後半当時のものと断定はできない。「神人」の呼称が「人」の形式をとる点は「杖刀人」や「典曹人」と同じであり、その点においては五世紀後半頃のものとして適合する。しかし、金石文の「〇〇人」は漢語表記の「〈動詞＋名詞〉人」であり、[47]後世の姓には繋がらない。一方で、「神人」は「〈名詞〉人」であり、八世紀以降に姓として存在する呼称である。かかる違いを重視すれば、「神人」の表記自体は五世紀後半当時のものではなく、後出のものであった可能性があろう。[48]その場合、当時の呼称としては「掌酒《サカビト》」（後掲史料10）などが漢語表記をとっている点で原型に近いのかもしれない。いずれにしても同時代史料が少なく、五世紀後半当時の呼称は判然としないので、「神人」の姓が五世紀後半頃の上番による仕奉「ミワ」に由来していたことを指摘するにとどめておきたい。本書では、後の神人の姓に繋がる、五世紀後半頃の仕奉「ミワ」に従事していた人々を「神人」と呼ぶこととする。

さて、三輪君が祖とするオホタタネコが発見されたという「茅渟県陶邑」は、五世紀後半頃に人制のもとで各地から「神人」たちが上番し、三輪山での祭祀に用いる須恵器生産など、仕奉「ミワ」に従事するムラであった。では、この「茅渟県陶邑」はいかに管理されていたのであろうか。ここで注意すべきは、三輪君と『茅渟県陶邑』が結びつく時期と、「茅渟県陶邑」に「神人」たちが上番していたと考えられる時期が一致しない点である。三輪君は『三輪高宮家系図』の記載と史書の検討から、六世紀に新しく興った豪族であり、三輪山祭祀を担うようになったのは六世紀中頃（欽明期）のことであると考えられている。(49) また、三輪君との関係が推測されている湯山古墳の遺物の年代も、六世紀後半から七世紀初頭とされている。よって、「神人」たちが上番していた五世紀後半頃の「茅渟県陶邑」を三輪君が管理していたとは考えがたい。

前章で論じたように「陶邑」の形成期には葛城地域や紀伊地域の豪族が主導的な役割を果たしたが、抗争の末に雄略王権のもとに再編をうけ、「茅渟県陶邑」が設置されたと考えられる。「河内之美努村」の「ミノ」が大王の野を意味する地名とみられることも傍証となる。(50) このように五世紀後半段階の「茅渟県陶邑」は、特定の有力豪族ではなく、大王が差配していたと考えるべきであろう。鷺森が想定する、王権による「陶邑」の直接的な支配は、この時期の「茅渟県陶邑」に限定すれば妥当な見解といえる。ただ、直接的な支配といっても、大王が「茅渟県陶邑」の現地で「神人」たちを管掌していた状況は想定できない。「茅渟県」に属する一つのムラとして、茅渟県主が管掌にあたっていたとみるのが穏当であろう。あるいは「茅渟県」全体を統轄する茅渟県主のもとで、さらに下位の首長が現地で管理していた可能性もある。

一方で、これまでオホタタネコ伝承との関連において注目されてきた上神郷は、「陶邑」のなかに位置していても、「茅渟県陶邑」には該当しない。神直は美濃国各牟郡(51)や浜名郡(52)の例を参照すると「神人」の上位に位置する伴造氏族であると考えられるが、そのような氏族が居住していた上神郷は、もともと「神人」が編成された地域だったと考えられる。『姓氏録』未定雑姓和泉国にみえる神人も上神郷に居住していたのかもしれない。上神郷は「陶邑」の地区区分では栂地区にあたるが、五世紀後半頃は陶器山・高蔵寺地区から技術を受容して須恵器を生産していた。つまり、後の上神郷にあたる地域から「神人」が「茅渟県陶邑」に上番して須恵器生産に従事していたことになる。したがって、上神郷の神直は、「陶邑」のなかに分布しているからといってほかの地域のミワ系氏族と比して特別な位置を占めるわけではなく、ほかの地域のミワ系氏族と同様の性格を有する地方豪族として理解しなければならない。オホタタネコの伝承も、三輪君と上神郷との関わりを示唆するものではないのである。[53]

4 「神人」編成の意義

前項では、五世紀後半に「神人」が編成され、「茅渟県陶邑」に上番して須恵器生産に従事していたと推定した。このような「神人」の編成は倭王権や「神人」を供出した共同体[54]にとっていかなる意義があったのであろうか。

まず「神人」たちの上番先であった「茅渟県陶邑」から三輪山に須恵器を供給していたことに注目したい。三輪山から出土する五世紀中頃から六世紀初めの須恵器は、朝鮮半島からの舶載品を除けば、ほぼ「陶邑」産に限定できるとされる。[55]この事実は何を意味するのであろうか。

「陶邑」産須恵器の供給先である三輪山（三諸岳）の歴史的性格をめぐっては、『日本書紀』敏達十年（五八一）閏二月条に記される蝦夷の服属儀礼が注目される。すなわち天皇に屈服した蝦夷の魁帥（大毛人）綾糟らが泊瀬の中流に入って三諸岳に向かい、水を漱《すす》って盟《ちか》いを立てたとの記述である。この史料について熊谷公男は、七世紀後半における誓約の場所と明らかに異なることから、当時の事実を伝えたものとして十分理解できるとした。[56]ここで注目されるのは、綾糟らが泊瀬中流に下り、盟いを立てる際に向かったのが、三諸岳とされる点である。三輪君に祭祀が委ねられる以前、三諸岳は大王の管理下にあったと考えられている。[57]三諸岳は、服属儀礼において利用されることからも明らかなように倭王権の象徴であり、かかる性格は六世紀後半頃にも認められることから、三輪君が祭祀を掌るようになっても維持されていたとみられる。

五世紀後半頃に「茅渟県陶邑」に上番していた「神人」たちは、倭王権の象徴である三輪山でおこなわれる祭祀のために須恵器生産に従事していたことになる。これは、一種の服属儀礼とみることができるのではなかろうか。『日本書紀』神武即位前紀戊午年八月乙未（二日）条には、神武が菟田の魁師である兄猾・弟猾を徴した際、兄の謀叛を密告した弟猾が皇師に「牛酒（酒宍）」を設け、神武がそれを軍卒に班賜したことを記す。このように、酒は服属の証しとして献上されるものであった。当然ながら、酒にはその容器も付随していたであろう。「陶邑」で生産されて三輪山に搬入された須恵器も、酒とセットで考える必要がある。

また三輪神と神酒の関係は、次に掲げる一連の史料にも記されている。

【史料10】『日本書紀』崇神八年四月乙卯（十六日）条

以二高橋邑人活日一為二大神之掌酒一。〈掌酒、此云二佐介弭苔一。〉

【史料11】『日本書紀』崇神八年十二月乙卯（二十日）条

天皇、以二大田田根子一、令レ祭二大神一。是日、活日自挙二神酒一、献二天皇一。仍歌之曰、許能瀰枳破、和餓瀰枳那羅孺、椰磨等那殊、於朋望能農之能、介瀰之瀰枳、伊句臂佐、伊久臂佐。如レ此歌之、宴二于神宮一。即宴竟之、諸大夫等歌之曰、宇磨佐開、瀰和能等能能、阿佐妬珥毛、伊弟氐由介那、瀰和能等能渡塢。於レ茲、天皇歌之曰、宇磨佐階、瀰和能等能能、阿佐妬珥毛、於辞寐羅箇禰、瀰和能等能渡烏。即開二神宮門一、而幸行之。所レ謂大田田根子、今三輪君等之始祖也。

これらの史料によると、高橋邑の人である活日が大神の掌酒となり、天皇に神酒を献じたとされる。またそのときに詠んだ歌には、「この神酒は我が神酒ならず倭成す大物主の醸みし神酒」とある。岡田精司は、この話が冬十二月のこととされニイナメ＝ヲスクニ儀礼と共通する形式であることを指摘し、三輪の祭祀集団も服属儀礼を献げていた痕跡であるとみる(58)。岡田が指摘するように、このような神酒の献上はニイナメ＝ヲスクニ儀礼としての性格が認められる。ただし、この場合に服属しているのはオホタタネコではなく、大神の「掌酒」となった活日であろう。これは、三輪君のもとで地方豪族が服属儀礼として神酒を王権に献上する服属儀礼が存在したことを示唆するものである。このように神酒を献じることが服属儀礼としての意味があるならば、それに用いる須恵器の生産も服属儀礼の一環として理解することができる。つまり、三輪山での祭祀に用いる須恵器を『茅渟県陶邑』において生産するという「神人」の仕奉は、倭王権への服属儀礼としての側面があったのである。また、「神人」が従事していた仕奉「ミワ」は、神酒や須恵器の生産と三輪神祭祀が服属儀礼として不可分の関係にあったことを改めて確認しておきたい。

三輪神は造酒神としての性格を有しており、酒と須恵器が供献されることと深く関係があるとみられるが、造酒神としての性格は先天的なものではない。須恵器と酒が服属の証しとして、倭王権の象徴である三輪山に供献されたことにより、三輪神に造酒神としての性格が生じたものであろう。三輪山の呼称も、そのことに由来するのではなかろうか。

以上によると、五世紀後半に編成された「神人」は、「茅渟県陶邑」に上番し、服属儀礼の一環として三輪山での祭祀に用いる須恵器生産に従事しながら、その技術を修得していたことになる。こうして獲得された須恵器生産の技術は、「神人」たちが帰郷することによって各地に移転したと考えられる。次に注目したいのが、地域社会において須恵器がもった意味である。五世紀後葉から六世紀前葉にかけて、日本列島の各地に須恵器窯が展開したとされるが、その背景として、豪族による古墳築造にともない須恵器の需要が増大したことがあげられている(59)。このように五世紀に首長墓における葬事と結びついた須恵器については、共同体を主導する首長の正当性・権威と結びつく象徴的な財と認識されていたとみられている(60)。各地の首長層は、このような意味をもつ須恵器生産の技術を倭王権が管理する

「茅渟県陶邑」を経由して入手していたのである。

以上の点を総合すると、各地の首長層は「神人」を供出して、三輪神祭祀に用いる須恵器の生産といった服属儀礼をおこないつつ、その一方で首長の正当性・権威と結びつく須恵器を生産するための技術を獲得していたことになる。須恵器生産の技術が、三輪神祭祀と不可分な関係のなかで倭王権により各地に再分配されたことは重要であろう。倭王権は、各地の共同体に「神人」を供出させることによって、技術を再分配する代わりに服属を確認しており、ここに倭王権と「神人」を供出した共同体の間に互酬的関係を見出すことができる。

ここまで、地域の首長が服属儀礼として「神人」を供出していたことを述べたが、同様の例として参考になるのが宍人部である。平林章仁は、国造をはじめ地方豪族による食物供献は支配権の象徴としての神聖な食事の供献であり、宍人部は地方豪族が国造として、服属した証しとして宍人臣を通じて品部を貢上したもの（実際は宍人臣が服属の誓約として、強制的に国造に宍人部を貢上させたもの）であったとする。[61]先に触れた『日本書紀』神武即位前紀戊午年八月乙未条においては弟猾によって宍と酒がいずれも服属の証しとして献上されているように、宍と神酒はセットとなることがあり、服属の証しとして類似の性質が認められる。宍の調理を担う宍人部が地方豪族による服属の証しとして貢上されたものであるならば、「神人」も同様に地方豪族による服属の証しとしてその共同体より供出されたと考えられる。

なお付言しておくと、「神人」としての仕奉の経験がある氏族が必ずしもミワ系の姓を称したとは限らない点には注意が必要である。須原祥二は、庚午年籍の定姓時において諸豪族は自分のもつ数ある「仕奉」から政治的にもっとも訴求力のある「仕奉」にもとづいた「姓」を用いたことを指摘している。[62]かかる見解を踏まえるならば、ミワ系の姓を称するのは、仕奉「ミワ」に関与していた氏族（「神人」の一族）のうちの、氷山の一角にすぎないのである。仕奉「ミワ」に関与した経験がある氏族は、姓によって確認できる以上に存在したと考えなければならない。姓は「ミワ」を称していなくとも、「陶邑」からの技術移転をうけて須恵器を生産していた集団は基本的に「神人」の供出をおこなっていたとみて大過ないだろう。

おわりに

本章で論じた点をまとめておく。

① ミワ系氏族が姓とする「ミワ」が意味する仕奉とは、酒器の製造や造酒、それを用いた三輪神祭祀といった職掌を意味していた。ミワ系氏族のなかでも「神人」の姓が示す仕奉の一環として、五世紀後半頃に「茅渟県陶邑」に上番して三輪神祭祀に用いる須恵器を生産する内容があった。

② オホタタネコ伝承に登場する「茅渟県陶邑」「河内美努村」は、「陶邑」のなかでも陶器山地区・高蔵寺地区の中心である陶荒田神社周辺の一角に限定され、五世紀後半に倭王権の管理のもとで「陶邑」内のほかの地区や日本列島各地から「神人」たちが集い、須恵器生産技術を修得しそれを各地に移転するセンターであった。

以上の考察によって、倭王権が各地域を服属させて支配組織に取り込んでいくプロセスの一端が明らかになった。倭王権が各地域を服属させていくなかで、各地域の共同体に「神人」を供出させ、三輪神祭祀と神酒・須恵器生産がセットになった仕奉「ミワ」に従事させていた点は重要である。鷺森が「陶邑」における神部について、大神神社の祭祀に関連する限りにおいて須恵器生産に関与したとみたように(63)、各地のミワ系氏族たちも確かに三輪神祭祀に関わる形で須恵器生産に関与したのであるが、五世紀後半頃の倭王権による須恵器生産技術の再分配は三輪神祭祀と不可分の形でおこなわれたのである。「陶邑」が三輪山の祭祀で用いる須恵器を生産している以上、そこに人員を上番させて須恵器生産技術を獲得した共同体は、三輪神祭祀とは決して無関係ではなかった。つまり倭王権は服属儀礼として三輪神祭祀に用いる須恵器を「神人」たちに生産させ、それと引き換えに須恵器生産技術を再分配していたのである。

ただし、日本列島における須恵器生産がすべてミワ系氏族に編成されたわけではない。たとえば大井窯・猿投窯・宗像窯など、三輪（神）氏とは異なる氏族が独自の祭祀形態を有しつつ須恵器生産を管掌したと考えざるを得ない例も存在することが指摘されている。[64] これらは各首長層が、倭王権の再分配によらない形で、換言すれば「茅渟県陶邑」を介さずに須恵器生産の技術を獲得していた事例として理解し得るのではなかろうか。日本列島には独自のルートで須恵器生産技術を獲得した地域もあり、その場合は三輪神祭祀とは関わらないであろう。「神人」の編成に注目する限りでは、五世紀後半頃には倭王権による社会統合が浸透していない地域が依然として存在したことが知られるのである。

註

（1）田辺昭三『須恵器大成』（角川書店、一九八一年）。

（2）佐々木幹雄「三輪と陶邑」（大神神社史料編修委員会編『大神神社史』所収、大神神社社務所、一九七五年）、同「続・三輪と陶邑」（『民衆史研究』一四、一九七六年）。

（3）坂本和俊「東国における古式須恵器研究の課題」（『第八回三県シンポジウム　東国における古式須恵器をめぐる諸問題』所収、千曲川水系古代文化研究所、一九八七年）。

（4）菱田哲郎「須恵器の生産者―五世紀から八世紀の社会と須恵器工人」（『列島の古代史　四　人と物の移動』所収、岩波書店、二〇〇五年）、同『古代日本　国家形成の考古学』（京都大学学術出版会、二〇〇七年）。

（5）後藤建一「『天平12年遠江国浜名郡輸租帳』と湖西窯跡群」（吉岡康暢先生古希記念論集刊行会編『陶磁器の社会史』所収、桂書房、二〇〇六年）。

（6）高橋照彦「須恵器工人の存在形態に関する基礎的検討」（『須恵器生産における古代から中世への変質過程の研究』所収、科研成果報告書、二〇〇七年）。

（7）鷺森浩幸「陶邑と陶部」（栄原永遠男編『日本古代の王権と社会』所収、塙書房、二〇一〇年）。

（8）西村康「陶邑・猿投・牛頸―須恵器生産の進展―」（『文化財論叢』所収、同朋社、一九八三年）、樋口吉文「「茅渟県陶邑」の最近の考古学的成果から」（『堺市博物館報』一八、一九九九年）、菅原雄一「陶邑窯跡群の地域差と技術拡散」（『考古学研究』五三―一、二〇〇六年）、十河良和「五世紀代における陶邑窯跡群の東部と西部」（『ヒストリア』二二三、二〇一〇年）など。

（9）本書では姓について、人名呼称から個人名を除いた部分、すなわちウヂナとカバネを包含する意味で用いる。かかる姓の理解は、加藤晃「我が国における姓の成立について」（坂本太郎博士古稀記念会編『続日本古代史論集 上』所収、吉川弘文館、一九七二年）を参照。

（10）中村浩「和泉陶邑窯の経営―茅渟山屯倉に関する一考察―」（『和泉陶邑窯の研究―須恵器生産の基礎的考察―』所収、柏書房、一九八一年、初出は一九七七年）。なお、鈴木正信「大神氏の職掌」（『大神氏の研究』所収、雄山閣、二〇一四年）は、大神氏の本宗のウヂナは古くはミワ（神・美和・三輪）を称しており、それが天武期頃からオオミワ（大三輪・大神）を称するようになったとし、これ以前に本宗以外の氏族が「オオミワ」を称することはあり得ないとする。そして、八世紀初頭のものとみられる藤原京跡出土木簡に「大庭造」と記したものがあることを指摘し、大神氏の本宗がオオミワを名乗るようになってからわずか数年のうちに後の大庭造がオオミワに改姓し、さらにオオニワに転訛したとは考えがたいという。しかしながら、大神という姓ないしは称号の初見は牛頸窯跡群（本堂遺跡群）から出土した須恵器にみえる「大神部見乃官」であり、時期は七世紀前半から中頃とされている（『大野城市文化財調査報告書　牛頸本堂遺跡群Ⅶ～第七次調査～』大野城市教育委員会、二〇〇八年）。この年代が正しければ、大神氏の本宗は七世紀前半頃にはすでにオホミワを称していたことになる。したがって、オホミワがオホニワに転訛する時間的余地は鈴木の指摘よりも長く見積もることができる。また、オホミワからオホニワに改姓したと考えなくとも、定姓の時点においてすでに転訛したオホニワ姓を称していたと考えてもよいであろう。もとよりオホミワの転訛したオホニワの呼称が用いられており、定姓の際に、その音に当てはまる表記として「大庭」の字が充てられたとみることができるのである。中村が指摘する如く、この地域では上神谷《にわだに》のようにミがニへと転訛することが認められ、オホニワの姓をもつ氏族が神直と同じ地域で同祖関係を維持しながら居住していたことは偶然とは考えがたい。よって、大庭造もミワ系氏族の一種とみなして差し支えはない。

(11)『日本書紀』崇神八年十二月乙卯（二十日）条、『古事記』崇神段。

(12)井上薫「地黄に関する二、三の考察」（『日本歴史』一六〇、一九六一年）。

(13)吉井巌「崇神王朝の始祖伝承とその変遷」（『天皇の系譜と神話 二』所収、塙書房、一九七六年、初出は一九七四年）。

(14)鈴木正信「大神氏の職掌」（前掲註(10)論文）は旧稿（「ミワ系氏族と陶邑古窯跡群」〈『国学院雑誌』一一〇—七、二〇〇九年〉）の私見に対して、この頃の大神氏は大神神社の神主（大神主）として存続しているにすぎず、決して「有力氏族」とはいえないとし、神直虎主が系譜を仮冒してまで大神氏に結びつく必要はなかったとする。確かに、大神氏が当時の朝廷において優勢であったとは認められず、その意味においては「有力氏族」といえないのかもしれない。しかし、この場合はもともと在地の伴造氏族だった神直出身の虎主からみて、朝廷における大神氏の地位が相対的に優位であるならば、系譜を仮冒する意義がある。とりわけ、氏姓によって昇進できる上限が決まっていた点は重要である。中央での活躍を図る地方豪族出身者にとって、中央の氏族と同じ系譜を有し、同じ姓を与えられて中央氏族のなかに入り込めれば、それは昇進のための大きな足がかりとなる。事実、虎主は神直姓時代には外従五位下であった（『日本文徳天皇実録』斉衡元年〈八五四〉十月癸酉〈二十二日〉条）が、大神朝臣姓時代には従五位下となっており（『日本文徳天皇実録』斉衡三年〈八五六〉正月辛亥〈七日〉条）、改賜姓の後に入内していることが確認できる。かかる昇進は神直から大神朝臣への改賜姓と無関係ではなく、それはみずから「大三輪大田々根子之後」を称したことによって可能となったのである。類似の例では大神真神田朝臣氏の例がある。貞観四年（八六二）に真神田朝臣全雄らは大神朝臣に改賜姓され、彼の死後に弟の良臣が高祖子首の贈内紫位を理由に内階への改授を訴えているが、その申請の前提条件として、本流（＝内階コース）と同じ大神朝臣姓に改賜姓された事実があったとみられる（野村忠夫『官人制論』〈雄山閣出版、一九七五年〉）。やはり真上田朝臣から大神朝臣への改賜姓にあたっても「大三輪大田田根子命之後也」という系譜が根拠となっているのである（『日本三代実録』貞観四年三月己巳朔条）。地方豪族にとっては、無制約に系譜を仮冒できるわけではなく、相手側の氏族や国家からの同意を得るためには、歴史的に形成された何らかの繋がりをもつ氏族を選択せねばならないだろう。その点を勘案すれば、虎主が大神氏の系譜を仮冒する動機は十分にある。しかも、もし虎主の属する神直がかつて和泉に拠点を有していた氏族であったならば、「神魂命五世孫、生玉兄日子命之後」（『姓氏録』和泉国神別）という系譜から「大三輪大田々根子之後」へと改変していることになる。さらにいえば、在地の伴造氏族の一つにすぎない神直がオホタタネコの創出に主体的に関われたとも考えがたい（後掲註（30）参照）。

（15）直木孝次郎「複姓の研究」（『日本古代国家の構造』所収、青木書店、一九五八年）。

（16）たとえば神引田公・大神私部公・大神波多公（いずれも『続日本紀』神護景雲二年〈七六八〉二月壬午〈七日〉条）など。

（17）小林昌二「三輪山信仰と古代越後の神人部」（野田嶺志編『村のなかの古代史』所収、岩田書院、二〇〇〇年）、前田晴人『三輪山〈日本国創成神の原像〉』（学生社、二〇〇六年）など。

（18）湊敏郎「六・七世紀の在地における身分関係」（『姓と日本古代国家』所収、吉川弘文館、一九八九年、初出は一九七二年）。

（19）「ミワ」の語義については廣岡義隆「うまさけ三輪」（『大美和』一〇五、二〇〇三年）に詳しい。

（20）佐々木幹雄「三輪と陶邑」（前掲註（2）論文）。

（21）佐々木秀子「日本古代儀礼に於ける酒の研究」（『史窓』一七・一八、一九六〇年）。

（22）吉井巖「崇神王朝の始祖伝承とその変遷」（前掲註（13）論文）。

（23）松倉文比古「御諸山と三輪山」（横田健一編『日本書紀研究　一三』所収、塙書房、一九八五年）。

（24）佐々木幹雄「三輪と陶邑」（前掲註（2）論文）、同「三輪山祭祀の歴史的背景―出土須恵器を中心として―」（滝口宏先生古稀記念考古学論集編集委員会編『古代探叢』所収、早稲田大学出版部、一九八〇年）、寺沢薫「三輪山の祭祀遺跡とそのマツリ」（和田萃編『大神と石上』所収、筑摩書房、一九八八年）。

（25）吉村武彦「仕奉と氏・職位―大化前代の政治的結合関係」（『日本古代の社会と国家』所収、岩波書店、一九九六年、初出は一九八六年）によると、いわゆる大化前代の社会では群卿百寮（臣）と氏名をもつ百姓（民）の間には、天皇に「仕奉」するという共通の意識が存在したとされる。仕奉には貢納と労働が含まれる。

（26）佐々木幹雄「続・三輪と陶邑」（前掲註（2）論文）。

（27）和田萃「三輪山祭祀の再検討」（『日本古代の儀礼と祭祀・信仰　下』所収、塙書房、一九九五年、初出は一九八五年）。

（28）菱田哲郎「須恵器の生産者―五世紀から八世紀の社会と須恵器工人」（前掲註（4）論文）。

（29）菱田哲郎『古代日本　国家形成の考古学』（前掲註（4）書）。

（30）鈴木正信「大神氏の職掌」（前掲註（10）論文）は、オホタタネコの伝承は大神氏が陶邑集団のどちらにとっての祖とみるかという二者択一の議論ではなく、大神氏の系譜においてオホタタネコがどのように位置づけられているかが重要であるとし、オホタタネコが大神氏・賀茂氏・神氏（神直・神人・神人部・神部直・神部など）などにとって共通の祖として位置づけられていることから、大神氏と他氏族が同祖系譜を形成する際に、各氏が個別に伝えていた系譜のうえに創出・架上されたとする。かかる説について、オホタタネコが大神氏や賀茂氏の間で同祖系譜が形成される際に創出・架上されたとみる点は首肯できるが、それを創出した一員として、日本列島各地に存在する中小豪族にすぎない神人や神直などのミワ系氏族を加える点については従えない。まずミワ系氏族は日本列島の各地に広範に分布しており、すべてのミワ系氏族たちが大神氏や賀茂氏と同祖関係を結んだとは考えがたい。このことは、各地のミワ系氏族が多様な系譜意識を有している点からも明らかである。また数多くいるミワ系氏族のなかから、特定のものが大神氏や賀茂氏などと並んでオホタタネコの創出に加われたとも考えがたい。果たして地方の伴造氏族とそれを中央で管掌する氏族が同祖関係を形成するにあたって新たな祖を創出するであろうか。大神氏の側からすれば、管掌下にあるミワ系氏族とは決して対等な関係ではなく、共通の祖を新たに設定する必要はないだろう。むしろ大神氏と賀茂氏のように、すでに形成されていた系譜を接合する際に新たな共通の祖を創出する必要があるのではなかろうか。オホタタネコが一部のミワ系氏族の祖としても位置づけられているのは、大神氏の統属下にあったミワ系氏族のうちの一部の氏族が系譜を結びつけた際にオホタタネコを祖として取り入れた結果と考えるべきであろう。オホタタネコは大神氏の単独の祖ではないにしても、各地のミワ系氏族からみれば、みずからを管掌している大神氏の側が保有している系譜なのである。

(31)　中村浩『和泉陶邑窯の研究—須恵器生産の基礎的考察—』（前掲註(10)書）。
(32)　森浩一「須恵器の研究メモ」（『考古学の模索』所収、学生社、一九七八年、初出は一九七六年）。
(33)　田辺昭三『陶邑古窯址群Ⅰ』（平安学園考古学クラブ、一九六六年）。
(34)　なお、陶荒田神社鎮座地の字名は「太田」であり、オホタタネコとの関連が想起される。
(35)　樋口吉文「「茅渟県陶邑」の最近の考古学的成果から」（前掲註(8)論文）。
(36)　鈴木正信「大神氏始祖系譜の歴史的背景」（『彦根論叢』三九六、二〇一三年）は、オホタタネコ伝承において美努村・陶邑はあくまでも三輪山麓との対比で登場しており、『古事記』や『日本書紀』の編者（あるいは伝承の主体）が細かい地域区分を想定していたとは思われないとし、そのうえで「陶邑」は須恵器を生産する邑という意味の一般名詞であり、人工的な境界や自然地形さえも越えて、広範囲に須恵器窯が広がっている景観こそ「陶邑」の呼称にふさわしいとする。確かに「陶邑」は須恵器生産をおこなう邑という程度の名称であろう。ところが一方で、『古事記』が「美努村」という具体的な名称を記している点は看過できない。『古事記』や『日本書紀』の編者あるいは伝承の主体が遺跡群の地区区分を想定していたか否かは問題ではなく、具体的な地名が伝承されている点、さらにそこに具体的な場所を比定できる点が重要である。また、陶邑古窯跡群のような広大な遺跡群全体が、「邑」「村」であったと理解することも困難であろう。しかも「陶邑」内の各地区における須恵器生産が、別個の主体によって管掌ないしは経営されていたことは考古学的な見地からすでに明らかにされており、そのような点からも遺跡群全体を「茅渟県陶邑」「河内之美努村」とみなすのは困難である。

(37) 森浩一・鹿野吉則・奥田尚・松田度・門田誠一「特集・湯山古墳の調査」(『古代学研究』一五〇、二〇〇〇年)。
(38) 松田度「「茅渟県陶邑」再考」(『文化史学』六〇、二〇〇四年)。
(39) 樋口吉文「「茅渟県陶邑」の最近の考古学的成果から」(前掲註(8)論文)。
(40) 西村康「陶邑・猿投・牛頸—須恵器生産の進展—」(前掲註(8)論文)。
(41) 白石耕治「陶邑と須恵器生産」(『季刊考古学』別冊一四、雄山閣、二〇〇四年)。
(42) 菅原雄一「陶邑窯跡群の地域差と技術拡散」(前掲註(8)論文)。
(43) 田辺昭三『須恵器大成』(前掲註(1)書)、菱田哲郎「須恵器の生産者—五世紀から八世紀の社会と須恵器工人」(前掲註(4)論文)、城ヶ谷和広「製陶」(一瀬和夫・福永伸哉・北條芳隆編『古墳時代の考古学 五 時代を支えた生産と技術』所収、同成社、二〇一二年)など。
(44) 菅原雄一「陶邑窯跡群の地域差と技術拡散」(前掲註(8)論文)。
(45) 菱田哲郎「須恵器生産の拡散と工人の動向」(『考古学研究』三九—三、一九九二年)。
(46) 吉村武彦「倭国と大和王権」(『岩波講座 日本通史 二 古代 一』所収、岩波書店、一九九三年)。
(47) 吉村武彦「倭国と大和王権」(前掲註(46)論文)。
(48) 篠川賢「国造制の内部構造」(『日本古代国造制の研究』所収、吉川弘文館、一九九六年)は、倉人・酒人・舎人・宍人のような細分化された人称は、「杖刀人」「典曹人」のような一般的な名称がみられる雄略期よりも後に、トモの職掌の細分化に応じて、部称が成立するまでの間に成立したとみる。名称が成立した前後関係については首肯できるが、五世紀後半の雄略期においても金石文にみえる「人」よりも細分化された仕奉形態を想定することができる。倭王権に参画する首長層は「典曹人(文官)」「杖刀人

（武官）」といった一般的な職務に就いたのであろうが、雄略紀にみえる宍人部や養鳥人が地方豪族などから献じられているように、首長によって供出されたトモはやや細分化された職務に従事したものと考えられる。あるいは造墓や窯業生産など、専門技術を要する職務については細分化されていたと考えることもできる。いずれにせよ、名称の問題を別にすれば五世紀後半の雄略期に細分化された職務があったことは認められよう。

（49）佐々木幹雄「続・三輪と陶邑」（前掲註（2）論文）、和田萃「ヤマトと桜井」（『桜井市史 上』所収、一九七九年）、同「三輪山祭祀の再検討」（前掲註（27）論文）。

（50）尾関章「ミノ地名と濃尾と吉備」（『東アジアの古代文化』一〇一、一九九九年）。

（51）大宝二年「御野国各牟郡中里戸籍」（正倉院文書正集二十六・『大日本古文書』一―四四）には神直族・神人姓者がみえる。

（52）天平十二年「遠江国浜名郡輸租帳」（正倉院文書正集十六・『大日本古文書』二―二五八）には神直・神人・神人部姓がみえる。

（53）鈴木正信「大神氏の職掌」（前掲註（10）論文）は「陶邑」一帯のなかで上神郷が大神氏ととくに結びつきが強かったとする。中央伴造が在地へ交通して在地の伴造や「部民」と交流をもったことは、部制段階における貢納・奉仕の形態としてふさわしく、大神氏が上神郷のあたりへ交通して現地のミワ系氏族と交流をもったとする点は、六・七世紀頃を想定するならば首肯できる（本書第一部第三章・第四章を参照）。ただしそれは、日本列島各地にいるミワ系氏族と同様に理解しなければならない。大神氏は各地のミワ系氏族のもとに交通し、交流をおこなっているのである。「茅渟県陶邑」あるいは「美努村」を上神郷に比定することは不可能であり、この地を大神氏にとって特別に関係が深い地とみることはできないであろう。史料にみえる「茅渟県陶邑」「美努村」を遺跡群としての「陶邑」と同一視する前提に問題がある。

（54）共同体とは血縁や地縁などにもとづいて発生した、生産活動などにおいて共同性を有する社会集団を意味する。その規模は首長の人格的関係がおよぶ範囲であり、村落やその集合体など、首長のレベルによってさまざまなものを想定し得る。

（55）佐々木幹雄「三輪山祭祀の歴史的背景―出土須恵器を中心として―」（前掲註（24）論文）、寺沢薫「三輪山の祭祀遺跡とそのマツリ」（前掲註（24）論文）。

（56）熊谷公男「蝦夷の誓約」（『奈良古代史論集』所収、奈良古代史談話会、一九八五年）。

（57）和田萃「ヤマトと桜井」（前掲註（49）論文）、同「三輪山祭祀の再検討」（前掲註（27）論文）、松倉文比古「御諸山と三輪山」（前掲註（23）論文）。

（58）岡田精司「河内大王家の成立」（『古代王権の祭祀と神話』所収、塙書房、一九七〇年、初出は一九六八年）。
（59）城ヶ谷和広「製陶」（前掲註（43）論文）。なお、古墳における須恵器の使用については白石太一郎「ことどわたし考―横穴式石室墳の埋葬儀礼をめぐって―」（『橿原考古学研究所論集』所収、吉川弘文館、一九七五年）、亀田博「後期古墳に埋葬された土器」（『考古学研究』二三―四、一九七七年）、古屋紀之「土器と土製品の古墳祭祀」（一瀬和夫・福永伸哉・北條芳隆編『古墳時代の考古学 三 墳墓構造と葬送祭祀』所収、同成社、二〇一一年）等を参照。
（60）田中史生『倭国と渡来人』（吉川弘文館、二〇〇五年）。
（61）平林章仁「国造制の成立について」（『龍谷史壇』八三、一九八三年）。
（62）須原祥二「「仕奉」と姓」（『古代地方制度形成過程の研究』所収、吉川弘文館、二〇一一年、初出は二〇〇三年）。
（63）鷺森浩幸「陶邑と陶部」（前掲註（7）論文）。
（64）高橋照彦「須恵器工人の存在形態に関する基礎的検討」（前掲註（6）論文）。

第三章　ミワ系氏族と須恵器生産の再編

はじめに

第一章と第二章では、五世紀から六世紀頃にかけての「陶邑」の歴史的展開を考察してきた。その後の日本列島における須恵器生産は、六世紀後葉から七世紀前葉にかけての時期に再び画期をむかえ、各地で大規模な生産が展開されるようになり、「第二の拡散」と呼ばれている(1)。この時期における各地の須恵器生産は、どのような体制でおこなわれたのであろうか。また新たな画期をむかえるなかで、それまで倭王権による技術移転の再分配センターとしての機能を担ってきた「茅渟県陶邑」を含む「陶邑」はどのような変化を遂げたのであろうか。

この時期の「陶邑」について菱田哲郎は、三輪君との関係を論じた佐々木幹雄(2)やミヤケとの関係を論じた中村浩(3)の研究を批判的に継承し、「陶邑」のなかでも六世紀に生産が活発化し、七世紀に最盛期を迎える栂地区の須恵器生産について「神直を頂点とするミワ部たち」がミヤケ（桜井屯倉）を生産の拠点とし、三輪山の祭祀に従事する三輪君によって統轄されたとした(4)。

本章ではこの議論をうけ、「陶邑」を主な資料として、須恵器生産との密接な関連が想定されるミワ系氏族に注目しながら、「陶邑」を中心に六世紀後葉以降における須恵器生産の再編について考察する。

一　須恵器生産の再編

1　成立期以降における「陶邑」周辺遺跡の動向

本節では、六世紀後葉以降における須恵器生産体制の再編について考察する。まずは成立期以降の「陶邑」集落の動向について、考古学の調査・研究の成果をもとに概観しておく(5)。

陶器山地区における初期の集落には、五世紀後半の田園遺跡や辻之遺跡があるが、それらは高蔵寺地区に位置する伏尾・小阪の両集落の廃絶と同時期に成立しており、須恵器焼成窯のさらなる奥部への開発と連動して集落が移動したものととらえられている。六世紀に入ると、陶器山地区では小角田遺跡や陶器南遺跡の集落が相次いで形成され、六世紀後半から七世紀前半に最盛期をむかえる。またこの時期、石津川流域の東岸でも深田（橋）遺跡から豊田遺跡へと集落の中心が移動し、西側の栂地区でも大庭寺遺跡から野々井遺跡を含む南方の台地平坦面に集落の中心が移動し、それぞれ最盛期をむかえている。

宮崎泰史は、七世紀代になると陶器山地区や高蔵寺地区では窯跡の数が著しく減少し、その分布範囲も以前に比べて縮小していることから、窯の統合・再編がおこなわれたと推定し、それに対して栂地区は六世紀から継続して分布がみられるので、安定した操業活動がおこなわれたと想定している。また光明池地区では、栂地区と同じく安定した分布状況がみられるが、西半でやや稀薄となり、分布はやや南側に広がる傾向がある。そして以上の点から、七世紀代の「陶邑」における主体的な役割は栂地区および光明池地区に移動した状況がみられるとした(6)。なお、窯の分布状況だけでなく、栂地区には初期の陶硯を生産した栂（TG）63号窯や栂64号窯、栂86号窯が存在することから、七世紀の「陶邑」における栂地区の先進性が指摘されている。(7)

2　須恵器生産の再編と人制・部制

日本列島の各地で地域性をもって特色ある須恵器が生産され、流通するようになるのは、六世紀後半を中心とする時期であると考えられている。六世紀後葉から七世紀前葉の時期は、必要に応じて時々に須恵器を生産する体制から恒常的に生産をおこなう体制へと変化する一大画期であるとされるが、菱田は各地の生産地における継続的な生産が六世紀後半以降にはじまっており、この時期に再編を受けた地域が多いことから、当該期に「ミワ部」を軸とする部民制のなかで生産が整えられたと推定した。(8)この説をうけて、神部や神人部といった部と須恵器生産の関係について検討したい。

須恵器生産を倭王権の支配制度のなかに位置づけた吉村武彦は、「陶人」や「陶部」を念頭に置いたうえで、渡来した工人の集住化および集中生産は人制（第二段階）にふさわしく、それに対して地方窯による須恵器生産は部制（第三段階）に対応すると想定した。(9)一方、「陶人」や「陶部」という集団の存在が『日本書紀』以外の史料で確かめられないことから、部民制のもとに須恵器生産者集団が「陶部」として編成されたことを疑問視する浅香年木の見解もある。(10)だが、「陶人」や「陶部」の「陶」を「神《みわ》」に置き換えて考えた場合、須恵器生産体制に人制と部制の段階を想定した吉村の指摘は大筋で首肯できると考えられる。前章でみたように、ミワ系氏族がウヂの名とする「ミワ」は神酒や酒を醸す容器を意味する語であった。ミワ系氏族のすべてが神酒やその容器としての須恵器を直接に生産していたとは必ずしもいえないが、各地のミワ系氏族が須恵器生産に関与したことはすでに多くの指摘があり、密接な関係にあったことは認められるだろう。吉村は須恵器生産体制に人制と部制の段階差を想定したが、ミワ系氏族には神人という人姓のものや、神部・神人部といった部姓のものがみられる。このことは、須恵器生産と関わりの深いミワ系氏族が人制と部制という二つの支配・職務分掌体制のもとで編成されていたことを示す。六世紀後半のものとされる島根県岡田山一号墳出土の大刀銘に「各《（額）》田ア《（部）》臣」とあり(11)、この頃には部制が成立していたとみられることを踏まえると、人制にもとづく「神人」の編成が五世紀後半における須恵器生産の画期に対応していたのに対し(12)、部制にもとづく神人部・神部の編成は須恵器生産の次の画期、すなわち菱田の指摘するとおり六世紀後葉から七世紀前葉の再編に対応すると考えるのが妥当である。

　それでは、須恵器生産が神人や神人部・神部という集団を中心に担われてきたにもかかわらず、なぜ『日本書紀』にはそれが記されず、わずかではあるが「陶人」や「陶部」の名がみえるのであろうか。この問題については、「神人」「神部」といった名称が本人の名乗りであったのに対し、「陶人」「陶部」の名称が本人の名乗りでなく、『日本書紀』による名づけであることが留意される。なぜ『日本書紀』の編者は、須恵器生産者の名称を「陶人」や「陶部」だと認識したのであろうか。それは、生産物と生産者の名称を対応させて理解した結果であると思われる。八世紀には、土器の種類（器質）を表す語として「土師」と「陶」が対比的に用いられていたが、前者は「土師」という貢納者（集団）の名称に由来する語であった(13)。つまり、「土師」という土器の名称と、貢納者の名称が一致していたのである。『日本書紀』の編者は、それと同様に「陶」の土器も「陶」を称する集団によって貢納されたと理解したのではなかろうか。ただ、須恵器生産に携わる集団がすべてミワ系氏族として編成されたわけではないだろう。したがって、『日本書紀』にみえる「陶人」や「陶部」がそのまま「神人」や神人部・神部などの集団を指すとは限らない。要するに、「陶人」や「陶部」は人制や部制のもとで須恵器生産を担った集団に対する『日本書紀』編者の認識であったと考えられるのである。

3　三輪君とミワ系氏族

前項では、五世紀後半頃における須恵器生産の画期が「神人」（人制）の編成に対応しているのに対し、六世紀後葉から七世紀前葉の画期が神人部・神部（部制）の編成に対応していることを述べた。五世紀後半頃における須恵器生産の再編と「神人」の関係についてはすでに前章で検討しているので、六世紀後葉以降における須恵器生産の再編について、各地で生産を担ったミワ系氏族とその統率者たる三輪君の関係から考察する。

三輪君は『三輪高宮家系図』や『日本書紀』等の検討から、六世紀代に興った豪族であり、三輪山の祭祀を担うようになったのは六世紀中頃（欽明期）のことであると考えられている。(14)三輪君ないしその前身集団が形成される時期についてはさらに遡る可能性があるものの、(15)顕著な活動がみられるのは早くとも六世紀中頃以降であるとみてよいだろう。このような三輪君の興隆は、六世紀後葉から七世紀前葉における須恵器生産の画期と時期が相前後している。おそらく、五世紀後半の雄略期頃から須恵器生産を担ってきた「神人」を統轄するセンターとして、三輪君が台頭してくるのであろう。(16)そして中央の三輪君のもと、在地では神直などの首長層の管掌下で「神人」が生産に従事し、さらにそれに付随する部として神人部・神部が設定されたと考えられる。(17)

佐藤長門によると、六世紀の倭王権は大王への求心力が相対的に上昇したのにともない、中央の王権機構が整備・拡充され、それまで大王個人に収斂されていたトモ―べ集団の管轄権が有力階層に委譲されることになったという。(18)ミワ系氏族に関しては、「神人」を担い手として人制のもとで大王の直接的管理下にあった須恵器生産が、三輪君に委譲されたとすることができよう。つまり、倭王権による地域支配の質的・量的な拡大にともなって、ミワ系氏族の管掌権を分与されたのが三輪君だったのである。三輪君は須恵器生産を担うミワ系氏族を中央で統轄したが、本来須恵器生産という職務を大王から分掌されたのはあくまでも各地のミワ系氏族たちであり、そのもとに設定された部が神人部・神部であったと考えられる。さて、三輪君によるミワ系氏族の統轄とはどのようなものであったのだろうか。

前章で指摘したように、ミワ系氏族は大神朝臣（三輪君）と同祖同族関係が結ばれている場合と、そうでない場合があった。そのうち、『姓氏録』摂津国神別にみえる神人のように大神朝臣と同祖同族関係を称しているものは、その氏族がかつて三輪君との間に統属関係があったことを示唆するものである。また、大神朝臣虎主は本姓が神直であったが、みずから「大三輪大田々根子之後」を称していた(19)。また、出雲国の神掃石公文麻呂や神人公人足らが大神掃石の姓を賜った例もある(20)。この場合は職掌を示すミワ系姓から大神氏との同族を示す複姓へと改姓しており、ミワ系氏族と三輪君の関係がうかがわれる。あるいは大神朝臣の系図である『大神朝臣本系牒略』に大田々根子命の孫にあたる田々彦命が大神部直・神部直・神人等の祖として位置づけられている点も(21)、神人と大神朝臣（三輪君）との関係を示すものである。なお高橋照彦は、三輪山の祭祀遺跡から神直・神人・神人部等のミワ系氏族との関連が想定される湖西窯産の可能性がある須恵器が検出されていることから、三輪氏に従属する形で須恵器の貢納がおこなわれていた可能性を想定している(22)。この想定に大過なければ、考古学的にもミワ系氏族と三輪君の関係が確認されることとなろう。

その一方で、『姓氏録』には御手代首と同祖で阿比良命の後裔を称するもの（河内国神別）や高麗国人とされる許利都の後裔と称する渡来系のもの（未定雑姓和泉国）も存在し、ミワ系氏族の系譜はさまざまである。これらの点を総合すると、ミワ系氏族たちはかつて三輪君と統属関係を結んだが、かかる関係にもとづいた系譜を称したものと、そうでないものが存在したことになる。これは、歴史的に形成された在地での結びつきが前提として存在するなかで、ある集団が三輪君とのタテワリ的な統属関係を形成することによって、奉仕関係あるいは従属関係が多元化し、さまざまな政治的状況に応じて有利な関係を選択したものと考えられる。そして三輪君との繋がりを有利と判断したものはそれとの同祖関係を称し、地縁的な結合を重視したものはほかのさまざまな系譜を称したのであろう。「陶邑」の神直が『姓氏録』段階もしくはそれ以前に紀直系を称しているのは後者に該当する。この場合は、もともと紀伊の豪族の影響下にあった集団が仕奉「ミワ」に従事するようになり、後にその管轄権が三輪君に委譲されたことによって、三輪君と統属関係を結ぶことになったが、結果的には『姓氏録』段階までに系譜に反映されるには至らなかったのである。三輪君と統属関係を結ぶことは、同祖同族関係形成の契機にはなり得ても、両者は相即的な関係ではないのである。

右のようなミワ系氏族との関係を踏まえ、三輪君の歴史的性格について言及しておきたい。佐藤は大王に近侍する群臣について、伴造・国造など各種氏族による王権への貢納・奉仕を管理・運用することが本源的性格であったとし、伴造的な側面を有しながら一般的な伴造氏族の上位にあって、それとは区別される存在として「大伴造《だいばんぞう》」という概念を提示している(23)。三輪君は地方の有力氏族に多い「君」のカバネを有しながら、三輪山の祭祀を掌る地祇系氏族であった。その点では磯城地方の在地豪族としての性格が認められる。その一方で、ミワ系氏族など諸氏族による王権への奉仕・貢納を管理・運用することで、自らの大王への奉仕とする側面も認められる。佐藤は三輪君を群臣とはしないが(24)、諸氏族を統轄することによって大王への奉仕を実体化させる点で、三輪君の事例も佐藤のいう「大伴造」的な支配の一つに該当するのではなかろうか。つまり三輪君は、在地性を維持しながら伴造・国造などの中小氏族を統轄するという両面の性格を具備した氏族であったと考えられるのである。

以上をまとめると、六世紀後葉から七世紀前葉の倭王権は、人制のもとで須恵器生産に従事していた「神人」などを部制のもとで再編成し、その管轄権を三輪君に委譲したことになる。

二　「陶邑」とミヤケ

1　桜井屯倉と茅渟山屯倉

先述のように、六世紀後葉から七世紀前葉は、須恵器生産の一大画期とされる。この時期には、須恵器窯に関わる新たな技術として「溝つき排煙窯」が普及したが、それは「陶邑」にも存在するものの、北部九州や北陸など日本海側に顕著であり、年代的には北部九州の事例のほうが古いとされる(25)。このことに着目した菱田は、かかる技術革新の背景として、五世紀後葉をピークとする「陶邑」を中心とした技術伝播の形態とは異なり、広範な地域間交流によって技術が拡散する新たな伝播形態が成立していたとする。また、この時期における須恵器生産の再編について、七・八世紀を通して生産が継続する場合が多いことや、その分布が一郡一窯に近い様相を示す地域が多いことなどから、ミヤケの設置と深く関わることを指摘している(26)。この指摘を踏まえると、それまで須恵器生産の中核的拠点として機能を果たしてきた「茅渟県陶邑」が、新たなシステムにもとづく地域間交流や技術移転による須恵器生産の再編のなかで、従来の「中心」としての特殊性を喪失し、一地方生産地化したことになる。かかる須恵器生産の再編とそれにともなう「陶邑」の変容について、先行研究を踏まえてミヤケとの関わりから考察したい。まず、「陶邑」内にミヤケが存在したと推定される論拠となるのは次の史料である。

【史料1】『日本書紀』安閑元年十月甲子（十五日）条

大伴大連金村奏称、宜以㆔小墾田屯倉与㆓毎㆑国田部㆒、給㆓貺紗手媛㆒、以㆔桜井屯倉〈一本云、加㆓貺茅渟山屯倉㆒。〉与㆓毎㆑国田部㆒、給㆓賜香香有媛㆒、以㆔難波屯倉与㆓毎㆑郡钁丁㆒、給㆓貺宅媛㆒。以示㆓於後㆒、式観㆓乎昔㆒。詔曰、依㆑奏施行。

これは、安閑天皇に嗣子がないことに対して、大伴大連金村が皇后や次の妃のために屯倉を立てることを提案し、許可されたので小墾田屯倉と国毎の田部を紗手媛に、桜井屯倉と国毎の田部を香香有媛に、難波屯倉と郡毎の钁丁を宅媛に賜うことになったという伝承である。また「一本」によると、香香有媛に賜う屯倉に茅渟山屯倉を加えるとされている。

この伝承にあげられているミヤケのなかで、「陶邑」と関わる可能性があるのが桜井屯倉と茅渟山屯倉である。桜井屯倉は史料1に対応する次の史料2から、桜井田部連がその管掌にあたったと考えられる。

【史料2】『日本書紀』安閑二年九月丙午（三日）条

詔㆓桜井田部連・県犬養連・難波吉士等㆒、主㆓掌屯倉之税㆒。

次に、これらのミヤケの所在地をめぐる研究を確認しておく。桜井屯倉については、河内国河内郡桜井郷（東大阪市池島周辺）に比定する説が有力であった。また桜井田部連と河内の関係を示す伝承がある[27]。すなわち、物部守屋が滅ぼされたとき「餌香の川原」に桜井田部連胆渟の遺骸が放置され、その養犬が出没したというものである。岸俊男はその伝承の存在に加え、『日本霊異記』中巻第十三縁に「和泉国泉郡血渟山寺」、中巻第三十七縁に「泉国泉郡部内、珍努上山寺」と記すことから茅渟山屯倉を和泉国和泉郡に比定し、そこに近接するという理由から桜井屯倉を富田林市桜井に比定した[28]。一方、これらのミヤケを「陶邑」内に比定する説もある。中村は茅渟山屯倉を桜井屯倉と同一のものと解釈し、石津川沿いで「陶邑」の中心に位置し、「陶邑」窯での生産物の集荷、選別、出荷地であるとされる深田（橋）遺跡や式内社である桜井神社の存在から、茅渟山屯倉すなわち桜井屯倉を桜井神社周辺に求めた。[29] さらに中村は、その傍証として付近に「片倉《かたくら》」、「富蔵《とみくら》」、「高蔵《たかくら》（高倉）」というクラに関わる地名や「小代《こだい》」という子代《こしろ》に通じる地名が近辺に存在することをあげている。この説をうけた菱田は、「和泉国神名帳」に大鳥郡の神社として「神三宅社」が記されていることなどから、中村による桜井屯倉の比定は妥当であるとしたうえで、桜井屯倉と茅渟山屯倉を別のものととらえ、茅渟山屯倉はむしろ岸和田市の山直《やまだい》などの地域が候補としてふさわしいとの見解を示している。[30]

先行研究が指摘するとおり、桜井神社や神三宅社、そして須恵器の流通拠点としての性格をもつ遺跡が付近に存在することと等から、桜井神社周辺にミヤケが存在した蓋然性は高い。ただ六世紀後葉になると、集落の中心が深田（橋）遺跡から豊田遺跡へと移動している。両遺跡は類似した性格が認められるが、ミヤケの設置時期を勘案すると、その中心地は豊田遺跡周辺とするのがよいであろう。事実、深田（橋）遺跡よりも豊田遺跡のほうが桜井神社に近接している。よって、桜井神社・豊田遺跡周辺を桜井屯倉に比定したい。

だが問題となるのは茅渟山屯倉である。桜井屯倉と茅渟山屯倉は同一のミヤケだったのだろうか。中村は深田（橋）遺跡の有する、「陶邑」窯における生産物の集荷・選別・出荷地としての性格をミヤケであることの論拠の一つとしたが、同様の性格を有する遺跡は「陶邑」内のほかの地域にもある。とくに、陶器山地区（大村郷域）に位置する辻之・田園・小角田・陶器南の集落遺跡群が、複数の窯での一次選別を終えた製品を搬入集荷し、検査・選別・保管・出荷の各作業をおこなう選別基地としての性格を有していたことに留意したい。[31] 茅渟山屯倉は陶器山地区（大村郷域）に位置するこれらの遺跡群に比定できるのではないだろうか。そこで注目したいのが以下の史料である。

【史料3】『先代旧事本紀』地神本紀

大己貴神乗二天羽車大鷲一、而覓二妻妾一、偁下二行於茅渟県一。娶二陶祇女子活玉依姫一、為レ妻。往来之時人非レ所レ知。而密往来之間、女為二妊身一之。時父母疑怪問曰、誰人来耶。女子答曰、神人状来。自二屋上一零入来坐。共覆臥耳。爾時父母忽欲二察顕一、続麻作レ綜、以二針鈎一係二神人短裳一。而明旦随レ絲尋覓、越レ自二鎰穴一、経二茅渟山一入二吉野山一、留二三諸山一。当知二大神一。則見二其綜遺一只有二三縈一。号二三輪山一、謂二大三輪神社一矣。

【史料4】『姓氏録』大和国神別

大神朝臣。素佐能雄命六世孫、大国主之後也。初大国主神、娶二三島溝杭耳之女、玉櫛姫一。夜未レ曙去、来曽不二昼到一。於レ是玉櫛姫績レ苧係レ衣、至レ明随レ苧尋覓、経二於茅渟県陶邑一、直指二大和国真穂御諸山一。還視二苧遺一、唯有二三縈一。因レ之号二姓大三縈一。

史料3は大己貴神に関する伝承であるが、類似の伝承は史料4にもみえる。「茅渟山」の地名に関して留意したいのは、史料3にみえる「茅渟山」の地名が、史料4では「茅渟県陶邑」となっている点である(32)。「茅渟県陶邑」は、三輪君の祖とされるオホタタネコが発見された場所として『日本書紀』崇神七年八月己酉（七日）条にもみえ、『古事記』崇神段には「河内之美努村」として記されている。そしてその比定地は「陶邑」のなかでも大村郷域に所在する陶荒田神社周辺一帯に求めることができる。『日本書紀』にみえる「茅渟県陶邑」と『古事記』にみえる「美努村」は単なる呼称の違いであり、オホタタネコの出身地について異なる伝承が並存しているわけではない。同様に、史料3では大己貴神、史料4では大国主神の衣にかけた糸が通る場所としてそれぞれ「茅渟山」と「茅渟県陶邑」が記されているが、これも呼称の違いとして理解できる。したがって史料3にみえる「茅渟山」も、呼称こそ違うものの、指している場所は「茅渟県陶邑」と同一の地域、つまり大村郷域の一部にあたる陶荒田神社周辺の一帯を指していると推定できる。よってこの地域を「茅渟山」と呼称する場合もあった可能性は十分にある。

また岸が、茅渟山屯倉を和泉国和泉郡に比定する根拠としている『日本霊異記』の記載については、中巻第三十七縁に「珍努上山寺」とあり、中巻第十三縁には写本によって「血渟上山寺」とするものと「血渟山寺」とするものがあるが、「珍努（血渟）上山寺」の表記から、「山」は「寺」にかかって「山寺」を示すものであって、「茅渟山」という地名を示すものではないと考えられる。つまり「チヌの（上の）山寺」を指しているのである。したがって、茅渟山屯倉を和泉郡の茅渟上山寺周辺に比定する妥当性は少ない。

ところで、ミヤケを拠点に奉仕すると考えられる部には田部があるが、ここから大村郷域にミヤケが存在したことを推定することもできる。そこで注目したいのが『姓氏録』河内国神別にみえる大村直田連という氏族の存在である。この複姓の「大村直」は大村直の一族であったことにもとづき、「田」は田部の伴造氏族であったことによるとされる(33)。大村直は『姓氏録』和泉国神別に記載があり、和泉国大鳥郡大村郷のあたりを本拠地とした氏族とみられる。したがって、大村直田連も『姓氏録』段階では河内国を本貫地としていたが、もとは大鳥郡大村郷域のあたりを拠点とした氏族とみてよいであろう。大村直田連という氏族の存在は、大村直の一族が田部集団を統率したこと、さらには大村郷域にミヤケが存在したことを示唆するものである。

これまで考察してきたように、大規模な倉庫群を有する陶器山地区北部の集落遺跡群の性格や大村直田連という氏族の存在からみて、大村郷域にミヤケが存在した可能性は強く、「茅渟県陶邑」を「茅渟山」と呼称する場合があることから、大村郷域に所在が推定されるミヤケが史料1にみえる茅渟山屯倉であった蓋然性は高い。なお前章では陶器山地区北部の集落遺跡群を「茅渟県陶邑」の実体であるとした。その場合、「茅渟県陶邑」の施設（ヤケ）がミヤケ制のもとでそのままミヤケとして引き継がれた状況を想定しておきたい。

2　ミヤケの設置と「陶邑」の変化

前項では「陶邑」内の上神郷域（桜井神社周辺）と、大村郷域（陶荒田神社周辺）にミヤケが存在したことを推定したが、これらは須恵器生産の拠点として機能したものと考えられる。それらのミヤケには、複数の窯において生産された須恵器が搬入され、検査・選別・保管・出荷をおこなう拠点という側面を有しながら、桜井田部連や大村直の一族の管掌下にあった田部集団が奉仕し、その生産活動は須恵器工人の生活を支える経済的基盤という側面をも有していたのではないだろうか。

それでは、「陶邑」におけるミヤケの設置は、須恵器生産にいかなる影響を及ぼしたのだろうか。佐藤によると、政治的ネットワークの形成が未発達であった時期には、首長は個別の交易ルートを通して列島の外部から物財を収集しなければならなかった（することができた）が、高句麗が南下をはじめた四世紀末以降においては、個々の首長が単独で十分な威信財を入手できる段階ではなくなり、各地の首長は威信財の安定供給という個別利害を貫徹するため、最高首長（大王）のもとに結集し、みずからの外交・軍事権を大王に委任したという。(34) かかる想定によると、大王は各地の首長からの要請にもとづき、独占的に管理する渡来技術を再分配して影響力を強めていき、各地の首長は王権を介して渡来技術・文化を間接的に享受していたことになる。須恵器生産の技術も、このような再分配の対象の一つであったと考えられる。大王が独占的に管理する生産技術を各地の首長に再分配することによって各地域の統合を図り、各地の首長層に担当者を供出させて須恵器生産の職務を分掌し、「神人」として編成したのである。(35)

右のような須恵器の生産体制は、ミヤケの設置にともなって転換する。田中史生は六世紀以降におけるミヤケの交通・交流機能について、渡来系技術を地域に移植しつつ、その生産物・成果を王権が一定量回収し消費する生産・流通システムが構築され、各地の首長にとってもミヤケのもたらす広域的なネットワークをみずからの権力基盤に取り込めるメリットがあったという[36]。事実、三輪山から出土する須恵器は、五世紀中葉から六世紀初頭は「陶邑」産が圧倒的に多いが、「陶邑」以外で生産されたものが六世紀前半以降になるとみられるようになるとされる[37]。このことは、各地で生産された須恵器を三輪山祭祀のために貢納させていたことを示すものであろう。六世紀後葉から七世紀前葉における須恵器生産の再編は、ミヤケの設置によるネットワークの形成にともなうものとみることができよう。

「陶邑」は五世紀後半以降、須恵器生産の技術を再分配するセンターとして機能しており、なかでも「茅渟県陶邑」はその中核拠点として周縁地域と結びついていた。しかしミヤケの設置によって、それまで周縁とされた各地の生産地どうしが繋がりをもつようになると、「茅渟県陶邑」のようなセンターを介さない双方向かつ多方向の交流が展開されるようになる。他方、「茅渟県陶邑」もミヤケが設置されることによって、受容も含めた双方向の交流に組み込まれ、再分配センターとしての役割を終えることになる。先に触れた、溝つき煙道窯が『陶邑』よりも北部九州の事例のほうが古いという事実も、かかるミヤケのネットワークによる交流の結果であると理解できるだろう。

「陶邑」は、ほかの須恵器生産地と同じミヤケ制のもとで再編されることによってセンターとしての特殊性を喪失し、さらにほかの大規模生産地の発展とも相俟って、日本列島における須恵器生産のなかでの地位が相対的に低下したのである。これと連動するように、須恵器は生産技術の普及とともに威信財としての価値を失っていくことになる。王権にとっての須恵器は、技術を再分配することによってみずからの求心力を維持・強化する手段としての役割から、各地に生産させて一定量を回収・消費する貢納物へとその意義が変化したといえるだろう。

また、このような「陶邑」の変容は、倭王権による地域支配の進展にともなって「神人」らの管轄権が三輪君へ委譲され、大王による「茅渟県陶邑」の直接的管理が終わりをむかえたことを示している。

三　三輪君と地域間交流

1　三輪君とミヤケのネットワーク

前節では、六世紀後葉以降における「陶邑」が、各地のミヤケ間における双方向かつ多方向の交流のなかで変容したことを述べた。それでは、かかるミヤケのネットワークはいかにして形成され、交流がおこなわれたのであろうか。この段階における中央と地方の交通のあり方は、人制段階とは異なる。舘野和己が明らかにしたように、各地に設けられた種々の政治的軍事的拠点であるミヤケが、六世紀代になってから本格的に展開していく[38]。ミヤケが設置されると、各地の仕奉集団はそれを拠点にして王権への貢納・奉仕をおこなうことになる。先述のようにミワ系氏族は中央の三輪君によって管掌されており、各ミヤケを拠点としたミワ系氏族の貢納・奉仕は三輪君を介して大王への貢納・奉仕として収斂される。したがって、各地のミワ系氏族が奉仕するミヤケどうしの間では、三輪君を介した交流が展開されたと考えられる。それに関して注目されるのが次の史料である。

【史料5】『日本書紀』垂仁三年三月条

新羅王子天日槍来帰焉。（中略）〈一云、初天日槍、乗レ艇泊二于播磨国一、在二於宍粟邑一。時天皇遣下三輪君祖大友主与二倭直祖長尾市一於播磨上、而問二天日槍一曰、汝也誰人、且何国人也。天日槍対曰、僕新羅国主之子也。然聞三日本国有二聖皇一、則以二己国一授二弟知古一而化帰之。仍貢献物、葉細珠・足高珠・鵜鹿鹿赤石珠・出石刀子・出石槍・日鏡・熊神籬・胆狭浅大刀、并八物。仍詔二天日槍一曰、播磨国宍粟邑、淡路島出浅邑、是二邑、汝任レ意居之。時天日槍啓之曰、臣将㆑住処、若垂㆓天恩㆒、聴㆓臣情願地㆒者、臣親歴㆓視諸国㆒、則合㆓于臣心㆒欲㆑被㆑給。乃聴之。於㆑是、天日槍自㆓菟道河㆒泝之、北入㆓近江国吾名邑㆒而暫住。復更自㆓近江㆒、経㆓若狭国㆒、西到㆓但馬国㆒則定㆓住処㆒也。是以、近江国鏡村谷陶人、則天日槍従人也。〉

右は『古事記』や『播磨国風土記』にもみえる天日槍伝承であるが、『日本書紀』の場合、倭に渡来した天日槍が播磨、近江、若狭を転々とし、最終的に但馬に至ったことを記す。田中は、この伝承がミヤケ間の交通によって拡散したことを指摘している[39]。さらにこの伝承で留意されるのは、三輪君の祖とされる大友主が播磨に派遣されたという点である。田中が指摘するように、この伝承がミヤケ間の交通によって拡散したものであるならば、三輪君がその媒介者の一員であったことを示唆する。大友主らが派遣されたという播磨国宍粟郡に神人姓者の分布が確認できることも[40]、ミワ系氏族が奉仕するミヤケ間の交流に三輪君が介在していたことを裏づけるものである。五世紀後半に編成された「神人」たちは、上番した後に帰郷して地元で仕奉「ミワ」に従事したと考えられる。宍粟郡の地にも「神人」が帰郷しており、そこに使者として三輪君が派遣されてきた際に、現地の「神人」と接触した可能性は強い。

しかも、この際に三輪君が接触したのは在地の「神人」だけではないだろう。「神人」を供出していた出身母体とも接触する機会がある。このように三輪君の交通によって在地の「神人」やその出身母体と接触し、人格的関係が結ばれたとみられるのである。仕奉形態が人制のように在地から中央へ上番する形態であれば、王権が掌握できるのは上番してくる本人だけにすぎない。しかし中央から使者が在地へ赴くのであれば、在地の人間を集団単位で掌握することができる。三輪君も管轄権が委譲された「神人」の本拠地に赴いた際、ミヤケを拠点として、「神人」を供出した集団そのものを管掌下に置き、貢納物を回収することが可能となるのである。その際、「神人」として王権に奉仕していた以外の民衆層も王権、直接的には三輪君の掌握するところになる。こうして掌握された人々の集団が王権から部として把握されたのであろう。部制におけるミワ系氏族の再編とはこのようなものであったと考えられる。

ところで、ミヤケのネットワークによって拡散された技術の一つと目される溝つき排煙窯の報告例は、先述のように日本海側とりわけ北部九州と北陸で大半を占める状況であるが、北部九州はとくに三輪君の強い影響下にある地域であった（表3）。ミワ系氏族のなかには、大神部、大神君、大神直など、姓に「大」字を含むものが存在する。中央の三輪君はある段階から大三輪（大神）の姓を称するようになるが[41]、地方にあらわれるオホミワ姓もこれと無関係ではなかろう。つまり、中央の三輪君がオホミワ姓を称したことをうけて、地方のミワ系氏族もオホミワ姓を称したものと考えられるのである。神人などの姓が直接には三輪神祭祀や造酒・須恵器生産といった内容の仕奉を意味していることと比較すると、少なくとも姓にあらわれた部分においては中央の大神氏との関係が相対的に強かったといえる。このような氏族が北部九州にみられる点は、三輪君とこの地の深い関係を示していよう。八世紀初頭の牛頸窯跡

表3　北部九州におけるミワ系氏族の分布

人名／神社	地名	出典	備考
大神部阿夜売、大神部赤根売、大神部赤麻呂、大神部荒人、大神部伊止甫、大神部妹津売、大神部古婆売、大神部志非、大神部嶋垂売、大神部泥麻呂、大神部広国、大神部広国売	筑前国嶋郡川辺里	大宝二年「筑前国嶋郡川辺里戸籍」（『大日本古文書』一―一一三・一一四・一一六）	
大神部得身	筑前国奈珂郡手東里	福岡県牛頸窯跡群ハセムシ窯跡群一二地点出土刻書土器（大野城市教育委員会『牛頸窯跡群―総括報告書Ⅰ―』）	和銅六年
大□〔神カ〕君百□〔江カ〕	〃	〃	
大神君□〔百カ〕江、大神部麻呂		〃	和銅六年
大神部□　□〔養カ〕	（筑前国）奈珂郡	福岡県牛頸窯跡群井出四号窯跡出土刻書土器（大野城市教育委員会『牛頸窯跡群―総括報告書Ⅰ―』）	

大神部見乃官		福岡県牛頸窯跡群本堂遺跡出土刻書土器（大野城市教育委員会『牛頸本堂遺跡群Ⅶ』）	
大神部道祖	（筑前国）夜須郡	福岡県大宰府跡（不丁地区）出土木簡（『木簡研究』六）	
於保奈牟智神社	筑前国夜須郡	『延喜式』神名帳	
□〔下カ〕神部津田良		福岡県大宰府跡（不丁官衙地区）出土木簡（『木簡研究』九）	
大□〔神カ〕部□		福岡県元岡・桑原遺跡群出土木簡（『木簡研究』二二）	
□〔下カ〕神部足嶋米、神部		福岡県大宰府跡（不丁地区）出土木簡（『木簡研究』八）	
神部久豆麻□		大宰府条坊跡出土木簡（『木簡研究』三三）	
神部辛	豊前（国）門司	山口県長登銅山跡出土木簡（『木簡研究』一九）	
大神楉田朝臣愛比（楉田勝愛比）	豊前国京都	『続日本紀』宝亀七年十二月庚戌条	賜大神楉田朝臣（宝亀七年十二月）
大神部菟手、大神部牧売	豊前国仲津郡丁里	大宝二年「豊前国仲津郡丁里戸籍」（『大日本古文書』一―一六四）	
大神朝臣少吉備咩（吉備売）	豊前国宇佐郡向野郷	宝亀四年正月「豊前国司解」（『宇佐託宣集』一〇）	宇佐宮禰宜
大神朝臣田麻呂（小田麻呂、多麻呂、田丸君）	〃	『続日本紀』天平勝宝元年十一月辛卯条、宝亀四年正月「豊前国司解」（『宇佐託宣集』一〇）、弘仁十二年八月官符（『東大寺要録』四）他	宇佐宮主神司。賜大神朝臣之姓（天平勝宝元年十一月）
大神朝臣比義（比岐）	豊前国宇佐郡	『扶桑略記』欽明三十二年正月一日条、弘仁十二年八月官符（『東大寺要録』四）、『宇佐託宣集』他	宇佐宮祝
大神朝臣杜女（毛理女・社女）	〃	『続日本紀』天平勝宝元年十一月辛卯朔条、弘仁十二年八月官符（『東大寺要録』四）他	宇佐宮祝部／禰宜尼。賜大神朝臣之姓（天平勝宝元年十一月）
大神宅女		『続日本紀』天平二十年八月乙卯条	宇佐宮祝部
	豊後国速見郡大神郷	『和名類聚抄』	
□〔神カ〕人		大分県飯塚遺跡出土木簡（『木簡研究』二二）	
神人		佐賀県神志波屋二ノ坪遺跡出土墨書土器（佐賀県教育委員会『佐賀県農業基盤整備事業に係る文化財調査報告書六』）	
大神部		佐賀県多田遺跡出土木簡（『木簡研究』一三）	

群における須恵器生産について、余語琢磨は「大神君」や「大神部」の刻書をもつ甕片の検討から「大神君―大神部」という支配形態による生産がおこなわれており、その生産組織が古墳時代から存続していたことを推定している。(42)さらに、牛頸窯跡群内の本堂遺跡から「大神部見乃官」の刻書がある大甕が出土しており、七世紀前半から中頃のものとみられている。(43)刻書にみえる大神君は、「大神」というウヂナや「君」というカバネから推して、大和の大神（三輪）氏と近い関係にある集団、おそらくは擬制的な同族関係にある地方豪族であったと考えられる。列島各地には三輪君とは必ずしも同族関係にないミワ系氏族が普遍的に分布しているのに対し、北部九州には大神君という三輪君の同族と思われる氏族が確認される点からして、当該地域における三輪君の強い影響が想定できよう。また、三輪君に支配・領有された部とみられる大神部の分布が具体的に確認される地域は、管見の限り北部九州および敦賀のみである。さらに、筑前国夜須郡には於保奈牟智神社があり、(44)八世紀には大和の大神朝臣との関連が想定される大神《おほが》朝臣が宇佐八幡宮の神職として活躍している。

このように、北部九州には三輪君が進出し、強い影響力を保持していたことが想定できる。これを手がかりとして、いかにしてミヤケのネットワークが形成されたのか検討していきたい。

2　渡来者への給酒

北部九州における三輪君の進出からミヤケのネットワーク形成を考えるにあたって、この地域の有する対外交通の窓口としての特性に留意したい。外国使節の渡来は筑紫に上陸するのが基本であり、北部九州は渡来者が上陸する地域であった。(45)ここで注目すべきは、外国の使節に対して饗応がおこなわれ、その一環として神酒が給されていた点である。外国の使節に給酒がおこなわれていたことは、以下の史料にみえる。

【史料6】『日本書紀』舒明四年十月甲寅（四日）条

唐国使人高表仁等、到二于難波津一。則遣二大伴連馬養一、迎二於江口一。船卅二艘及鼓・吹・旗幟、皆具整飾。便告二高表仁等一曰、聞三天子所命之使、到二于天皇朝一迎之。時高表仁対曰、風寒之日、飾二整船艘一、以賜レ迎之、歓愧也。於レ是、令下二難波吉士小槻・大河内直矢伏一、為二導者一、到中于館前上。乃遣二伊岐史乙等・難波吉士八牛一、引二客等一入二於館一。即日、給二神酒一。

【史料7】『延喜式』玄蕃寮式94新羅客条

凡新羅客入朝者、給二神酒一。其醸酒料稲、大和国賀茂・意富・纒向・倭文四社、河内国恩智一社、和泉国安那志一社、摂津国住道・伊佐具二社各卅束、合二百卌束送二住道社一。大和国片岡一社、摂津国広田・生田・長田三社各五十束、合二百束送二生田社一。並令二神部造一、差二中臣一人一、充二給レ酒使一。醸二生田社一酒者、於二敏売崎一給之、醸二住道社一酒者、於二難波館一給之。若従二筑紫一還者、応レ給二酒肴一、便付二使人一。其肴惣隠岐鰒六斤、螺六斤、腊四斤六両、海藻六斤、海松六斤、海菜六斤、盞卅八口、匏十柄、案六脚。〈被レ責還者不レ給。〉（後略）

二つの史料の時代は大きく隔たるが、史料6は難波館において唐の使節に給酒をおこなったとする記述、史料7は日本へ渡ってきた新羅使に対する給酒の規定である。このような外国使節に対する給酒には、「蕃使」のケガレをとる「祓え」や、「慰労」などの意味があったと考えられている(46)。史料7には新羅使に関する規定しかないが、史料6では唐使にも神酒を賜っていたことがうかがわれる。このことから、史料7のような規定が成立する以前は、新羅使に限らずすべての外国使節に給酒がおこなわれていたとみられている(47)。

このような給酒の対象となったのは、渡来してきた外国の使節だけであろうか。この問題に関して留意されるのが栄原永遠男による次の推定である。栄原は、受け入れを拒否された新羅使には神酒を与えないにもかかわらず、筑紫で受け入れられたものの、そこから先に進むことを認められなかった新羅使には神酒を与えていることに注目し、倭が使節を受け入れることが神酒を与える要件となっており、慰労よりも悪気を祓うことが主な目的であったと推定している[48]。ケガレをとるということであれば、正式な使節でなくても、倭王権に受け入れを認められたあらゆる渡来者に神酒が与えられたのではないだろうか。とくに、倭国に居住し、王権に奉仕する渡来人はケガレをとる必要があったであろう。この推定が認められるならば、問題となるのが神酒を給与する場所である。

中野高行によると、史料7にみえる難波館での給酒の醸酒料稲を出す八社のうち、伊佐具社と安那志（泉穴師）社を除く六社は、雄略期前後には外国使節が住吉津に上陸してから入京するまでの途次において神酒の給与をおこなっていたが、六世紀中葉頃以降に難波館が成立すると、難波館で一括して給する方式に変化したという[49]。外国から使節として渡来するものには、中野が指摘するように入京ルート上において神酒を与えることができる。だが、使節としての渡来ではない場合は上陸した後、入京せず列島各地に分散する可能性があるため、右のような給酒が困難となる。したがって、渡来者の上陸する地において一括して神酒を与える必要が生じてくるのである。かかる事情から、北部九州において渡来者への給酒がおこなわれた可能性は十分に想定し得る。牛頸窯跡群の存在は、その周辺で大量の須恵器が必要とされたことを示していよう。その用途は渡来者への給酒だったと思われるのである。

以上のような渡来者への給酒が、三輪君による北部九州進出の背景となったのではないだろうか。先述のとおりミワ系氏族がウヂナとする「ミワ」は神酒などを意味する語であるが、三輪君は外国使節への給酒とも関係が深い。中野は、六世紀後半頃における難波館での給酒について、天日槍伝承を通じて三輪君と関係ある穴師神社や、三輪君と同祖関係にある大和賀茂氏の奉斎する神社のグループが醸酒料稲を支出していたことを指摘している[50]。また、渡来者に対する神酒の給与に三輪君が関与していたことは、天日槍伝承（前掲史料5）が示唆している。この伝承では、新羅王子である天日槍が渡来して播磨にいた際に、三輪君の祖大友主と倭直の祖長尾市とが遣わされ、天日槍に事情を問うている。これをそのまま史実とみることはできず、また天日槍に神酒が給与されたことは明記されていない。しかし、渡来者たる新羅王子のもとへ使者が派遣されたとする記述は、饗応が実施されることに含みをもち、そうだとすれば給酒がともなうであろう。史料5はあくまでも伝承であるが、三輪君のような氏族が中央から派遣され、給酒に携わったことが反映されているのではないだろうか。北部九州における三輪君の進出や、牛頸など北部九州における須恵器生産の発展も、このような渡来者への給酒や、それにともなう須恵器の需要との関連で理解すべきものであろう。

3　三輪君とネットワークの形成

前項では、北部九州においてさまざまな渡来者に給酒がおこなわれ、そこに三輪君の関与があったことを想定した。三輪君はかかる背景から北部九州に進出したと考えられるが、その過程において、本拠地である大和との間を何度も往来した可能性がある。新川登亀男は、七世紀初めから朝鮮外交に関わって三輪君とその神部が別府湾周辺に上陸し、筑前国夜須郡の地を通過して島郡のあたりに着き、渡海をはかったと指摘している(51)。このような三輪君による北部九州の交通路の掌握は、広くは外交の一環であるが、三輪君と神酒との密接な関係を勘案すると、やはり給酒との関係を考慮しておく必要がある。朝鮮半島へ渡海していた三輪君が倭へ戻る際に渡来人が随伴していれば、これも給酒の対象となろう。このように、三輪君は渡来者への給酒という職掌を背景として北部九州へ進出していったと考えられる。

北部九州とともに北陸、とくに敦賀周辺が三輪君の影響下に置かれたとみられることも（表4）、同様に、渡来者

表4　北陸におけるミワ系氏族の分布

人名／神社	地　名	出　　典	備　考
弥和神社	若狭国遠敷郡	『延喜式』神名帳	
神広嶋	越前国敦賀郡質覇郷	天平神護2年「越前国司解」（『大日本古文書』5-611）	
神人根麻呂・大神黒麻呂	越前国敦賀郡与祥郷	丹裹文書（『大日本古文書』25-81）	天平17年
大神下前神社	越前国敦賀郡	『延喜式』神名帳	
大神部宿奈・大神部発太	（越前国敦賀郡）返駅	奈良県平城宮東院地区出土木簡（『平城宮発掘調査出土木簡概報』12）	
神刀良	越前国江沼郡幡生郷幡生村	「東大寺諸荘文書幷絵図目録」（『東大寺文書』6-120）	
神人	（越前国）江沼郡潮津駅	奈良県長屋王邸出土木簡（『平城宮発掘調査出土木簡概報』21）	
〃	（越前国）四沼郡（江沼郡）□□駅	奈良県長屋王邸出土木簡（『平城宮発掘調査出土木簡概報』27）	
三輪神社	加賀国加賀郡	『延喜式』神名帳	
大神社	越後国頸城郡	〃	
神人浄万		新潟県八幡林遺跡出土木簡（『木簡研究』16）	
神人部宮加女		新潟県中倉遺跡出土木簡（『木簡研究』20）	
神人		新潟県中谷内遺跡出土墨書土器（新津市教育委員会『中谷内遺跡発掘調査報告書』）	
神人勲知雄・道古・今人	佐渡国賀茂郡	『日本三代実録』元慶3年(879)12月15日庚子条	

に対する給酒との関連で理解できるのではないだろうか。たとえば、『日本書紀』垂仁二年是歳条には、「意富加羅国」の王子である「都《つ》怒《ぬ》我《が》阿《あ》羅《ら》斯《し》等《と》」が笥飯浦に来着し、額に角があったのでこの地を角鹿と称したとする伝承がみられ、『姓氏録』にも大市首や清水首（いずれも左京諸蕃下）、辟田首（大和国諸蕃）など、彼を祖とする渡来系氏族がみえる。そのほかにも『姓氏録』には「韓国人都留使主」を祖とする朝妻造（大和国諸蕃）、「百済国人津留牙使主」を祖とする末使主や木曰佐（いずれも山城国諸蕃）がそれぞれ載せられている。朝妻造が祖とする「都留使主」や末使主と木曰佐が祖とする「津留牙使主」は、越前国敦賀郡の地名に関係する伝承的人物であると考えられる。これらの氏族が唐や百済系であったか否かはおくとして、おそらく敦賀を経由して日本列島へ入ってきた渡来人の後

裔氏族だったであろう。敦賀もまた、渡来人が到着する窓口だったのである。したがって、ここでも渡来者に対する給酒がおこなわれた可能性が高い。かかる事情を背景として、給酒を職掌とする三輪君が敦賀周辺へ進出し、現地の人々と交流をはかり、影響下においたものと考えられる。

先述のように、三輪君が交通をおこなう際にはミヤケを拠点として在地の集団と接触することとなるが、何度も交通をおこなえばそれだけ人格的関係は強力なものとなる。北部九州や敦賀は朝鮮外交に関与する三輪君が何度も往来するなかで、在地の集団との人格的関係が強化されたものと考えられる。その結果として、三輪君との関係を深めたミワ系氏族たちは、職掌ではなく、定姓段階において大神氏との関係に由来する姓を称したのである。

以上のように、三輪君が神酒の需要地などみずからの職掌に関わる要所を交通することで、上番後に帰郷していた「神人」をはじめとする各地の仕奉集団を管掌下においたと考えられる。それによって、三輪君が交通するミヤケ、すなわちミワ系氏族が奉仕するミヤケ間でネットワークが形成され、技術やモノ、さらには由来を語る伝承が拡散したのである。ミヤケの設置にともなう「陶邑」の変容は、それと表裏一体の関係にあったといえよう。

おわりに

これまで、ミワ系氏族に注目しながら、「陶邑」を中心に六世紀後葉以降における須恵器生産の再編について考察してきた。おわりに論じたことをまとめておく。

① 五世紀後半頃に倭王権の人制のもとで編成された各地の須恵器生産集団は、六世紀後葉から七世紀前葉にかけて、部制のもとにミワ系氏族として再編成された。ミワ系氏族の管轄権は大王から三輪君に委譲されたが、必ず

しも同祖同族関係を形成するものではなかった。

② 六世紀後葉から七世紀前葉における須恵器生産の再編を経て、それまで技術の再分配センターとして機能してきた「茅渟県陶邑」は、一地方生産地へと変容した。かかる現象は、各地のミヤケ間におけるセンターを介さない双方向かつ多方向の交流によって技術が伝播し、「陶邑」もミヤケの設置によってそのネットワークに組み込まれたことによる。

③ 北部九州や敦賀は対外交通の窓口として、渡来者への給酒を掌る三輪君が進出した。このように、三輪君がみずからの職掌に関わる要所へ交通することによって、ミワ系氏族が仕奉するミヤケ間の交流を媒介し、ネットワークが形成された。

以上の考察によって、倭王権に参画する集団が中央の有力豪族のもとに再編されていくプロセスの一端が明らかになった。三輪君は在地との交通によって「神人」の出身母体を統属下において再編していくが、留意すべきはその前提として「神人」たちはすでに大王への仕奉関係を形成していたことである。三輪君は倭王権を媒介としてミワ系氏族を管掌下においたのであり、それを足がかりとして人格的関係を強めていったのである。部は諸豪族に領有される「カキ」としての側面と王権に仕奉する「べ」としての側面が表裏一体であったとされるが[52]、本章での考察結果は、王権に仕奉する「べ」としての側面が前提であり、「カキ」としての側面が後次的に浸透していった状況を示す事例となる。

註

（1）田辺昭三『須恵器大成』（角川書店、一九八一年）。

（2）佐々木幹雄「三輪と陶邑」（大神神社史料編修委員会編『大神神社史』所収、大神神社社務所、一九七五年）、同「続・三輪と陶邑」（『民衆史研究』一四、一九七六年）。

（3）中村浩「和泉陶邑窯の経営―茅渟山屯倉に関する一考察―」（『和泉陶邑窯の研究―須恵器生産の基礎的考察―』所収、柏書房、一九八一年、初出は一九七七年）。

（4）菱田哲郎「須恵器の生産者―五世紀から八世紀の社会と須恵器工人」（『列島の古代史 四 人と物の移動』所収、岩波書店、二〇〇五年）、同『古代日本 国家形成の考古学』（京都大学学術出版会、二〇〇七年）。

（5）樋口吉文「「茅渟県陶邑」の最近の考古学的成果から」（『堺市博物館報』一八、一九九九年）。

（6）宮崎泰史「窯業生産の開始と展開について」（『泉州における遺跡の調査Ⅰ 陶邑Ⅷ 大阪府文化財調査報告書第四六輯』所収、大阪府教育委員会、一九九五年）。

（7）菱田哲郎「須恵器の生産者―五世紀から八世紀の社会と須恵器工人」（前掲註（4）論文）。

（8）菱田哲郎「須恵器の生産者―五世紀から八世紀の社会と須恵器工人」（前掲註（4）論文）、同『古代日本 国家形成の考古学』（前掲註（4）書）。

（9）吉村武彦「倭国と大和王権」（『岩波講座 日本通史 二 古代 一』所収、岩波書店、一九九三年）。吉村は須恵器生産の画期について、執筆当時の考古学の研究成果に依拠し、朝鮮半島から渡来した工人によって、大阪南部やほかの少数地域で、初期須恵器が分散的に生産される段階を第一段階（五世紀前半）、「陶邑」で定型的な須恵器が大量生産される段階を第二段階（五世紀中葉から後半）、「陶邑」の須恵器が各地に伝播されることなどにより、地方で小規模生産がはじまる時期を第三段階（五世紀末から六世紀初め）とする。

（10）浅香年木「手工業部とその周辺」（『日本古代手工業史の研究』所収、法政大学出版局、一九七一年）。

（11）『出雲岡田山古墳』（島根県教育委員会、一九八七年）。

（12）溝口優樹「ミワ系氏族と陶邑古窯跡群」（『国学院雑誌』一一〇―七、二〇〇九年、本書第一部第二章）。

（13）溝口優樹「「土師」と土器の貢納」（『史学研究集録』三五、二〇一〇年）。

（14）佐々木幹雄「続・三輪と陶邑」（前掲註（2）論文）、和田萃「ヤマトと桜井」（『桜井市史 上』所収、一九七九年）、同「三輪山祭祀の再検討」（『日本古代の儀礼と祭祀・信仰 下』所収、塙書房、一九九五年、初出は一九八五年）。

（15）鈴木正信「大神氏の動勢」（『大神氏の研究』所収、雄山閣出版、二〇一四年）は実在の可能性が高い大神氏（の前身集団）の最初の人物は五世紀後半の身狭であるとする。また高橋照彦「須恵器工人の存在形態に関する基礎的検討」（『須恵器生産における古代から中世への変質過程の研究』科研成果報告書、二〇〇七年）は、三輪山麓における古墳の造営が五世紀前半頃の茅原大墓古墳を嚆矢として六世紀以降にも継続していくことから、三輪氏の系譜につらなる豪族が五世紀前半頃にはこの地に基盤をもったとみる。これらの研究を踏まえると、三輪君の前身集団の成立は五世紀代に遡る可能性が高い。

(16) 佐藤長門「倭王権における合議制の機能と構造」（『日本古代王権の構造と展開』所収、吉川弘文館、二〇〇九年、初出は一九九四年）は六世紀前後における倭王権の群臣について、中小の伴造氏族や地域首長が王権に奉仕する際に、それらを管理・統轄する政治的「センター」として機能し、中小氏族の貢納・奉仕活動を運用することによってみずからの王権に対する奉仕を実体化していたことを指摘する。

(17) 鈴木正信「大神氏の動勢」（前掲註(15)論文）は神人部を部民制の導入後に神人を含めて再編したものとみる。しかし、神人と神人部は天平十二年「遠江国浜名郡輸租帳」（正倉院文書正集十六・『大日本古文書』二―二五八）をはじめとする同一の史料、しかも公文書によって書き分けられている。とりわけ、大宝二年「御野国各牟郡中里戸籍」（正倉院文書正集二十六・『大日本古文書』一―四四）では神人の戸口に神人部がみられることも見逃せない。この場合は単に「部」字の省略や「神人」と「神人部」の通用と理解することはできない。定姓の段階において、神人姓を基準として、より下層の人に部姓が付されたものと考えられる。神人部姓は、八世紀の戸籍・計帳の類にみられる膨大な数の部姓と同様に考えることができるだろう。

(18) 佐藤長門「倭王権における合議制の機能と構造」（前掲註(16)論文）。

(19) 『日本三代実録』貞観二年（八六〇）十二月二十九日甲戌条。

(20) 『続日本紀』神護景雲二年（七六八）八月癸卯（二日）条。

(21) 『大神朝臣本系牒略』については鈴木正信「大神氏の系譜とその諸本」（『日本古代氏族系譜の基礎的研究』所収、東京堂出版、二〇一二年、初出は二〇〇五・二〇〇六年）を参照。なお『三輪高宮家系図』は、田々彦命を大神直・神部直・神人直等の祖としている。

(22) 高橋照彦「須恵器工人の存在形態に関する基礎的検討」（前掲註(15)論文）。

(23) 佐藤長門「倭王権における合議制の機能と構造」（前掲註(16)論文）。

(24) 佐藤長門「倭王権における合議制の史的展開」（前掲註(16)書所収、初出は一九九六年）。

(25) 望月精司「排煙調整溝付窯構造考」(『林タカヤマ遺跡―小松ドーム建設に伴う埋蔵文化財発掘調査書 I―』所収、石川県小松市教育委員会、一九九九年)。
(26) 菱田哲郎「須恵器の生産者―五世紀から八世紀の社会と須恵器工人」(前掲註(4)論文)、同『古代日本 国家形成の考古学』(前掲註(4)書)。
(27) 『日本書紀』崇峻即位前紀(用明二年七月条)。
(28) 岸俊男「県犬養橘宿禰三千代をめぐる臆説」(『宮都と木簡』所収、吉川弘文館、一九七七年、初出は一九六七年)。なお、血渟上山寺は大阪府和泉市槇尾山町の施福寺に所在したとみられている(出雲路修校注『新日本古典文学大系 三〇 日本霊異記』岩波書店、一九九六年)。
(29) 中村浩「和泉陶邑窯の経営―茅渟山屯倉に関する一考察―」(前掲註(3)論文)。
(30) 菱田哲郎「須恵器の生産者―五世紀から八世紀の社会と須恵器工人」(前掲註(4)論文)、同『古代日本 国家形成の考古学』(前掲註(4)書)。
(31) 樋口吉文「「茅渟県陶邑」の最近の考古学的成果から」(前掲註(5)論文)。
(32) 『大三輪三社鎮座次第』も「茅渟山」につくる。
(33) 佐伯有清『新撰姓氏録の研究 考証篇 四』(吉川弘文館、一九八二年)。
(34) 佐藤長門「倭王権の転成」(鈴木靖民編『日本の時代史 二 倭国と東アジア』所収、吉川弘文館、二〇〇二年)。
(35) 溝口優樹「ミワ系氏族と陶邑古窯跡群」(前掲註(12)論文)。
(36) 田中史生「ミヤケの渡来人と地域社会」(『日本歴史』六四六、二〇〇二年)、同「渡来人と王権・地域」(『日本の時代史 二 倭国と東アジア』〈前掲註(34)書〉所収)。
(37) 佐々木幹雄「三輪山祭祀の歴史的背景―出土須恵器を中心として―」(滝口宏先生古稀記念考古学論集編集委員会編『古代探叢』所収、早稲田大学出版部、一九八〇年)。
(38) 舘野和己「屯倉制の成立―その本質と時期―」(『日本史研究』一九〇、一九七八年)、同「ミヤケ制再論」(奈良古代史談話会編『奈良古代史論集 二』所収、一九九一年)。
(39) 田中史生「ミヤケの渡来人と地域社会」(前掲註(36)論文)。

(40) 飛鳥池遺跡からは神人の名を記した播磨国宍粟郡三方里の荷札木簡が複数点出土している（奈良文化財研究所『飛鳥藤原京木簡一』二〇〇七年、木簡番号一三〇八～一三一〇）。
(41) 牛頸窯跡群から出土した「大神部見乃官」銘須恵器の年代が七世紀前半から中頃であるとすれば（『大野城市文化財調査報告書　牛頸本堂遺跡群Ⅶ～第七次調査～』大野城市教育委員会、二〇〇八年）、中央の三輪氏が大神氏を称するようになったのはそれ以前と想定できる。
(42) 余語琢磨「八世紀初頭の須恵器工人―牛頸窯跡出土の資料から―」（『早稲田大学大学院文学研究科紀要』別冊一七集　哲学・史学編、一九九〇年）。
(43) 『大野城市文化財調査報告書　牛頸本堂遺跡群Ⅶ～第七次調査～』（前掲註(41)報告書）。
(44) 『延喜式』神名帳。
(45) 本章では、外国使節や渡来人を含め、海を渡って倭にやってくるものを広く渡来者と表記する。
(46) 横田健一「律令制下における西宮地方」（魚澄五郎編『西宮市史　一』所収、西宮市役所、一九五九年）。
(47) 飯田武郷『日本書紀通釈　四』（大鐙閣、一九二三年）。
(48) 栄原永遠男「宝亀の唐使と遣唐使」（『専修大学社会知性開発センター　東アジア世界史研究センター年報』二、二〇〇九年）。
(49) 中野高行「難波館における給酒八社」（『日本古代の外交制度史』所収、岩田書院、二〇〇八年、初出は一九九二年）。
(50) 中野高行「延喜玄蕃式に見える新羅使への給酒規定」（『日本古代の外交制度史』〈前掲註(49)書〉所収、初出は一九八九年）。
(51) 新川登亀男「宗像と宇佐」（『新版古代の日本　三　九州・沖縄』所収、角川書店、一九九一年）。
(52) 鎌田元一「「部」についての基本的考察」（『律令公民制の研究』所収、塙書房、二〇〇一年、初出は一九八四年）。

第四章　人制・部制と地域社会

はじめに

第一章から第三章にかけて、「陶邑」の形成から展開までを三段階に分けて論じてきた。そのなかで、須恵器生産と関係の深いミワ系氏族を俎上にあげ、第二段階では倭王権による人制、第三段階では部制のもとに編成されたことを述べたが、日本列島各地の人々が人制や部制といった共通の仕組みに組み込まれていくなかに、社会統合の様相をうかがうことができる。人制や部制はとりわけ、首長制社会を統合している特殊化、再分配およびそれに関連した権威の中央集中化と密接に関わる問題である。

人制については、直木孝次郎の先駆的な研究がある。直木は人の字を含む姓すなわち「人姓」に注目して人制の存在を指摘し、伴造・部民制の発展により、伴造と部民との間にあって実務を処理する技能を有する下級官僚として、六世紀を中心とした時期に成立・発展した制度であるとみた(1)。しかしその後、有銘刀剣の発見によって研究状況が変わり、吉村武彦は五世紀の政治的支配について、倭国王と仕奉関係を結んだ中央・地方の豪族（在地首長）が某人という形で仕奉の職務を表記する人制を通して支配がおこなわれたとし、人制から部制へという変遷を想定した(2)。現在では、部制よりも人制が先行していたとみることは通説的理解となっている。

部制をめぐっては、膨大な研究の蓄積がある。(3) ここでは、部制の構造に関する主要な研究を確認しておきたい。まず津田左右吉は、和語の「トモ（伴）」に相当するものとして百済の帰化人によって部という漢語が用いられ、一団の民衆を部と呼ぶことも百済から学んだものらしいとして、部の名称は「トモ」や民衆の一団を指す二重の意義があったとした。(4) また平野邦雄は部について、百済の内官制が五世紀末頃に輸入され、すでに存在していた多くの下級豪族からなる「内廷的トモ」や帰化系技術者からなる「品部（トモ・べ）」といった上番勤務による「トモ」の組織が整えられ、それが、貢納民たる「べ」に及ぶという部民制の成立過程を想定した。(5) 部のなかに重層性を認める理解は以後の研究でも継承されている。

一方で狩野久は部について、部集団を人格的に体現し、それを代表するものが「トモ」になって王宮に奉仕し、隷属関係をもつことが、そのまま集団が「べ」として王の民とされるということだとし、王の奉仕者たる「トモ」と王民たる「べ」は不可分な人間集団として統一的に把握すべきであると指摘した。(6) さらに鎌田元一は「トモ」とは本来王権に隷属し、何らかの奉仕義務を負わされた集団全体を指す呼称とみるべきであるとし、「杖刀人首」がみえる埼玉県稲荷山古墳出土鉄剣銘をもとに、五世紀後半の雄略期には部民制が実質的に形成されていたとした。(7)

以上の研究史を鑑みると、人制から部制へという変遷を認めるにしても、両者にいかなる質的な段階差があったのかという課題が残されている。この問題を考えるためには、人制と部制がそれぞれいかなる構造を有し、どのような歴史的展開を経たのかを検討しなければならない。本章ではかかる考察を通して、人制や部制が社会統合においていかなる意義があったのかという点に迫ってみたい。

一　人制の構造

1　金石文にみる人制

部制よりも古い仕奉の体制として人制の存在が知られているが、人制と部制との間には何らかの質的差異があるのだろうか。「トモ」とは本来王権に隷属し、何らかの奉仕義務を負わされた集団全体を指す呼称であるとする鎌田は、稲荷山古墳出土鉄剣銘にみえる杖刀人首の存在からうかがわれる「トモ」制をもって、部民制の実質的な形成として評価した[8]。しかし人制段階において、王権に奉仕した人々の出身母体までもが王権に対する奉仕義務を負っていたのだろうか。この問題は、人制のもとで上番する人々や出仕先である組織の経済基盤の問題とも関わるものである。

まずは金石文からうかがわれる人制の仕奉形態を確認しておきたい。

【史料1】稲荷山古墳出土鉄剣銘[9]

（表）辛亥年七月中記、乎獲居臣、上祖名意富比垝、其児多加利足尼、其児名弖已加利獲居、其児名多加披次獲居、其児名多沙鬼獲居、其児名半弖比

（裏）其児名加差披余、其児名乎獲居臣、世々為二杖刀人首一奉事来至レ今。獲加多支鹵大王寺在二斯鬼宮一時、吾左二治天下一令レ作二此百練利刀一、記二吾奉事根原一也。

稲荷山古墳出土鉄剣銘には、上祖オホヒコから世々杖刀人首として奉事をしてきて今に至り、ワカタケル大王のときにヲワケ臣が天下を「左治」したことが記される[10]。ヲワケは杖刀人首としてワカタケル大王に奉事し、天下を「左治」したと称する武蔵の首長層とみるべきであろう。杖刀人は宮に上番する武官で、杖刀人首はそのリーダーとみら

れる。

【史料2】熊本県江田船山古墳出土大刀銘(11)

台〔治〕二天下一獲□□□鹵大王世、奉事典曹人名无□〔利カ〕弖、八月中、用二大鉄釜一、并二四尺廷刀一、八十練、□〔九カ〕十振、三寸上好□〔刊カ〕刀、服二此刀一者、長寿、子孫洋々、得二□恩一也、不レ失二其所レ統、作レ刀者名伊太□〔和カ〕、書者張安也。

江田船山古墳出土大刀銘には、ワカタケル大王の世にムリテが典曹人として奉事したことが記されている。ムリテは江田船山古墳に葬られた火の国の首長層とみられる。典曹人は大王に仕える文官であり、やはり宮に上番していたのであろう。

これらの例から、杖刀人（首）や典曹人といった「人」（以下、一般名詞の人と区別して人制における身分を示す場合には「人」と表記する）が大王と奉事関係を結んでおり、武蔵や火の首長層が倭王権の職務分掌体制に参画していたことが確認できる。この場合、出身母体の集団までもが「人」に編成され、その首長が「某人首」となったのではなく、「人」に編成されたのはあくまで上番した本人のみであり、「某人首」は上番者の統率者であったと考えるべきである。(12)トモが大王に仕奉するものであり、その統率者が伴造《トモノミヤツコ》であるならば（後述）、かかる関係は「某人首」―「某人」のなかに見出すことができる。つまり呼称は未成立にしても、伴造とトモの関係はすでに形成されていたといってよい。

しかし留意すべきは、「人」の出身母体となる集団までもが「人」に編成されたことが確認できない点である。したがって、各地から首長層などが上番奉仕していたからといって、無前提に「人」の出身母体までもが王権に対して奉仕義務を負っていたなどということはできない。金石文からうかがわれる人制は、上番者が大王に対して奉仕する体制であるが(13)、その出身母体にまで奉仕義務が及んでいたり、民衆を編成したりするような体制だったことは確認できないのである。

2　文献史料にみる人制

次に、文献史料からうかがわれる人制の仕奉形態を確認する。文献史料にみえる人制の様相は、金石文からわかる様相とやや異なるが、その点を含めて検討する。

【史料3】『日本書紀』雄略十年九月戊子（四日）条

身狭村主青等、将二呉所レ献二鵝一、到二於筑紫一。是鵝為二水間君犬一所レ囓死。〈別本云、是鵝為二筑紫嶺県主泥麻呂犬一所レ囓死。〉由レ是、水間君恐怖憂愁、不レ能二自默一、献三鴻十隻与二養鳥人一、請二以贖レ罪。天皇許焉。

【史料4】『日本書紀』雄略十年十月辛酉（七日）条

以二水間君所レ献養鳥人等一、安二置於軽村・磐余村二所一。

右の史料3・4は養鳥人の編成をめぐる一連の記事で、呉が献じた鵝を犬が殺した贖罪として水間君が鴻と養鳥人を献じ（史料3）、翌月に軽村・磐余村に安置されたとするものである（史料4）。人制における名称の表記は本来、漢語表記をとるとされるが[14]、その点において養鳥人の表記は原型に近いと思われる。ここで留意したいのは、水間君が養鳥人を献じたとされる点である。養鳥人の出身母体は水間君を首長とする共同体であるが、それ全体が養鳥人となったわけではない。養鳥人を献じた水間君は王権に対して奉仕義務を負っているが、その共同体全体が奉仕義務を負っていたかどうかは別問題である。またこの場合、養鳥人は筑紫から中央に上番して、磐余村や軽村に居住させられて職務にあたっていたことになるが、王権が掌握できるのはせいぜい上番してくる本人にすぎない。養鳥人の出身母体である共同体が、王権に対して何らかの奉仕義務を負っていたことは確認することができないのである。

続いて、人制にもとづくと考えられる「茅渟県陶邑」における須恵器生産の事例をとりあげたい。五世紀頃の陶邑古窯跡群における須恵器生産は、人制にもとづいて経営されていたことが想定されていた。[15]私見によると、五世紀後半頃は、日本列島の各地から「神人」が「茅渟県陶邑」に上番して三輪神祭祀に関わる須恵器生産に従事していた。[16]そして、「茅渟県陶邑」に上番してくる「神人」を資養する経済基盤については、上番先の「茅渟県」がその役割を担っていたと考えられる。[17]このように「茅渟県」が上番してくる「神人」を資養していたのは、「神人」の出身母体が「神人」の経済基盤として組み込まれていなかったためであろう。

養鳥人や「神人」の例をもとにすると、王権が掌握していたのは上番者のみであり、その出身母体はトモの組織に組み込まれていなかったと考えられる。ただし律令制下における仕丁のごとく、人制段階においても「人」の出身母体である共同体が上番者を経済的に支えていた可能性も否定はできない。しかし、それはみずからの共同体から送り出した上番者本人を支えるものであり、上番者の出身母体が王権に掌握されて奉仕義務を負っているわけではない。

なお金石文にみえる人称は、杖刀人や典曹人といった具合に細分化された職名でなく、武官や文官といった程度のおおまかな内容しか示さない。それに対して、養鳥人や神人など後世の史料にみえる人称はやや細分化された職務内容を示しており、その点において金石文にみえる人称とは異質性がある。かかる差異はそれぞれの名称が成立した時期差と関係があるとみられるが、それがそのまま編成された時期差を示すとは限らない。それよりもむしろ、階層差が関係しているのではなかろうか。すなわち、各地の有力首長が上番奉仕する場合は包括的な職務に従事し、それ以下の人々が王権に貢上（供出）された場合は個別具体的な職務に従事していた可能性を考えておきたい。

本節では、金石文と文献史料から人制の構造をさぐってきたが、それは上番者などが大王に奉仕する簡素なトモの体制であり、出仕者の出身母体を組み込むものではなく、地域支配（人民編成）としての要素は稀薄であったと考えられる。

二　部制の構造

1　プレ部制

次に、部制の構造について検討する。一括りに部といっても、部のなかには「トモ」と「べ」があるとされ、とくに後者を指して「部民」と呼ばれることが多い。しかし、部を「トモ」（＝官司に上番勤務する官人）と「べ」（＝「トモ」を資養する貢納民）の二つの実体よりなるものとして理解するのは誤りであるとする見解がある。[18]また一方では「部民」の概念そのものを疑問視する武光誠の見解もある。[19]かつては、律令制下の戸籍・計帳をはじめとする八世紀以降の諸史料にみえる膨大な数の部姓者が、「部民」の存在を示す根拠とされてきた。しかし武光は、律令制下の部姓は庚午年籍以降に全国的に拡大したもので、「部民」の存在を示す直接的な根拠とはならないことや、『日本書紀』雄略十四年四月甲午朔条には根使主の反乱に対する処断として子孫の半分を「大草香部民」としたことが記されており、部の語自体には誰かに支配された民衆という意味がなかったと考えられること等を理由として、令制以前の「部民制」の存在を否定している。かかる見解が提示されている以上、部の内部を区分したり、「部民」の語を用いたりするのであれば、それらを踏まえたうえで概念規定をおこなう必要があろう。本項では部のなかでも、上番して大王に奉仕する存在を確認したい。

まずは『日本書紀』にみえる埴輪の起源伝承（垂仁三十二年七月己卯〈六日〉条）に注目したい。すなわち、垂仁天皇の皇后である日葉酢媛命が死去した際に、野見宿禰が出雲国の土部一〇〇人を率いて埴輪を製作したことによって土部職に任じられ、本姓を改めて土部臣とし、土部連の祖となったというものである。この出雲国の土部は、現地に上番して大王と直接に仕奉関係を結ぶトモとして、また野見宿禰は土部を統率する存在、つまり伴造として描かれている。だが、上番して埴輪を製作した人々の出身母体までもが土部とされたことについては、この伝承では描かれていない。要するに、あくまでも部となったのは、上番者本人にすぎないのである。

次に、『日本書紀』に雄略期のこととして記される宍人部の設置記事（雄略二年十月丙子〈六日〉条）をあげたい。それによると、皇太后の忍坂大中津姫は膳臣長野がよく宍膾を作るとして推挙し、さらにみずからの「厨人」である菟田御戸部・真鋒田高天を加えて宍人部とすることを願いでた。その後、大倭国造吾子篭宿禰が狭穂子鳥別を貢いで宍人部とし、臣連伴造国造もそれに従って人を貢いだという。ここでの宍人部は膾の調理という職掌をもって直接王権に仕奉する存在として描かれている。宍人部は「部」と表記されるが、その仕奉の形態は上番体制であり、出身母体全体が宍人部に編成されたわけではない。

以上、土部と宍人部の例をみてきたが、いずれも上番奉仕するものが部と呼ばれているものの、その出身母体にまで編成が及ぶものではなかった。すなわち以上の例からは、奉仕義務を負っているのは上番者本人のみということになる。その出身母体は、上番者に対して何らかの支弁をおこなった可能性はあるが、それは王権に対する奉仕義務を負っていることとは位相を異にするものである。かかる構造は、基本的に人制と同質のものといえるだろう。

なお、上記の二例は垂仁と雄略の時代のこととして記されており、仮に実年代を与えるならば五世紀後半以前ということになる。部の存在を示す確実な例は、六世紀後半頃の島根県岡田山一号墳出土大刀銘（後掲史料7）[20]にみえる「各《〔額〕》田ア《〔部〕》臣」であり、五世紀後半の金石文からは「人」の存在は確認できるものの、部の存在は確認できない。よって、先にあげた土部や宍人部の部称は同時代のものではなかった可能性が高い。しかし、『日本書紀』などで部と呼ばれている集団が五世紀代に編成されていたことは認めてよいだろう。たとえば土部の伝承をもつ土師氏は、佐紀や古市、百舌鳥といった古墳群の近傍に分布が認められるが[21]、それは各古墳群の造営にともなって土師氏の前身となる集団が編成されていたことを示すと考えられる。しかも土師氏が佐紀古墳群の周辺に居住していることを勘案すると、後に土部と呼ばれる集団の編成は四世紀後半頃にまで遡る可能性がある。おそらくは部の呼称よりも、後に部と呼ばれる集団の編成のほうが先行しており、部の表記が倭国で用いられるようになってから、部と呼ばれるようになった集団の前身にまで遡及して部の呼称が適用され、奉事根源を語る伝承で用いられたのであろう。

以上のように、後に部と呼ばれる集団の原型は五世紀代にはすでに編成されていたが、それは王権と関係を結んだ人々が上番奉仕する体制であり、民衆を部に編成して掌握するというような体制ではなかった。したがって、それを部民制と呼ぶのは適当でないだろう。その構造は基本的に人制と同様であり、簡素なトモの組織であった。ただし名称面の問題から、部制の前身をすべて人制に含めるのは保留しておきたい。宍人部の場合、部制の成立以前は人制の範疇に含めることができよう[22]。一方で土部の場合は、部称の成立以前に前身集団の存在は想定できるものの、当時どのように呼ばれていたかは不分明であるため、名称面からは人制に含めてよいかは疑問である[23]。このように部制の前身には、人制に含められるものと、名称面から人制に含められるか不明なものがある。したがって部の呼称が成立する以前の段階の、後に部に継承される体制については、プレ部制と称しておくことにする。

2 部　制

庚午年籍以前の段階に、民衆が部として把握されたことを疑問視する説も提起されているが、戸籍・計帳やそのほか八世紀以降の諸史料にみえる部姓者を除いても、部と呼ばれる民衆層の存在は析出することができる。本章では、それを「部民」と呼称しておく。『日本書紀』にも「部民」の存在が描かれているので確認したい。

【史料5】『日本書紀』雄略十七年三月戊寅（二日）条

詔二土師連等一、使レ進下応レ盛二朝夕御膳一清器上者。於レ是、土師連祖吾笥、仍進二摂津国来狭狭村、山背国内村・俯見村、伊勢国藤形村及丹波・但馬・因幡私民部一。名曰二贄土師部一。

史料5は朝夕の御膳を盛る清器を進めよとの詔により、土師連祖吾笥が「私民部」を差し出して贄土師部と名づけたとする伝承である。この贄土師部は土師連祖吾笥の私民部であったとされるから、部と呼ばれる民衆を指すものであろう。しかも私見によると、土器の貢納を担ったのは中央の土師氏であって、地方に設定された贄土師部はそれを資養する経済基盤ないしは下請けであった[24]。

次に、車持部をめぐる伝承にも注目したい。

【史料6】『日本書紀』履中五年十月甲子（十一日）条

葬二皇妃一。既而天皇、悔下之不レ治二神祟一而亡中皇妃上、更求二其咎一。或者曰、車持君行二於筑紫国一、而悉校二車持部一、兼取二充神者一。必是罪矣。天皇則喚二車持君一、以推問之。事既実焉。因以数之曰、爾雖二車持君一、縦検二校天子之百姓一。罪一也。既分二寄于神祇一車持部、兼奪取之。罪二也。則負二悪解除・善解除一、而出二於長渚崎一、令二秡禊一。既而詔之曰、自レ今以後、不レ得レ掌二筑紫之車持部一。乃悉収以更分之奉二於三神一。

史料6は、皇妃を亡くした履中がその原因を探すと、車持君が筑紫に行ってことごとく車持部を検校したうえ「充神者」を奪ったためであることがわかったので、以後、車持君といえども筑紫の車持部を掌握することを禁止したという伝承である。ここで車持部と呼ばれているものは、大王のもとで「車持」の名称が示す仕奉（車の製作や管理等）に直接従事するものではなく、神に配られたり、車持君に検校され奪われたりする客体となっている点からすると、筑紫に居住する民衆であろう。

以上、贄土師部や車持部の例をあげてきたが、トモに率いられる民衆層が『日本書紀』には部として描かれていることが確認できた。しかし、いずれも伝承であり、五世紀以前に部称の存在は確認することができない。「部」の語は、倭国において用いられはじめた当初から民衆を含む人々の集団の呼称として用いられたのであろうか。それとも、「部」はトモ個人を指す語から集団を指す語へと転化したのであろうか。この問題を考えるため、部の存在を示す最初の確実な例を確認したい。

【史料7】島根県岡田山一号墳出土大刀銘

各〔額〕田ア〔部〕臣□□□□〔素〕□大利□

部の呼称が成立した時期は、右の銘文を有する大刀が出土した岡田山一号墳が造営された時期が六世紀後半とみられることから、この頃が下限と考えられる。ここにみえる額田部臣某は、「臣」のカバネを有して王権に奉仕をおこなう首長であった可能性が高いが、その背後には「額田部」と呼ばれる集団の存在がうかがわれる。なぜなら、額田部の職掌が田部であるならば(25)、部として労働力を編成する体制が形成されていたことになるが、その場合、田部として徴発された人々が大王に直接奉仕していたとは考えがたく、額田部臣に率いられていた在地の人々とみるべきだからである。なお額田部については、推古の幼名である「額田部皇女」との関わり等から名代とする説(26)もあるが、この場合でも王族の経済基盤として民衆が額田部と呼ばれていたことには変わりない。部の存在を示す最初の確実な例において、民衆が部に編成されていたことが推定できるならば、部の呼称は倭国に導入された当初から、人々の集団を指す語として用いられていた可能性が高くなる。そして、部がトモを表す語であったことを踏まえると、大王に直接奉仕するトモだけでなく、大王に直接奉仕しない民衆を含めてトモと観念され、その集団を示す語として部が用いられたと考えられるのである。

この点に関連して、渡来系集団の代表者が伴造と呼ばれたことにも注目したい。すなわち、『日本書紀』には漢部を集めて「伴造の者」を定めたとする記載（雄略十六年十月条）や、秦人などを編戸して「大蔵掾」を「秦伴造」としたとする記載（欽明元年〈五四〇〉八月条）がある。漢部や秦人は渡来人やその子孫たちの集団であるものの、そのすべてが大王に直接奉仕していたわけではないだろう。それにもかかわらず、その統率者が伴造であるということは、漢部や秦人もトモと観念されていたからにほかならない。

本節で述べてきたように、部と呼ばれる人々のなかには上番して大王に奉仕するものと、大王に直接奉仕しない民衆層が含まれていた。部はトモを指す語であることは間違いないが、王権に直接奉仕しない民衆層さえも、トモを示す部の語をもって呼称されていたのである。部とされた民衆層のほとんどは大王に直接奉仕することはなく、また間接的にせよ大王への仕奉という意識すらなかった可能性もある(27)。しかし、民衆層は首長を媒介としてトモの組織の末端に組み込まれ、部と呼ばれるようになったのである。ただし、一人ひとりが部姓を与えられているのではなく、伴造たる首長の人格が部を代表して王権に掌握されていたと考えられる。

トモの組織が民衆層にまで及んでいるという点において、部制は人制やプレ部制とは質的な段階差が認められる。「部民」は上番して王権に奉仕するトモとは実態的に異なるが、いずれも王権からみれば奉仕義務を負ったトモだったのである。したがって、中央で上番者を統率するものだけでなく、在地で「部民」を統率するものも伴造には違いないことになる。つまり部制においては、トモとそれを統率する伴造が中央と在地の両方に存在したことになる。

三 「部民」の編成と伴造

1 伴造と「部民」

前節では、部制はそれまでの人制やプレ部制とは異なり、仕奉していたトモの出身母体の民衆をもトモの組織の末端に組み込んでいたことを述べた。それでは、トモの組織に組み込まれた民衆、すなわち「部民」はどのように編成されたのであろうか。

まずは、「部民」を管掌する存在だったとみられる伴造とはいかなる存在であるかを確認しておく。伴造の「造」はミヤツコと読むのが通説的である。『続日本紀』天平神護元年（七六五）八月庚申朔条には、謀反を企てた和気王の与党である粟田道麻呂らに対して、「朝廷の御奴と奉仕らしめむ」と述べた勅が記されている。このことからミヤツコは「ヤツコ（奴）」に接頭語の「ミ（御）」が付いたものであり、八世紀後半には臣下の意で用いられていたことがわかる。また、「ミヤツコ」を「御家（宮）つ子」、すなわち大王家に仕える臣下を意味するものとみる考え方もある。[28]ここでは語義の問題に深入りしないことにするが、「国造」や「柵造」[29]、評制下の「五十戸造」[30]や「評造」[31]といった具合に、「造」は集団を指す語（国・柵・五十戸・評）と結びつく場合、その対象を統率して王権に奉仕する臣下の身分の呼称となっていた。『日本書紀』成務五年九月条には、国郡に「造長」を立てたとする記載もある。これらの点からすると、伴造は伴（トモ）を率いて王権に奉仕する臣下の身分ということになる。

さて、「部民」の管掌の形態としては、二通り考えることができる。第一にあげられるのは、「部民」の属する共同体の一員が伴造となって「部民」を管掌する形態である。この場合、伴造となるのは共同体の首長である場合や、首長の下位に位置する人物、あるいは「部民」となる民衆の代表者などさまざまなパターンが考えられるが、厳密な区分は難しい。狩野は名代・子代について、部集団を人格的に体現し、それを代表するものが「トモ」になって王宮に奉仕し、隷属関係をもつことこそが、その集団が「べ」として王の民になることであるとする(32)。先述のように、トモが王宮に出仕することと、その出身母体が部として編成されることは必ずしも即応関係にない。しかし、部集団を人格的に体現し、それを代表するものが王宮に出仕するという点については首肯できる。つまり、王宮に出仕するトモが在地で「部民」の伴造となる関係が想定できる。たとえば火葦北国造刑部靫部阿利斯登(33)は、オシサカ宮で奉仕する一人のトモであり、在地では刑部という「部民」を管掌する伴造ということになる。ただこのような説明では、トモが上番奉仕する人制やプレ部制と、上番したトモが在地で「部民」を管掌する部制との間の差異は不分明となる。両者の違いはミヤケの有無によって区分できると考えるが、その点については後述する。

中央のトモが在地で伴造となる関係は、名代・子代と呼ばれる部以外にも敷衍できる。たとえば先にあげた「神人」も、上番先の「茅渟県陶邑」から帰郷すれば、在地の人々を率いて修得した技術を伝え、須恵器生産などに従事したと考えられる。となると、技術を受容して須恵器生産に従事した在地の人々は、トモの職務分掌体制の末端に組み込まれることになり、技術を伝える「神人」はその伴造となるのである。また、先にあげた漢部の伴造や秦伴造も、部のなかの代表者が伴造となっている点で共通性がある。彼らはカバネが賜与されていることから明らかなように、王権と直接に奉仕関係を結んでおり、王権と「部民」の間にたってそれを媒介する存在であった。

このように、中央における伴造―トモの構造を在地にも展開した体制が部制だったといえる。中央における伴造―トモの関係と在地の伴造―トモ（「部民」）の関係は、民衆の掌握という観点からみれば異質なものであるが、いずれも大王からみれば奉仕者とその統率者に違いない。「部民」の属する共同体の一員が伴造となる場合は、既存の人格的関係に部制の枠が覆い被さったものであるといえる。このように、「部民」に編成される人々と同じ共同体に属していた伴造を在地伴造と呼称しておく。ところが、「部民」の管掌をおこなったのは在地伴造だけではない。第二の「部民」管掌の形態として、中央から派遣された使者が部の管掌をおこなう形態をあげることができる。

【史料8】『出雲国風土記』神門郡条

日置郷。郡家正東四里。志紀嶋宮御宇天皇之御世、日置伴部等所㆑遣来、宿停而為㆑政之所也。故云㆓日置㆒。

右の史料8によると、日置郷の呼称は欽明の時代に「日置の伴部」らがやってきてとどまり、政《まつりごと》をおこなったことに由来するという。天平十一年（七三九）の「出雲国大税賑給歴名帳」(34)には、同郷に日置部（臣）がみえており、この地に居住した人々が日置部に編成されたことがうかがわれる。中央からやってきた「日置の伴部」が、この地で在地の日置部を管掌したのであろう。

ほかにも、中央の豪族や王族が地方に赴いた際に、部が編成される事例も明らかにされている。たとえば九州では、征新羅将軍となった久米王子が駐屯先の筑前国嶋郡を中心として、首長と支配下の民衆を上宮王家が領有する伴造・部民として編成したとされる(35)。また海人と関係の深い阿曇部が海のない信濃国に分布しているのも、阿曇連がミヤケの管理のために派遣されたのを契機に設置されたためとする見解もある(36)。さらに、三輪君がミワ系氏族のもとに赴いて交流をおこなっていた例も付け加えられる(37)。

このように、中央から派遣された使者がやってきて、「部民」の管掌がおこなわれることもあった。このような伴造を中央伴造と呼んでおく。中央伴造がやってきて「部民」を管掌する場合は、在地伴造を介して「部民」を掌握するよりも、王権の支配はより強く浸透したと考えられる。このように、在地伴造だけが「部民」を管掌する形態と、中央伴造が在地に赴いて「部民」を管掌する形態には民衆層に対する王権の介入度という点で差異があるといえるが、大局的な流れとしては、前者から後者へという展開過程が想定できる。

先にあげた車持部の例（前掲史料6）をみてみると、車持君が筑紫に赴いて人民を検校することによってはじめて車持部が編成されたわけではない。車持君が筑紫に赴いて検校する以前から車持部が神に配られていたのである。車持君が筑紫に赴いて車持部を検校する以前の段階でも、在地で車持部を管掌する伴造の存在は推測できる。部として王権の組織に組み込まれている以上は車持部と王権の媒介者すなわち伴造が存在するはずであるが、車持部のなかの代表者がそれに該当するのであろう。ミワ系氏族の場合も、先述のように上番後に帰郷した「神人」が在地で伴造となっていたが、三輪君はそこに赴いて在地の「神人」やその共同体と人格的関係を結んでいたのである。このように部制では、在地伴造のみが「部民」を管掌していた段階と、中央伴造が在地に赴いて「部民」を管掌する段階へと漸次展開していったと想定できるのである。

2　部制の展開と地域社会への影響

前項では、在地伴造と中央伴造による「部民」の管掌のあり方をみてきた。「部民」の編成は地域社会において、いかなる影響を及ぼしたのであろうか。この問題について、「部民」と国造の関係を例にとって考えてみたい。八木充は国造について、領域内の「部民」を総轄し、各種の負担を一括管理、貢進する職であったととらえている(38)。また大津透も、畿外から貢上される諸系統の貢納物の多くが国造のもとでまとめて進上される構造を想定し、畿外については部民制が基本的に国造制に包含されていたとみる(39)。しかし、部制における収取関係が国造のもとで一元化されていたとは考えがたい。

『日本書紀』には安閑期のこととして、大河内直味張が偽って良田を献じなかったことの贖罪として钁丁《くわよぼろ》を春時・

秋時それぞれ五百丁を献じ、それが三嶋竹村屯倉において河内県の部曲を田部とすることの起源になったとする記述がある。(40) この場合、田部は大河内直に管掌されていたことになる。ところが、田部が国造から独立している場合もあった。

狩野は『日本書紀』大化二年（六四六）三月辛巳（十九日）条の詔文に、国司が犯した罪のなかにみえる「馬を取る」話から、田部（屯倉耕作民）と湯部（御名代系部民）、国造の三者が別個に馬を所有していたことが知られるとし、このことはそれぞれが別個の経営体を形成しており、国造によって一元的に管理運営されていたものではないことを推測させるとする。(41) この場合、田部や湯部がもともと国造の管掌下にあったかは不明であるが、この時点においては国造の管掌下になかったことを示している。三嶋竹村屯倉の田部のように、国造のもとで「部民」が編成されても、即座に国造の管掌下を離れるものではない。しかし、部制の進展にともなって国造から離れる動きもあり、長期的にみれば、部の編成が国造からの独立の起点となり得たと考えられる。

【史料9】『日本書紀』大化二年八月癸酉（十四日）条

而始二王之名名一、臣連、伴造、国造、分二其品部一、別二彼名名一。復以二其民品部一、交雑使レ居二国県一。遂使下二父子一易レ姓、兄弟異レ宗、夫婦更互殊上レ名。一家五分六割。由レ是、争競之訟、盈レ国充レ朝。終不レ見レ治。相乱弥盛。粤以、始二於今之御レ寓天皇一及二臣連等一、所レ有品部、宜下悉皆罷為中国家民上。

部制が進展した結果を示す記事としては、右の史料9も注目される。いわゆる「品部廃止詔」の一部であるが、これによると臣・連・伴造・国造が品部を分けて彼の名々に分け、品部を国県に交雑させた結果として、一家が五分六割するような事態をもたらしたという。部に編成された人々は、臣・連・伴造・国造などさまざまな奉仕先と関係を結ぶ一方で、家族の血縁的な紐帯が弛緩するような弊害が顕在化していたことがうかがわれる。

またミワ系氏族の例をみてみると、「神人」は五世紀後半頃に須恵器生産や三輪神祭祀といった仕奉をおこない、六世紀後半頃には三輪君の管掌下に組み込まれていたが、『姓氏録』によれば、和泉国の神直が紀直と同祖関係にあるなど、九世紀に至っても依然として在地での結びつきを示す系譜を維持しているものもおり、一方で、摂津国の神人は大神朝臣と同祖関係にあるなど、中央伴造と系譜を共有している場合もあった。このように地域社会におけるヨコの結びつき（必ずしも対等であるとは限らない）や中央の豪族・王族との仕奉関係を媒介としたタテの結びつきという多元的な関係があるなかで、在地伴造がどれを重視するかはさまざまな要因にもとづいて決定されていたのであろう。ただ、部制がそれまで大王と関係を結んできた在地の有力首長の支配下にある人々と中央すなわち王権との直接的な結びつきを形成し、地域社会におけるヨコの結びつきとは異なるベクトルをもたらしていたことは重要である。

「部民」の編成にともない、ある人物が在地伴造となって中央伴造や王族など中央とのパイプを形成すれば、すでに在地で形成されていた結びつきは相対的に弱まる結果となる。在地の伝統的な有力首長からの独立を志向する下位首長にとっては、中央との結びつきが大きな足がかりとなるだろう。下位首長が在地伴造となった時点で、その人物は在地の上位首長や中央伴造と重複した仕奉関係を結んだ状態となるが、中央伴造との結びつきを背景として次第に在地の上位首長からは独立していくようになるのである。たとえば「神人」などは基本的に首長に供出されて王権に仕奉したトモであり、もともと在地の首長層だったわけではないだろう。しかし、摂津国の神人に注目すると、中央伴造たる三輪君（後の大神朝臣）との統属関係が形成されてからは、次第にその結びつきを強めたと考えられ、九世紀前半には同祖関係を称するに至っている。(42)摂津国能勢郡はもともと川辺郡の一部であったが、大宝元年（七〇一）には郡家から遠隔の地であるという理由から官舎が建てられ、和銅六年（七一三）になって郡司が任じられて能勢郡が成立し、(43)八世紀後半には神人為奈麻呂が大領となっていることが確認される。(44)川辺郡には大河内直が存在し、八世紀半ばには郡司となっているが[45]、神人は政治的な成長を遂げ、大河内直のような在地の首長から独立していたのである。下位首長による上位首長からの独立を可能としていたのは王権であり、この場合、直接的には中央伴造たる三輪君との結びつきであろう。

このような中央伴造と在地の伴造—「部民」との結びつきは、中央伴造が在地に赴いた際に強化されたと考えられる。つまり、在地伴造が「部民」と王権を媒介していた段階から、中央伴造がやってきて「部民」を管掌するようになるにつれて、中央伴造と在地伴造・「部民」の結びつきが強化され、またその反面、地域社会内部の結合の弛緩も顕著になったのである。

3　部制とミヤケ

ここまで、人制・プレ部制が部制の歴史的前提となっていたものの、民衆をトモの組織に組み込むか否かという点で質的な段階差があることを述べてきた。ただ、トモが単純に中央で出仕する形態と、中央で出仕したトモが在地で「部民」の伴造となる形態の違いが判然としなかった。では何をもって、民衆がトモの組織に組み込まれた、すなわち「部民」の編成がおこなわれたといえるのであろうか。在地で「部民」を編成するには、そのための拠点としてミヤケの設置が不可欠だったと考えられる。ミヤケにはさまざまなタイプがあるが、その本質は倭王権の政治的軍事的拠点であった[46]。伴造による地域支配がミヤケと不可分の関係にあったことは、次の史料からうかがうことができる。

【史料10】『日本書紀』大化元年（六四五）八月庚子（五日）条

若有二求レ名之人一、元非二国造・伴造・県稲置一而輙詐訴言、自二我祖時一、領二此官家一、治二是郡県一。汝等国司、不レ得三随レ詐便牒二於朝一。審得二実状一而後可レ申。

表5　『日本書紀』にみえる子代とミヤケの関係

史　　料	内　　容
安閑元年閏12月条	廬城部屯倉（安芸国）
安閑2年5月甲寅条	火国と阿波国の春日部屯倉
大化2年正月条所引或本	難波狭屋部邑子代屯倉
大化2年正月甲子朔条改新詔第一条	昔在の天皇等の立てたまへる子代の民・処々の屯倉
大化2年3月壬午条皇太子奏	昔在の天皇の日に置ける子代入部、皇子等の私に有てる御名入部、皇祖大兄の御名入部及びその屯倉 入部五百廿四口・屯倉一百八十一所

史料10は東国国司への詔であるが、伴造は国造や県稲置とともに、ミヤケを領することによって「郡県」を治めていたとされている。舘野和己によると、国造や「部民」等から労働力や種々の貢納物を徴収するためには、中央から彼らのもとへ使者を派遣することが不可欠であり、部民制においては地方の「部民」のところへ中央から伴造（あるいはその使者）が赴いた際に「部民」等に対する支配をおこなう拠点としたのがミヤケであったとされる(47)。国造とミヤケの関係については、地域の首長的な生産関係に依存した収取体制であるミヤケ制が成立していない段階では、本来的な国造の奉仕が機能しなかったとして、国造制にはミヤケが不可欠の要素であったとする大川原竜一の指摘がある(48)。一方、伴造はトモを統率して大王に仕奉する身分であり中央の王宮なども拠点となり得るので、地域支配の拠点であるミヤケの存在を必ずしも前提とはしなかった。しかし、伴造が在地で「部民」を管掌し、貢納・奉仕をとりまとめるためには何らかの拠点が必要であり、その拠点こそがミヤケであったと考えられる。

このように、論理上は「部民」の編成と伴造による管掌が成立するにはミヤケの存在が不可欠であったと考えられる。しかし、関晃が指摘しているように(49)、部のなかでもとくに子代がミヤケと密接な関係があるとみられる点は注意が必要である（表5）。この点はどう解釈すべきであろうか。ここで留意したいのが子代の概念である。名代・子代は、井上光貞が「部民」を①品部（職業部）、②名代・子代（王族所有部民）、③部曲（豪族所有部民）に分類したことにもとづき(50)、王族が所有する「部民」の種類であると考えられてきた。しかし鎌田は、一般に名代・子代と併称されるものはすべて子代の概念のなかに包摂されるものであり、子代は王家所有の部（カキ）として、とくに王権への帰属が強く意識されたものであるととらえる。[51]また遠山美都男は「子代」について、大王宮に貢納・奉仕する服属集団の総称であるが、大王宮に実際に奉仕し、貢納・奉仕をその支度料として受益する「子（トモ）のためのもの」という関心からそれを表現した用語で、「御名代」も大王宮に貢納・奉仕する服属集団の総称であるが、大王の治世を象徴する「御名（大王の宮号）」を後世に伝えるとの関心から把握した『古事記』特有の用語であるとしている。[52]これらの見解に従うならば、部の種類を名称によって名代・子代やそれ以外（職業部）といったように厳密に区分することはできない。すなわち名代・子代はさまざまな部の有する一側面であり、従来、名代・子代とされてきた部の名称（たとえば刑部・白髪部など）は、部の有する多様な性格のうち、王権への帰属という側面が強く観念された名づけ・名乗りであったことになる。よって本章では、部の種類というよりも、部の有する大王への奉仕者といった側面を指す語として、子代の語を用いることとする。

『日本書紀』において、ミヤケが子代と結びつけられて記されていることは、ミヤケの領有は大王に仕奉するために認められたとする観念が存在したためではなかろうか。つまり「部民」を管掌する伴造といっても、子代としての側面にミヤケ領有の正当性を認めるのが『日本書紀』の論理だったと考えられる。『日本書紀』が伴造の子代的側面を強調していることは、次の史料からも知ることができる。

【史料11】『日本書紀』大化二年八月癸酉条

其仮二借王名一為二伴造一、其襲二拠祖名一為二臣連一。

史料11は前掲史料9に続く「品部廃止詔」の一部であるが、それによると祖名に依ったものは臣・連となったのに対し、王名を借りたものは伴造となったと観念されていた。王名を借りるとは、王への仕奉を名分としているということであり、それは子代の概念とも相通ずる。そして、このように王への仕奉のために伴造が品部を所有しているというのが『日本書紀』の論理であろう。かかる論理にもとづけば、あらゆる伴造は多かれ少なかれ子代としての側面があったことになる。

右のように考えるならば、『日本書紀』は伴造が王に仕奉する子代である限り品部を所有し、それを管掌する拠点であるミヤケの領有を認めていたことになる。あらゆる「部民」やそれを支配する伴造がミヤケと結びつく状況が推定されるにもかかわらず、『日本書紀』がとくに子代とミヤケを結びつけて記すのは、かかる理由によると考えられる。よって、史料にあらわれてこないミヤケや、それを通じて「部民」を支配していた多数の伴造の存在をも想定しなければならないのである。また、ミヤケが各氏族の奉事根源に関わって記されることを勘案すると、史料にみえないミヤケに関しては、それを支配していた氏族の奉事根源が『日本書紀』等に反映されていなかったために史料上存在が確認できない場合も想定し得る。

先述のように、「部民」の管掌は、共同体の出身者である在地伴造がおこなう形態と、中央から派遣される中央伴造がおこなう形態があった。あらゆる「部民」とそれを管掌する伴造がミヤケと結びつくのであれば、中央から派遣されてきた伴造だけでなく、在地伴造もミヤケを拠点として「部民」による貢納・奉仕を徴収する担い手として考えておく必要があろう。たとえば『日本書紀』大化二年（六四六）三月壬午（二十日）条の皇太子奏で、中大兄が返上したとみえる「皇祖大兄御名入部」が刑部（押坂部）であったことは、薗田香融によって明らかにされている[53]。同じ記事にミヤケ一八一所も返上されたとみえるように、ミヤケは宮の経済基盤としての子代を支配する拠点であった。子代には職掌名をつけるものが多く存在するが[54]、子代の代表者はトネリ・カシハデ・ユゲヒ等の職掌を帯びて王宮に出仕していた。ミヤケを通じて支配される在地の子代の貢納・奉仕は、その代表者たる在地伴造が上番する際に、出仕先の王宮にもたらされたと考えられる。子代的な名称をもたない部についても、在地伴造が上番する際に、ミヤケを拠点として徴収された貢納・奉仕が上番先へもたらされたのであろう。部制ではミヤケが設置されることによって、出仕者だけでなく、その出身母体までもが奉仕先の経済基盤としてトモの組織に組み込まれたのである。

以上のように、「部民」の編成および伴造による支配とミヤケの設置は、不可分の関係にあった。ミヤケが設置される以前の段階においては、人制やプレ部制のように各地の共同体からトモが中央へ上番する形態がとられ、王権が掌握できるのは上番してきた限られた人数にすぎなかった。ところが在地にミヤケが設置されることにより、ミヤケを拠点として伴造が「部民」を管掌できるようになる。むしろ、「部民」の設定がおこなわれたならば、その拠点となるヤケがミヤケと観念されたとも考えられよう。ミヤケが単なるヤケと異なる点は、尊称を示す接頭語の「ミ」が示すように、何よりも大王、王権との結びつきにある。その意味でミヤケとは極めて観念的な概念である。以上をまとめると、王権が上番者のみを掌握していた人制やプレ部制は、ミヤケの設置によって上番者の出身母体をも組み込んだ部制へ発展したということができる。

おわりに

本章では、首長制社会における社会統合の問題と密接に関わる人制と部制をとりあげ、その構造や歴史的展開について検討してきた。論じた点をまとめておく。

① 五世紀後半の人制は、大王と仕奉関係を結んだ人物が上番奉仕する体制であり、人民編成としての性質は稀薄であった。

② 部の前身となる集団は五世紀代にはすでに形成されていたが、それは大王に上番奉仕する体制であり、基本的には人制と同じ構造であった。ところが六世紀代の部制は民衆層をトモの組織の末端に組み込んでおり、人制とは質的な差異が存在していた。

③ 「部民」の管掌は、共同体の出身者である在地伴造がおこなう形態と、中央から派遣される中央伴造がおこなう形態とがあり、前者から後者へと漸次展開していった。それにともなって在地伴造—「部民」が中央の伴造や王族との結びつきを強める反面、地域社会での結合が弛緩する傾向がみられる。

④ プレ部制・人制といった簡素なトモの組織と、民衆を末端に組み込んだ部制の違いはミヤケの有無に求められる。「部民」の編成にはミヤケが不可欠であったが、「部民」が編成された際に貢納・奉仕の拠点となったヤケがミヤケと観念されたともいえる。『日本書紀』はミヤケを子代と結びつけるが、それは伴造が大王への奉仕者である限りミヤケの領有を認めるという論理にもとづいたものであった。

本章での考察結果を、社会統合という観点から意義づけをおこないたい。まず人制・プレ部制はトモが上番奉仕する単純な仕奉形態であり、地域社会と王権を強く結びつけるものではなかった。ただし、地方から上番したトモが、王権によって職務遂行のために特定の地域に配置されることもあった。この場合、生活基盤などは王権に依存せねばならず、彼らと王権の結びつきは強固なものとならざるを得なかった。

部制の段階になると、それまでトモとして仕奉していた人々の出身母体までもがトモの組織に組み込まれ、倭王権における特定の職務に直接または間接に従事した。特殊な物品の生産だけでなく、それを経済的に支える農業生産も分業を前提としたものであり、いずれも生産の特殊化として理解することができる。「部民」を管掌する在地伴造は、次第に中央の伴造や王族などとの結びつきを強めていき、次第に地域社会における結びつきは弱まることとなる。地域社会における結びつきが弱くなれば、物資や技術の供給などの面において、さらに中央との結びつきを強化せざるを得なくなる。その意味において部制は生産の特殊化を強め、社会統合を促進した面がある。つまり、部制の展開は特殊化によって中央と地域社会の統合を進める面と、地域社会内部の統合を弛緩させる面が表裏一体となっていたのである。ただし、各地の「部民」は、トモの組織の末端に組み込まれたからといって生業を棄てて特殊な生産に専念したわけではなく、農業やそのほかのもともとの生業のうえに部制が覆い被さっており、その面においては中央の伴造に比して特殊化の度合いは弱かった。つまり部制において、中央伴造が王権と極めて強固に統合されていたのに対し、在地伴造―「部民」と王権は相対的に緩やかに統合されていたことになる。このように中央伴造と在地伴造―「部民」では王権との結合の強さに差異があるものの、職務分掌によって共同体に特殊化をもたらし、倭王権を中心とした有機的な結合を促進した部制は、首長制社会における社会統合の仕組みであったといえる。

註

(1) 直木孝次郎「人制の研究」(『日本古代国家の構造』所収、青木書店、一九五八年)。
(2) 吉村武彦「倭国と大和王権」(『岩波講座　日本通史 二　古代 一』所収、岩波書店、一九九三年)。
(3) 武光誠『研究史　部民制』(吉川弘文館、一九八一年)。
(4) 津田左右吉「上代の部の研究」(『津田左右吉全集 三　日本上代史の研究』所収、岩波書店、一九六三年、初出は一九三〇年)。
(5) 平野邦雄「「部」の本質とその諸類型」(『大化前代社会組織の研究』所収、吉川弘文館、一九六九年、初出は一九五五年)。
(6) 狩野久「部民制　名代・子代を中心として」(小笠原好彦・吉村武彦編『展望日本歴史 四　大和王権』所収、東京堂出版、二〇〇〇年、初出は一九七〇年)。
(7) 鎌田元一「部民制の構造と展開」(『律令公民制の研究』所収、塙書房、二〇〇一年、初出は一九八四年)。
(8) 鎌田元一「「部」についての基本的考察」(『律令公民制の研究』〈前掲註(7)書〉所収、初出は一九八四年)。
(9) 『稲荷山古墳出土鉄剣金象嵌銘概報』(埼玉県教育委員会、一九七九年)。

(10) 佐藤長門「有銘刀剣の下賜・顕彰」(平川南他編『文字と古代日本 一 支配と文字』所収、吉川弘文館、二〇〇四年)、田中史生「倭の五王と列島支配」(『岩波講座日本歴史 一 原始・古代 一』所収、岩波書店、二〇一三年)など。
(11) 東京国立博物館編『江田船山古墳出土国宝銀象嵌銘大刀』(吉川弘文館、一九九三年)。
(12) トモについては、大王から与えられた名を負って大王に仕えるものとする説に従う(武光誠「姓の成立と庚午年籍」〈『日本古代国家と律令制』所収、吉川弘文館、一九八四年、初出は一九七八年〉)。
(13) 人制では各地からの上番者のほかにも渡来系技術者が含まれていることが指摘されている(田中史生「倭の五王と列島支配」〈前掲註(10)論文〉)
(14) 吉村武彦「倭国と大和王権」(前掲註(2)論文)。
(15) 吉村武彦「倭国と大和王権」(前掲註(2)論文)。
(16) 溝口優樹「ミワ系氏族と陶邑古窯跡群」(『国学院雑誌』一一〇―七、二〇〇九年、本書第一部第二章)。
(17) 溝口優樹「氏族分布からみた初期陶邑古窯跡群」(『日本歴史』七八四、二〇一三年、本書第一部第一章)。
(18) 鎌田元一「部民制の構造と展開」(前掲註(7)論文)。
(19) 武光誠「姓の成立と庚午年籍」(前掲註(12)論文)。
(20) 島根県教育委員会『出雲岡田山古墳』(一九八七年)。
(21) 直木孝次郎「土師氏の研究」(『日本古代の氏族と天皇』所収、吉川弘文館、一九六四年、初出は一九六〇年)。
(22) 吉村武彦「倭国と大和王権」(前掲註(2)論文)は、『日本書紀』雄略七年是歳条の分註「漢手人・衣縫部・宍人部」の部分に付せられた「皆不読部上同之」の古訓に注目し、人制に前史をもつような職業部の部の字は読まないと推測している。
(23) 田中史生「倭の五王と列島支配」(前掲註(10)論文)は埴輪起源説話の背景にある五世紀代の埴輪工人のあり方も人制の範疇に含めてとらえている。名称面を捨象するならば妥当であろう。
(24) 溝口優樹「「土師」と土器の貢納」(『史学研究集録』三五、二〇一〇年)。
(25) 本位田菊士「額田部連・額田部について」(『続日本紀研究』二三八、一九八五年)、仁藤敦史「額田部氏の系譜と職掌」(『古代王権と支配構造』所収、吉川弘文館、二〇一二年、初出は二〇〇一年)など。
(26) 森公章「額田部氏の研究」(『国立歴史民俗博物館研究報告』八八、二〇〇一年)など。

(27)『日本書紀』敏達十二年（五八三）是歳条には、火葦北国造刑部靫部阿利斯登の子である日羅が大伴金村大連を「我が君」と呼んでいることがみえる。在地の首長ですら中央伴造を奉仕先とみる観念があったことを勘案すると、民衆層にいたっては大王への仕奉という意識がより稀薄もしくは皆無だった可能性がある。
(28)「御家つ子」説は津田左右吉「大化改新の研究」（『津田左右吉全集　三　日本上代史の研究』〈前掲註(4)書〉所収、引用部分の初出は一九三一年）が可能性の一つとして示しつつも疑問としたが、篠川賢「「国造」の読みと表記」（『本郷』八、一九九八年）が賛意を示している。
(29)『日本書紀』斉明四年（六五八）七月甲申（四日）条。
(30)石神遺跡出土木簡（奈良文化財研究所『評制下荷札木簡集成』二〇〇六年、一〇二号木簡）など。
(31)『常陸国風土記』多珂郡条など。
(32)狩野久「部民制　名代・子代を中心として」（小笠原好彦他編『展望日本史　四　大和王権』所収、東京堂出版、二〇〇〇年、初出は一九七〇年）。
(33)『日本書紀』敏達十二年是歳条。
(34)正倉院文書正集三一・『大日本古文書』一―二〇一。
(35)酒井芳司「倭王権の九州支配と筑紫大宰の派遣」（『九州歴史資料館研究論集』三四、二〇〇九年）。
(36)笹川尚紀「信濃の安曇」（『信濃』五五―七、二〇〇三年）。
(37)溝口優樹「三輪君と須恵器生産の再編―六・七世紀の陶邑古窯跡群を中心に―」（『国史学』二〇六・二〇七合併号、二〇一二年、本書第一部第三章）。
(38)八木充「国造制の構造」（『日本古代政治組織の研究』所収、塙書房、一九八六年、初出は一九七五年）。
(39)大津透「律令国家と畿内―古代国家の支配構造」（『律令国家支配構造の研究』所収、岩波書店、一九九三年、初出は一九八五年）。
(40)『日本書紀』安閑元年七月辛酉朔条、同年閏十二月壬午（四日）条。
(41)狩野久「部民制・国造制」（『岩波講座　日本通史　二　古代　一』〈前掲註(2)書〉所収）。
(42)『姓氏録』摂津国神別。

(43)『続日本紀』和銅六年九月己卯（十九日）条。
(44)『続日本紀』延暦四年（七八五）正月癸亥（二十七日）条。
(45)天平勝宝八歳十二月十七日「摂津職河辺郡猪名所地図」（『大日本古文書 家わけ第十八 東大寺文書』四）に擬少領や主帳として凡河内直の人名がみえる。
(46)舘野和己「屯倉制の成立—その本質と時期—」（『日本史研究』一九〇、一九七八年）、同「ミヤケ制再論」（奈良古代史談話会編『奈良古代史論集 二』所収、一九九一年）。
(47)舘野和己「屯倉制の成立—その本質と時期—」（前掲註(46)論文）。
(48)大川原竜一「大化以前の国造制の構造とその本質」（『歴史学研究』八二九、二〇〇七年）、同「国造制の成立とその歴史的背景」（『駿台史学』一三七、二〇〇九年）。
(49)関晃「大化前代における皇室私有民—子代・名代考—」（『関晃著作集 二 大化改新の研究 下』所収、吉川弘文館、一九九六年、初出は一九六五年）。
(50)井上光貞「大化改新」（『井上光貞著作集 三 古代国家の形成』所収、岩波書店、一九八五年、初出は一九五四年）。
(51)鎌田元一「「部」についての基本的考察」（前掲註(8)論文）。
(52)遠山美都男「「部」の諸概念の再検討 覚書」（『学習院史学』二七、一九八九年）。
(53)薗田香融「皇祖大兄御名入部について—大化前代における皇室私有民の存在形態」（『日本古代財政史の研究』所収、塙書房、一九八一年、初出は一九六八年）。
(54)井上光貞「大化改新」（前掲註(50)論文）。

第二部　律令制導入後の社会統合

――行基集団を中心として――

第一章　大野寺土塔の文字瓦にみる知識

はじめに

社会統合という要素に注目すると、国家は法的力を行使する官僚制によって統合されている点においてほかの社会と区別される。八世紀の日本は律令制にもとづく官僚制のもとで社会統合が図られており、国家が成立していたと考えられる。ところが、それがどこまで機能したのかは、国家の成熟度と関わっており、検討すべき問題である。そのような観点から第二部では、社会統合において重要な機能を果たしたと考えられる仏教に注目し、律令制が導入された八世紀前半頃の社会統合について考える。仏教を受容した古代の日本では、各地で種々の仏教的な事業が知識によって営まれた。知識とは仏事に結縁するため財物や労力を提供するものや団体、その行為、また寄進された財物などのことをいう。造寺や造像、写経、さらには交通施設や灌漑施設の造営など種々の事業が知識によっておこなわれた。八世紀には知識が盛んに結成され、東大寺の大仏は天皇が主導する知識によって造営された。まずは知識結集のあり方をめぐる先行研究を確認しておく。

薗田香融は、知識に族縁的なものと地縁的なものがあることや、知識が成立するためには能化―宗教的契機と所化―社会的契機の二つが不可欠の要素であることを指摘した(1)。中井真孝も知識集団について、結成が血縁的関係を背景としておこなわれるものと血縁的関係を包含した地域共同体を背景におこなわれるものに分類している。(2)また中村明蔵によれば、僧―檀越―知識の結合関係は社会のヒエラルキーを反映しており、僧―豪族―中・下層民の結合関係として把握できるという。(3)

一方、石母田正は知識の形態を、動機によって①仏に結縁しようとする精神的動機により結合された同信同行の集団、②権力を背景とした貢租的知識物、③在地首長層が国家組織の内部にその地位を得るための知識の三つに分類し、①が本来的な形態であり、②はそれが退化・擬制化したものとして位置づけた。(4)

最近、古尾谷知浩は天皇主導の知識だけでなく、民間の知識編成においても国・郡・郷（里）といった行政単位が利用されたとした。(5)また、竹内亮は主に七世紀後半の知識について、知識結集の際には「共に菩提に至る」という宗教的理念と、「天皇の奉為」という社会的理念が合わせて標榜されることや、知識の結集にあたって主導的役割を担った教化僧と檀越が、二つの理念にそれぞれ対応することを指摘している。(6)

知識は理念上、仏教信仰を媒介として結集する自発的な集団であるが、実際の編成においては血縁や地縁、さらには行政機構といったさまざまな社会組織が背後にあることが指摘されている。したがって知識のあり方は社会統合と密接に関わる問題だといえる。知識の分析を通して、仏教が社会統合において果たした役割を考えることができるだろう。かかる観点から、知識の結集が必要とされた時代の社会を国家形成史のなかに位置づけたい。知識をめぐるこれまでの研究では、檀越とほかの知識の間の階層差などはすでに指摘されているが、形式的には同じ知識として檀越のもとに集まった人々の内実は、十分に明らかにされていないと思われる。また、知識結集の仕組みについては理念面が明らかにされているが、人々が知識へ参加することによってもたらされる実利的な面もあわせて検討する必要があろう。さらに、それらの諸要素が知識の結集にあたっていかに作用したかという点については、知識の構造や階層に留意しなければならない。

右の観点からとりあげたいのが、現在の大阪府堺市に所在する大野寺の土塔（以下、単に土塔というときは大野寺の土塔を指す）の知識である。土塔からは従来、文字瓦が採集されていたが、近年発掘調査[7]がおこなわれ、合計一二〇〇点を超える文字瓦が検出されている。その大半は人名を刻んだものであり、土塔の造営や修復に協力した知識の名を示すものと考えられてきた。石母田は仏に結縁しようとする精神的動機により結合された同信同行の集団の典型例として、土塔の文字瓦から知られる知識の事例をあげている[8]。豊富な一次資料を有する土塔の事例は、当該期における知識と地域社会の関係を明らかにするうえで絶好の事例となろう。また大野寺は行基関連施設であることから、行基集団[9]のあり方にも迫ることができると思われる。しかし、土塔の知識をめぐっては、文字瓦、とくに人名瓦の記名者の性格など議論の前提となる基礎的な事項について十分に分析されていない部分が多くあるように思われる。そこで本章では、土塔の文字瓦からうかがわれる八世紀の知識のあり方について考察を加え、土塔の知識、ひいては行基集団の構造や地域社会の実態を考えるための基礎作業としたい。

一　土塔と文字瓦の概要

土塔の文字瓦から知識のあり方を考える前提として、まずは大野寺および土塔と、その文字瓦の概要について確認する。大野寺は、安元元年（一一七五）治部少輔泉高父宿禰によって著された『行基年譜』に記載がある。

【史料1】『行基年譜』行年六十歳（神亀四年[10]〈七二七〉）条

大野寺　在二和泉国大鳥郡大野村一。二月三日起。

右によると、大野寺は和泉国大鳥郡大野村にあり、神亀四年二月三日に起工されたという。和泉国大鳥郡大野村は、神亀四年当時は和泉監大鳥郡土師郷にあたる。『行基年譜』に記された起工年月日については、実際に「神亀四年□卯年二月□□□」と記す軒丸瓦が出土している(11)ことからも、正確さが認められる。鎌倉時代に家原寺の行覚が画師に描かせた『行基菩薩行状絵伝』には大野寺の記載があり、十三重の塔があると記す。また、大野寺の伽藍の一部として、頂上に宝珠を有するピラミッド形の建造物が描かれている。

現在の大阪府堺市中区土塔町には法灯を継ぐとされる大野寺が所在する。大野寺の伽藍の南東には土を盛って築造された仏塔が遺されており、土塔と呼ばれている。土塔は近年、堺市教育委員会による発掘調査が実施されて、遺物・遺構の詳細が明らかになっている。それによると、土塔は一辺五三・一メートル、高さ八・六メートル以上、基壇の上に一三の層が築かれており、基壇、初層〜一二層までは方形、一三層は円形という形状であることが確認された。また、各層には瓦が葺かれ、基壇外装にも瓦積みが用いられることも判明している。このように十塔に使用された瓦は合計七万枚以上と試算されている(12)。

土塔から文字瓦が表採されることは古くから知られていたが、発掘調査によって合計一二〇〇点を超える文字瓦が検出された。文字瓦は基本的に丸瓦・平瓦の凹面・凸面、稀に側端面にヘラのような道具によって刻書されている。瓦の年代は奈良時代から中世にかけてのものが存在するが、大半は奈良時代のものである。その内訳は、奈良時代のものが一二一九点、平安時代以降のものが二八点とされる。そのうち奈良時代の文字瓦については人名を記したものが一一七四点、人名以外を記したものが四〇点あり、人名以外のものはさらに追善供養、年紀、文章、製作関係・数字、地名・寺名、その他に分類されている。四隅計測法を用いた近藤康司の試算によれば、記銘率は創建期で七・一%、補修期で二・四%とされる(13)。それに従えば、土塔に使用された文字瓦は二一三二一〜二五〇一枚＋基壇分であり、無記銘のものが大半であったことになる。このように、土塔の瓦のうち記銘されたものはむしろ少数なのであるが、そのなかでも大半を占めるのが人名を記したものである。

報告書において人名は①僧尼関係、②有姓（姓を有するもの）、③無姓（氏あり。カバネを有さないもの）、④無姓（名のみ。氏・姓を有さず、名のみのもの）、⑤分類不明に分類されている。①は「優婆塞」（№九六）や「廣依夷」（№九七）のように、優婆塞・優婆夷やその法名、また「童子」（№一〇〇）のようなものも含まれる。②〜④は俗名の人名であるが、報告書のいう姓とは本書でいうカバネ（氏の身分標識）の意であり、③④はカバネがないものである。

文字瓦、とくに人名瓦の記載内容をめぐっては、岩宮未地子による基礎的な考察があるので確認しておきたい[14]。それによると、人名瓦は、瓦一枚に一人の名前が書かれ、その名前が書かれた瓦は一枚というのが基本であり（「基本パターン」）、人名文字瓦の九七％はこの「基本パターン」に含まれるが、残り三％は異なるとされる。「基本パターン」から外れるものとしては、（１）一枚の瓦に複数の名前が書かれるもの、（２）同名あるいは同筆の瓦が複数枚あるものがあげられる。さらに後者は①同名同筆、②同名別筆、③別名同筆に分けられる。「基本パターン」にもっとも反する同名別筆・別名同筆の文字瓦は全体の二％とごく例外的な存在であるが、僧侶と同族（矢田部連氏・秦人氏）に限ってみられる現象であり、代筆によるものであることが指摘されている。また葺くと裏側になってみえない面にも名前が書かれていることや、製作過程で削られたり、押し潰されたりして読めなくなっていても構わず使用されていることから、「瓦に自らが自らの名を書く」という行為に意味があり、結果的にその瓦がどのような状態で使用されようとも構わない様子がうかがわれるという。

なお土塔の文字瓦は、瓦を焼成する際に破損する可能性があるにもかかわらず、生瓦の乾燥途中に記銘されている。それは、生産管理に関わる一部の文字瓦を除いて、記銘は基本的に生産工程上の機能はなく、大多数を占める人名は読まれることが意図されていなかったためであると考えられる。(15) 文字瓦の大半を占める人名の記銘は、知識の人々が土塔の造営に協力したこと（結縁したこと）の記念としておこなわれたものとみるべきである。

二　知識の参加形態

さて土塔から出土した文字瓦の大半を占める人名については、従来、土塔の造営に協力した知識であるとの理解が通説的であった。実際に「知識」の文字が刻まれた瓦が出土している。

【史料2】土塔文字瓦№一〇八七

×遣諸同知職〔識〕尓入×

八月卅日」

右の瓦は、土塔の建立に知識の協力があったことを明示するものである。文字瓦のすべてが知識に関わるものとは必ずしもいえないが、大半を占める人名瓦については知識の名を示すと考えて問題はないと思われる。

ここで土塔の人名瓦の記名者をめぐる先行研究を確認しておきたい。文字瓦の検出点数が少ない段階では、森浩一や井上薫が、記名者は瓦の寄進者か、あるいは進んで大野寺の土塔の築造に参加したものと推測した。(16) その後、土塔の発掘調査によって資料が大幅に増加した段階では、東野治之が、瓦にヘラ書きするためには生乾きの状態の限られた期間に記入する必要があり、作業場に出入りしていたことになるという点に注目し、記名者は財物寄進者ではなく、瓦生産に直接労力奉仕した人々であったとみた。(17) しかし記名したとみられる二〇〇〇人以上の人々が瓦生産に携わった人々とのみいい切れるかという疑問が清水みきによって呈されている。(18) また岩宮は、記名者を財・瓦の寄進者、技術・労働力の提供者とみている。[19]

以上の研究によって指摘されているように、人名瓦の記名者が知識であったことは疑いない。しかし、その知識の性格が問題となる。そこで参考になるのが、「知識」銘をもつ瓦（史料2）の存在である。この銘文について東野は「……を遣わし、諸《もろもろ》と同《とも》に知識に入る……」と読み、有力者が代替人を立てて知識に加わる旨を記させた銘であると推定している。[20] このように考えた場合、知識に入る主体が土塔まで足を運んでいないことになる。このことは、知識参加者のなかに、直接にみずから労力を提供しなかった人物が存在したことを示す。かかるあり方を人名瓦の全記名者に敷衍できるかは明らかでないが、みずから労働力を提供しなかった知識の存在がうかがわれるのである。竹内理三によると、知識の参加形態として財施のほかに写経や優婆塞（夷）の貢進、労役服務などがあったという。[21] 土塔の文字瓦にみえる知識についても、直接に労力を提供する以外の形態、すなわち知識物として財物を提供したり、優婆塞（夷）を貢進するなど他人を動員したりするといった参加形態が想定できる。

三　人名瓦記名者の姓と階層

1　姓・カバネを記さない人名

これまで土塔の知識は、文字瓦にみえる人名の姓をもとに、さまざまな階層の人々が含まれていることが想定されてきた。森は、人名瓦の記名者に、奴婢を含む可能性がある「下級の人々」を含む社会のあらゆる階層の人々が網羅されているとみた。[22] その後、発掘調査によって資料が大幅に増加し、より詳細な検討が可能になってきた。近藤は、人名瓦を分類して割合を算出し、創建期と補修期で各階層の割合に違いがあるとしている[23]。それによると、創建期においては僧尼三一・一%、カバネをもつ氏族が二二・四%、カバネをもたない氏族が四六・六%であり、補修期は僧尼関係が一七・二%、カバネをもつ氏族が六二・一%、カバネをもたない氏族が二〇・七%とされる。その一方で、すべての文字瓦が常に名前を正確・忠実に書いているとはいえず、文字瓦の出土点数だけから安易に知識集団の階層を議論するのは慎重にならなければいけないとする岩宮の意見もある[24]。そこで、姓の記されない人名について改めて分析を加え、それをもとに土塔の知識を構成する人々の階層について再検討したい。まずはその前提として、姓の分析によって記名者の階層を推定することの有効性について確認したい。

加藤晃は、律令制国家において姓が良人身分を示す表象として機能し、賤民身分を確定する側面があったことを指摘している[25]。また義江明子は、改賜姓記事や各姓類型の検討から、律令制下においてカバネ姓―某姓―部姓という三段階の序列が基本的な姓秩序として普遍的に存在したことを明らかにした[26]。国家は姓を身分秩序に対応させようとし、実際にある程度は機能していると考えられるため、姓は氏族の地位あるいは階層をはかる一つの基準となり得るだろう。必ずしもカバネによる序列関係が直接に、または厳密に階層差を示すことにはならない点には留意が必要であるが、およそカバネ姓―某姓―部姓―無姓という姓の身分秩序が、氏族間の相対的な身分関係をはかる一つの基準となり得ると考えたい。とくに在地レベルでは、同じウヂナをもちながら異なるカバネをもつ氏族間、あるいは同祖同族関係にある氏族間の身分関係をはかる際には有効であるといえよう[27]。

次に土塔の人名瓦のうち、姓やカバネが記されない人名が実際に姓やカバネをもたない人々なのかどうか検討したい。平野邦雄は史料の種別に応じて、氏姓の表記法に相違のあることを指摘している。それによれば、戸籍・計帳や、調庸布絁の墨書など、公的性格の強い文書では、ウヂナ・カバネ・名を完全に表記するが、人名瓦や写経奥書など、いわば私的性格の強いものには、ウヂナ・カバネの一部、または全部を省略する例が多いという。また土塔の姓を記さない瓦には、少なくとも何パーセントかは「帰化氏族」の無氏者が含まれる可能性はあるが、氏を略記したものが多かったのではないかとする(28)。そこで土塔の人名瓦について、カバネを記さない人名と姓そのものを記さない人名がどのような人々であったのか検討したい。

まずは、土塔の人名瓦にみえるカバネを記さない人名がどのような人々であったかを考えたい。八世紀の戸籍を概観すると、部姓者が圧倒的に多い。これらの人々はおおむね、農民をはじめとする「一般民衆」の範疇に含めてもよいと思われる。文字瓦の場合でも、遺跡によっては部姓者が多くみられる。たとえば栃木県上神主・茂原官衙遺跡からはこれまで一一六〇点の人名瓦が出土しているが(29)、その大半は部姓者であり、一般民衆が多く含まれていると考えてよい。それに対して広島県宮の前廃寺跡から出土した人名瓦は、一二点中、一点をのぞいてほかのすべてにカバネが記されており、造営にあたって寄進的行為をした地方豪族クラスの人々とみられている(30)。このように、人名瓦にみえる姓の構成比率は、その瓦が出土した遺跡に関与した人々の階層をある程度反映しているといえる。とくに部姓の存在が、一般民衆層の関与を示す指標となり得る。

土塔の人名瓦には部姓者が少ないが、周辺に部姓の氏族が分布していないわけではない。『新撰姓氏録』（以下、『姓氏録』と略記する）によると、和泉国には日下部、丹比部、物部、軽部、坂合部、網部、榎井部、中臣部といった部姓の氏族が分布していた。それにもかかわらず、土塔の人名瓦には部姓者が極めて少ない。その点において、土塔の人名瓦のカバネを記さない人名は、一般的な民衆層の姓の傾向とは様相を異にする。したがって、これらを「一般民衆」として分類することには疑問がある。公文書ではないため、「部」の字が省略された可能性も想定できるが、カバネを記さない人名をみると、阿倍や大村、白鳥など「部」がつかないと考えられるウヂナが多く含まれている。

またカバネが記されない人名のウヂナをみると、土塔の人名瓦に同じウヂナでカバネを記す例がみられるものが少なからず存在する（表6）。よって瓦にカバネを記さないものは、それを省略したものと考えるべきではないだろうか。

実際に、カバネを省略したことが判明する文字瓦の例も存在する。土塔と類似の文字瓦が出土している京都府大山崎町の山崎院跡出土の例ではあるが、清水によると、同名で三点出土している「佐為宿禰手子」「佐為手子」は、同一人で姓を記す場合と記さない場合があることを示すケースであるという。[31] また、カバネを省略したと思われる例が陶邑古窯跡群（以下、「陶邑」と表記する）から出土したと伝えられる文字瓦にも存在する。「荒田」銘をもつ瓦（No.一一六〇）であるが、「荒田」の二字の下に「二」の記号があり、「直」の上部のみヘラ書きし、途中でやめてしまったとみられている。[32] したがって本来は「直」のカバネを有する荒田直であったが、何らかの理由でカバネを省略したと考えられる。以上の事例からカバネを記さない人名は、それを省略したものと考えられるのである。

なお義江は、カバネのない某姓は公民上層に与えるべき姓として位置づけられていたとしている。[33] それに従えば、カバネを記さない人名が仮にもともとカバネをもたない人々であったとしても、民衆層の大部分を占める部姓者よりは上位に位置づけられていたことになる。いずれにせよ、カバネを記さない人々は律令公民のなかでも上位に位置する人々が大半を占めているということができる。

次に姓、つまりウヂナとカバネの両方が記されない人名について検討する。無姓者については、天皇以外に①奴婢、②僧尼、③皇親、④化外の民、⑤その他何らかの理由（造籍の問題等）で姓がないものなどが想定される。土塔の文字瓦にみえる姓が記されない人名（名のみ）については、明らかに②③④には該当しない。残る可能性はそれらが奴婢であった場合であるが、土塔の人名瓦にみえる姓を記さない人々のすべてがそのような賤身分であったとは考えがたい。土塔の人名瓦の記名者については「知識」銘瓦（前掲史料2）より、みずからの意志で知識に参加した様相が

表6　カバネが記されない人名と土塔人名瓦のカバネ類例

No.	釈文	ウヂナ	土塔カバネ姓類例	「部」字	備考	出典
198	「阿倍毛人」	阿倍				文字瓦聚成
199	「凡河内倭麻呂」	凡河内				〃
200	「大伴	大伴				〃
201	「大村多千□	大村				〃
202	大村	〃				〃
203	「刑□〔マカ〕	刑部		○		〃
204	「忍海□〔刀カ〕	忍海／忍海部	忍海部、凡海連			〃
205	□〔忍カ〕海□	〃	〃			〃
206	「川上□	川上				〃
207	「紀□	紀	木直、紀朝臣			〃
208	「咋田	咋田				〃
209	「日下五	日下部	日下部首			〃
210	「椋椅	椋椅／椋椅部				〃
211	「下王マ」	下王部		○		〃
212	「白鳥	白鳥	白鳥村主、白鳥倉人			〃
213	「白鳥	〃	〃			〃
214	「高向調使御賀利」	高向			高向調使（カバネ姓）註1	〃
215	「建家□」	建部				〃
216	「津守御杖	津守				〃
217	「土師和足」	土師	土師宿禰			〃
218	「土師□□〔長カ〕	〃	〃			〃
219	「土師　□	〃	〃			〃

220	「丈韓安□	丈部／丈				〃
221	「丈部	丈部				〃
222	「秦五百	秦	秦連、秦公、秦忌寸			〃
223	「秦百	〃	〃			〃
224	秦嶋	〃	〃			〃
225	「葛井□	葛井				〃
226	「茨田□	茨田				〃
227	「茨田	〃				〃
228	「調大魚」	調				〃
229	「生マ多□万	生部		○		〃
230	「神尓□	神人／神			神人（人姓）？	〃
231	神真阿□	神				〃
232	「弥奴文万呂	弥奴				〃
233	「□□國益					〃
234	□〔知カ〕マ古」			○		〃
235	□〔鳥カ〕倉人乙古」	白鳥			（白鳥？）倉人（カバネ姓）註2	〃
236	鳥倉	〃			〃	〃
237	文マ□	文部／委文部		○		〃
238	葛木刀自古	葛木				〃
239	秦人得 秦人麻	秦人 〃			秦人（人姓） 〃	〃
240	倭家主	倭				〃
241	□〔志カ〕斐夜太麻	志斐				〃
242	□〔村カ〕廣方					〃
243	□〔村カ〕廣□					〃

No.	釈文	ウヂナ	土塔カバネ姓類例	「部」字	備考	出典
244	□石川□	石川				文字瓦聚成
245	□大□〔庭カ〕					〃
1159	忍海□〔マカ〕× □〔津カ〕	忍海部／忍海			参考資料（伝「陶邑」出土）	〃
1160	「荒田」	荒田	荒田直		〃	〃
1161	荒田□	〃	〃		〃	〃
1170	「丹比在子」	丹比	丹比連、丹比宿禰		参考資料（所在不明の文字瓦）	〃
1171	「船大宅」	船			〃	〃
1173	「淡海麻里」	淡海			〃	〃
1185	「葛□	葛井／葛城（木）	葛□連			〃
1213	「布忍□□〔祖太カ〕	布忍				遺構編
1214	「日根	日根				〃
1215	「依羅	依羅				〃
1216	原椋	河原			河原椋人（カバネ姓）	〃
1217	山田	山田	「山田□〔造カ〕			〃

〔凡例〕
・出典は『史跡土塔―文字瓦聚成―』（堺市教育委員会、二〇〇四年）、『史跡土塔―遺構編―』（堺市教育委員会、二〇〇七年）による。
・右記報告書で「無姓者」に分類されるものおよび「参考資料」にみえるカバネを記さない人名を掲出し、カバネ姓と判断した場合は備考に記した。
・「　」は前後に文字が続かないことを示す。
・×は前後に文字の続くことが推定されるが、割損等により文字が失われていることを示す。

〔補註〕
註1　天平勝宝二年「造東大寺司解」（丹裏文書第九五号中包裏・『大日本古文書』二五―一三四）に高向調使万呂の名がみえるので「調使」はカバネであると考えられる。
註2　「鳥倉」を含む人名としては大鳥倉人（天平十八年「後一切経後帳」〈正倉院文書続々修二六―六・『大日本古文書』二四―三四八〉）がいるが、別筆で二点（No.235・236）確認されているため、姓の一部であると考えられる。それに該当する氏族としては白鳥椋人（『続日本紀』神護景雲三

年六月戊戌条）をあげることができる。椋と倉は通用されると考えられるため、「鳥倉」を含む姓は白鳥倉（椋）人であると推定することができる。

うかがわれる。それが出土瓦にみえる人名すべてに適用できるかどうかは問題であるにしても、奴婢がそのような知識であったとは考えがたい。また良民でありながら姓をもたない人々であった可能性も一応は想定できるものの、それは例外的であり、国家は賜姓などによってその矛盾を解消するための施策を実施しているので、姓を記さない人名のすべてが無姓者であったとは考えられない。したがって、姓を記さない人名も、本来は何らかの姓を有する人々であったとみるべきである。

姓やカバネを記さない人名が、それを省略したものであったことは、その比率からも推測できる。カバネを記さない人名がカバネをもたない人々（某姓）、姓を記さない人名が姓をもたない人々だとすれば、カバネ姓者の存在と合わせて、一見すると多様な階層を網羅しているかのように思われよう。しかし在地社会にカバネ姓―某姓―部姓―無姓のヒエラルキーが存在するなかで、カバネ姓者と無姓者が多数いながら部姓者がほとんどいない状況は不自然である。このことは、土塔の人名瓦には部姓者だけでなく、無姓者もほとんど含まれていないのであって、あらゆる階層が網羅されているのではないことを示すであろう。

実際に姓を省略したことが判明する文字瓦も存在する。清水によると、山崎院跡出土文字瓦にみえる「大刀自御願□」と尊称される人物は姓を記さないが、知識集団のなかで特別有力な女性の檀越であった可能性があり、「乙麻呂孫葉栗足息□」も、孫の祖父にあたる乙麻呂に姓を記さない(34)。このような例から、姓を記さないものが無姓者とは限らないことが確認できる。実際に土塔の文字瓦にも人名の一部を省略したものが存在する。岩宮がすでに指摘するところではあるが、たとえば「土宿」（№一四五）は土師宿禰を省略したものであり、「鳥連」（№一一三）は鳥取連か大鳥連を省略したものと考えられ、(35)さらには「乙」(No.二六四)や「麻」(No.三一二)など個人名の先頭の一字を書いたような例もある。(36)日本古代の人名表記において姓を省略するケースは珍しくないが、そのような例は土塔文字瓦についても確認できるのである。

以上のことから、姓を記さない人名は、それを省略した可能性が極めて高いといえるだろう。そう考えた場合、姓を記さない人名についても、カバネを記さない人名と同様に、カバネを記す人名と基本的には同じ階層であったとみるべきであろう。

2　姓を省略する理由と記名者の階層

土塔の人名瓦のうち、姓やカバネを記さないものはそれを省略したものであると推定した。それでは、なぜ姓やカバネを省略したのであろうか。まず可能性の一つとして考えられるのは、同一人物が複数枚の瓦に記名する場合である。つまり一人で複数枚の瓦に名前を記す際に、一枚だけフルネームで記名し、あとは省略したという可能性である。しかし名(個人名)だけを記す人名と姓と名を両方記す人名を比べてみると、名の重複はほとんどない。したがって、同一人物が複数枚の瓦に記したために姓を省略したとは考えがたい。次に考えられるのは、すでに姓を記したものの同姓者が記名する場合である。つまり、同族的単位で知識に参加する場合、姓が重複するために省略された可能性である。山崎院跡出土人名瓦の姓を記さない事例については、ほかの瓦に記された人と同族的関係を有するために、あえて氏族名を明記する必要がなかったとみる説もある。(37)姓が自明であるために省略したとする場合、彼・彼女らが全員同姓者であった可能性も考慮する必要があるかもしれない。そうすると土塔の場合、それが所在する土師郷を本拠地とし、人名瓦にみえる人数としては最多数となる土師氏が想起されるだろう。つまり、ウヂナが「土師」であることが自明であったために省略された可能性である。この場合、姓を記さない理由としては理解しやすいものの、人名瓦に多様な姓がみられる状況で土師氏の名が圧倒的多数を占めることとなり、考えがたい。

別の可能性として考えられるのは、姓を記さない人々の全員が同一の姓ではないものの、複数の同族集団が知識に参加する際に姓を省略した場合であろう。同姓者がまとまって知識に参加する際、そのなかから代表者（一人とは限らない）がフルネームで記名し、ほかは個人名だけを記したという考え方である。その場合、記名後の瓦は同族的まとまりで取り扱われず、結果的に省略された姓は記名者本人以外にとって自明のものとはいえなくなるのである。ただこの可能性についても決定的な証拠はない。

人名を記す際に姓を省略した理由についていくつか検討してきたが、候補としてあげたのはいずれも「既出の姓は省略が可能」との考え方である。つまり、姓を省略するにしても、姓を省略しない記名が前提として必要だったことになる。しかし、これらの考え方が妥当であるとはしがたい。なぜならば、土塔の瓦の場合、姓を明示する必要がなかったからである。土塔の文字瓦は行政に関わるという意味での公的な性格のものではない。また先述のように、失敗が生じる可能性がある焼成前の記銘であり、名前を人に見せることは想定されていなかった。したがって、姓の記載は必ずしも必要ではなかったのである。さらにいえば、名前を記すことすら必要に迫られたものではなく、各々の任意の行為である。一般的に姓を記さなくとも自明の場合は省略することが多いが、土塔の人名瓦の場合は瓦に記名することそのものに意義があったのであり、姓を明らかにする必要すらなかったのである。

さて、前項の検討からウヂナを記さないもの、姓を記さないものも、渡来系氏族に限らずほぼカバネ姓者が占めていたと考えられるが、このような人々はどのような階層に属していたのであろうか。十塔の文字瓦にみえるカバネを記さない人名のうち、ウヂナに「部」字を有することが明らかなのは五例のみである（表7）。ただしウヂナに「部」

表7　土塔人名瓦のカバネ

No.	釈文	カバネ	出典
103	「板茂連	連	文字瓦聚成
104	虫女　板持□	（連？）	〃
105	「凡海連 ×□〔波カ〕連	連 〃	〃
106	「大鳥連津虫女」	〃	〃
107	大鳥連海□〔長カ〕	〃	〃
108	「大宅連	〃	〃
109	「片野連足嶋	〃	〃
110	「委文連□	〃	〃
111	「高市連□	〃	〃
112	「丹比連廣	〃	〃
113	「鳥連	〃	〃
114	「秦連虫麻呂」	〃	〃
115	「村山連	〃	〃
116	「矢田マ連田々你古」	〃	〃
117	「矢田マ連田	〃	〃
118	□田々你古」	〃	〃
119	你古」	〃	〃
120	「矢田マ連龍麻呂」	〃	〃
121	〃	〃	〃
122	龍麻呂」	〃	〃
123	□マ連龍麻	〃	〃
124	連□〔龍カ〕	〃	〃

字を含んでいたとしても、部姓であるとは断定はできない。某部+カバネ姓の可能性も考えられる。また、それに某姓（人姓を含む）の可能性のあるもの（秦三例、秦人二例、神人一例）を加えても一〇例となる。なお、秦人や神人といった「人姓」はウヂナではあるものの、カバネ的な性質もある。[38] したがって、いわゆる「一般民衆」に分類できる可能性があるものはごく少数ということになる。そこで、カバネであることが確定できるものを集計すると、連二五、臣一一、宿禰一〇、史八、君・造・村主六、朝臣五、直・首四、伊美吉三、忌寸・公・倉人二、椋人・調使一となる（表8）。ウヂナを含めた姓からみると、中下級官人を輩出し得る氏族が多く、渡来系氏族も目立つ。このような姓の構成は中下級官人を輩出する和泉・河内地域の地域的特性を反映しているが、そのような階層の人々の名が瓦にみられる点は、土塔の性格の一端を示している。

四　人名瓦の比較検討

土塔のほかにも、日本列島の各地から人名を刻んだ瓦が出土し

125	□〔連カ〕龍麻□〔呂カ〕	〃	〃
126	□〔龍カ〕麻呂	〃	〃
127	□麻呂	〃	〃
128	矢田□（116～128同筆）	（連？）	〃
129	「矢	〃	〃
130	「役□マ連「　」	連	〃
131	□マ連麻□	〃	〃
132	林連真牙古」	〃	〃
133	□〔連カ〕乎波」	（連？）	〃
134	橘連□□	連	〃
135	「橘□	（連？）	〃
136	連姉	連	〃
137	□連高	〃	〃
138	□〔根カ〕連	〃	〃
139	□〔連カ〕咋閇	（連？）	〃
140	□〔連カ〕廣□	〃	〃
141	「川田宿禰真	宿禰	〃
142	「土師宿禰古□	〃	〃
143	「土師宿禰□□	〃	〃
144	□〔土カ〕師宿□〔禰カ〕	〃	〃
145	「土宿	〃	〃
146	「氷宿	〃	〃
147	丹比宿□〔禰カ〕	〃	〃

ている。しかし、その性格は一様ではないだろう。これらを比較検討することによって、それぞれの記名者の性格が浮かび上がってくると思われる。そこで八世紀の文字瓦、とくにヘラ書きによる人名瓦が豊富に出土している事例として（1）山崎院跡、（2）武蔵国分寺、（3）上神主・茂原官衙遺跡をとりあげ、いくつかの要素について比較をおこない、土塔の人名瓦の記名者の特徴を抽出したい。まずそれぞれの概要を確認しよう。

第一に、京都府大山崎町に所在する山崎院跡出土の文字瓦である。(39)『行基年譜』行年六十四歳（天平三年〈七三一〉）条に山崎院を記し、同史料の引く「天平十三年記」には神亀二年九月十二日に山崎橋が起工されたことが記されており、山崎院も大野寺と同様に行基関連施設ということができる。近年おこなわれた発掘調査では、ここからヘラ書きされた古代の人名などを記した文字瓦が二〇〇点以上出土している。そのうち人名瓦にみえる氏族数は二一にのぼり、女性の名が多くみられ、僧尼名もみられる。また信仰に関わる文字がみられるという。俗名の人名は姓を記さないものが多く、近藤によるとその数量比は僧尼九・四%、有姓一一・三%、無姓七九・三%とされる。(40)

No.	釈文	カバネ	出典
148	禰□〔秋カ〕	宿禰	文字瓦聚成
149	「倉臣□	臣	〃
150	「佐備臣里子」	〃	〃
151	「柴田臣玉子」	〃	〃
152	「丸部臣□	〃	〃
153	□臣止与嶋」	〃	〃
154	□臣嚢日女」	〃	〃
155	尾臣宇	〃	〃
156	□本臣	〃	〃
157	「大田君若	君	〃
158	「百済君刀自古」	〃	〃
159	百済君	〃	〃
160	秦公色夫智」	公	〃
161	公冨尓古」	〃	〃
162	□君□□」	君	〃
163	子君吹	〃	〃
164	君若子	〃	〃
165	「岡田史□〔石カ〕	史	〃
166	「川原史	〃	〃
167	川原□	（史?）	〃
168	原史	史	〃
169	□〔原カ〕史□	〃	〃
170	「高史家思」	〃	〃
171	高史□	〃	〃

第二に、武蔵国分寺に関わる文字瓦である。[41]武蔵国分寺跡は現在の東京都国分寺市西元町に所在する。文字瓦は武蔵国分寺跡だけでなく、そこに瓦を供給していた南多摩窯跡群などからも検出されている。出土する文字瓦の記載方法は多様であるが、押印・ヘラ書きが圧倒的に多い。記載内容には国名、郡名、郷名、人名、文書等があるが、郡・郷名を記したものが大部分を占め、人名がそれに次ぐ。人名瓦は二〇〇点以上出土しているが、そのほとんどが姓を記し、大半が部姓である。また、人名の前に「戸主」と記すものが多い。僧名はなく、女性名は極めて少ない。「戸主」の記載がないものも、戸主またはそれに準ずるものと推測されている。[42]

第三に、栃木県河内郡上三川町上神主・宇都宮市茂原町に所在する上神主・茂原官衙遺跡の事例をみてみたい。[43]かつては寺院跡とみられていたが、「コ」の字型に配置された正殿・脇殿や高床倉庫四十数棟が検出され、官衙遺跡であることが判明した。遺跡の存続期間は七世紀後葉から九世紀代で、文字瓦が使用されたのは八世紀中葉に建てられた一四×四間の総柱建物とされる。文字瓦は合計一一六〇点が確認されており、二点押印がある以外はヘ

172	(凹)□〔史カ〕御衣古 (凸)「津史御□〔凹凸面同筆〕	(史?) 史	〃
173	「大石主寸	村主	〃
174	「大友寸主	〃	〃
175	「上村主白刀自	〃	〃
176	寸主由	〃	〃
177	□〔村カ〕主刀自	〃	〃
178	「荒田直□	直	〃
179	「木直豊万呂」	〃	〃
180	石直	〃	〃
181	□直吉道	〃	〃
182	「秦忌寸吉刀自」	忌寸	〃
183	林忌寸	〃	〃
184	□〔山カ〕口伊美□〔吉カ〕	伊美吉	〃
185	忌寸稲付	〃	〃
186	忌寸虫田氣	〃	〃
187	「山田□〔造カ〕	(造?)	〃
188	□〔山カ〕田□〔造カ〕	〃	〃
189	□〔秦カ〕造宮□〔麻カ〕	造	〃
190	造大□	〃	〃
191	鳥甘首□	首	〃
192	□津首	〃	〃
193	□首伊	〃	〃
194	「池田朝	朝臣	〃

ラ書きで記されている。その人名は一八氏族、九四名を数える。人名瓦は同じ人名が複数枚みられ、同じ人名でも数種類の表記が用いられている。「酒マ連工」と「丈マ臣」以外にカバネ姓がなく、ほとんどが部姓で占められている。僧名や信仰に関わると思われる文字はみられず、女性名もほとんどない。また、地名もみられない。人名瓦には「玉支」や「足万呂」など個人名のみを刻んだものがみられるが、それぞれほかに「白マ玉支」「丈マ足万呂」の名を記した瓦がみられるので、その省略と考えられている。(44)

　以上、人名瓦が豊富にみられる三遺跡の事例を概観してきた。そこで文字瓦に関していくつかの要素に注目し、これらの事例と比較することによって、土塔の人名瓦記名者の性格を考えたい。まず姓の記載に注目すると、土塔では創建期で半数近く、山崎院跡では八割近くの人名に姓が記されていない。他方、武蔵国分寺や上神主・茂原官衙遺跡では、ほとんどの人名に姓が記されている。このことは一見すると、前者が多様な階層を包含するのに対し、後者が「一般民衆」で占められていることを示すように思われるかもしれない。しかし先述のように、土塔の文字瓦にみえる姓を記さない人名は無姓者ではなく、多くは姓を省略したもので

No.	釈文	カバネ	出典
195	「池田	(朝臣？)	文字瓦聚成
196	「佐味朝臣□	朝臣	〃
197	「平君〔群〕羊朝	〃	〃
214	「高向調使御賀利」	調使	〃
235	□〔鳥カ〕倉人乙古	倉人	〃
236	鳥倉	〃	〃
1144	□造□	造	〃
1147	「大庭造倭麻呂」	〃	〃
1153	「大庭造國□	〃	〃
1157	「大庭造勢麻呂」	〃	〃
1158	□〔勢カ〕臣和	臣	〃
1159	「　　葛□連 池田里　忍海□〔マカ〕× □〔津カ〕	連	〃
1162	「大鳥連和田女」	〃	〃
1163	「日下マ首吉事」	首	〃
1172	「岡田臣姪	臣	〃
1174	白鳥村主牛養	村主	〃
1175	□門連薬」	連	〃
1176	「高志史□	史	〃
1182	「坂本臣刀良□	臣	〃
1211	□朝臣刀自女	朝臣	遺構編
1212	宿□〔禰カ〕	宿禰	〃

あった。したがって、姓を記さない人名がみえる点は、省略しても問題のない、換言すれば記載方式に規制のかかっていない状況が推定される。つまり、名前を特定の人物にみせるのではなく、信仰行為として自発的に記したと考えられるのである。それに対して、原則的に姓を記す武蔵国分寺や上神主・茂原官衙遺跡は、正確に人名を記載することにより、その人物を把握する目的のあったことが想定でき、必要に迫られた強制的な記名であったとみられる。

また土塔や山崎院跡の瓦にみえる人名には、カバネ姓が多く含まれているのに対し、武蔵国分寺や上神主・茂原官衙遺跡の場合は大半が部姓者である。このことも、それぞれの記名者の階層差を示すものであり（地域差とも関わる）、前者が自発的な記名であったのに対し、後者が強制的な記名であったことと対応するように思われる。

次に女性名の有無について注目すると、土塔や山崎院跡の人名瓦には女性名が多くみられる。このことは、人名瓦の記名者が律令に規定された税制にもとづく瓦の負担者でなかったことを示すと考えられる。一方、女性名のほとんどみられない武蔵国分寺や

1216	原椋	椋人	〃
1299	女犬甘宿	宿禰	〃
1300	□〔紀カ〕朝臣□	朝臣	〃

〔凡例〕
・出典は『史跡土塔―文字瓦聚成―』（堺市教育委員会、二〇〇四年）、『史跡土塔―遺構編―』（堺市教育委員会、二〇〇七年）による。
・右記報告書で「無姓」に分類されているものと、表6によってカバネ姓と判断したもの（網掛け部分）を掲出した。
・同名で複数枚記入した人物は一名と数える。
・「　」は前後に文字が続かないことを示す。
・×は前後に文字の続くことが推定されるが、割損等により文字が失われていることを示す。
・No.1144～1176は参考資料である。

上神主・茂原官衙遺跡の文字瓦の人名は、課口に対する賦課を意味する可能性があろう。

女性名とともに、注目したいのが法名（僧尼等）の有無である。土塔のほかに、知識寺院としての性格が想定される山崎院跡でも法名がみられる。それに対して、官衙遺跡である上神主・茂原官衙遺跡に法名がみえないのは当然のことと考えられるが、武蔵国分寺にも人名瓦の数の割にそれがみえない。法名を刻んだ瓦の存在は、人名瓦の記名者が律令に規定された税の負担者でないことを示すものである。

また法名の有無と対応するように、土塔や山崎院跡では信仰の様相がうかがわれる文字瓦がある。たとえば土塔からは「為父」（No.一〇七二）、山崎院跡からは「父母為」(45)などの追善供養の願文とみられる銘文をもつ文字瓦がみられる。また、土塔の文字瓦にみえる「三練奉」（No.一〇八五）、「三練」（No.一二九二）は仏教用語の「三練磨」との関わりが想定できる。行基が元興寺で学んだ唯識論は、『摂大乗論釈』に依拠する摂論宗系の唯識学であったと推定されているが(46)、その『摂大乗論釈』にも「三練磨」の語が数箇所みえるので、それと関わる可能性もあろう。このような願文など信仰を示す銘文や、僧尼名を刻んだ瓦とともに出土する人名瓦は、ともに信仰に関わる可能性が高いといえよう。これらの点からも、瓦への記名は名前をみせることよりも、名前を記す行為そのものに意義があったと考えられる。他方、武蔵国分寺や上神主・茂原官衙遺跡にみえる文字瓦からは信仰の様相はうかがわれない(47)。

表８　土塔人名瓦におけるカバネ集計

カバネ			数	%
八色姓	忌寸以上	朝臣	5	5.2
		宿禰	10	10.4
		忌寸	2	2.0
		伊美吉	3	3.1
	それ以外	臣	11	11.4
		連	25	26.0
それ以外		君	6	6.2
		公	2	2.0
		直	4	4.1
		造	6	6.2
		史	8	8.3
		首	4	4.1
		村主	6	6.2
		倉人	2	2.0
		椋人	1	1.0
		調使	1	1.0
合　計			96	

〔凡例〕
- 表７をもとに確定できるカバネを人物ごとに集計した.
- 推定したカバネ（不確実なもの）は除外した.
- 同名で複数枚記入した人物は１人と数える.

以上、人名瓦を中心に各遺跡の文字瓦を比較検討してきた。比較検討の結果、土塔と山崎院跡の文字瓦は女性名や僧尼名が含まれ、願文もともなうことから、人名瓦は信仰上の目的で記名された知識瓦であったと思われる。他方、武蔵国分寺や上神主・茂原官衙遺跡の文字瓦は、人名を記す点のみが土塔や山崎院跡の例と類似しているが、女性・法名のみられない点や願文がみられない点においては、仏教信仰的な要素がうかがわれない。記名が仏教信仰にもとづくものであることを示す一つの指標としては、土塔や山崎院跡に共通してみられる法名や願文を記した文字瓦をともなうことがあげられる。記名が仏教信仰にもとづくものであれば、それを指導する僧尼や優婆塞（夷）等の仏道修行者の存在が当然想定されるし、願文であれば造営事業に参加した目的が瓦にそのまま刻まれることとなる。女性名・法名が多数存在すること、願文を記した瓦があること、姓を省略することは、工程管理上の必要性から人名の把握を目的としたものではなく、信仰を実践する一環として記名されたことを示すものといえよう。

五　大野寺の「大檀越」

以上、土塔から出土した人名瓦の記名者の大半は中下級官人を輩出し得る氏族で構成されており、信仰行為の実践として記名されたことを推定した。では、これらの人々は、どのようにして結集したのであろうか。この点については、知識活動の主導者が問題となろう。この問題と関わって、土塔の知識における「大檀越」をめぐる議論がある。

文字瓦にみえる人数を氏族単位でみてみると、もっとも多いのは土師（宿禰）氏で、七名分ある。そこから岩宮のように、土師氏を「大檀越」とみる見解がある。(48) 吉田靖雄も、大野寺は土師氏の氏寺でなく、行基に結縁する知識たちの寺であったが、土師（宿禰・連）氏が大野寺の「大檀越」であったと指摘している。(49) また近藤も、土塔という建造物が土を盛り上げて造営するという特殊な構造物であり、それにはその土木技術をもつ土師氏の存在は知識集団のなかでももっとも大きな影響力をもったとみる。(50) そして北條勝貴は、『行基年譜』の「天平十三年記」において、土師郷に土室池・長土池が記され、大野寺との関係が想定されるが、それによる農業生産の拡大でもっとも利益をこうむるのは土師氏であるとして、土塔造営事業に土師氏が中心的な檀越となったと推測している。(51)

一方で栄原永遠男は、①族縁的関係で理解すると、和泉・摂津・河内の諸国にまたがって土師氏の族縁的関係が作用して「知識」が形成されたとは考えられず、また②地縁的関係で理解すると、土師氏を含む地縁的関係が、和泉国全体、あるいは摂津・河内まで広がっていたはずがないという点から、土師氏が「知識」の中心的氏族ないしは「大檀越」であったとは考えがたいとする。(52)

さて、檀越とはその寺や僧、あるいは事業に対する責任者であった。(53) 知識は仏に結縁しようとする同信同行の集団であって、俗的な身分は無関係であるという論理のうえでは、土師氏が檀越として呼びかけをおこない、地縁・血縁のない氏族が応じることもあり得ることである。また、知識結を呼びかけるさまざまな檀越たちが多数いて、その筆頭が「大檀越」であるならば、土師氏が「大檀越」であっても不思議はない。人名瓦の出土点数や土塔の立地、土を盛った建造物としての性格などからして、技術力・労働力の提供などの面で土師氏の事業に従事する度合いが他氏族よりも相対的に大きかったことは認めてよいだろう。一方、全知識に対して直接に結集を呼びかける存在が「大檀越」だとすれば、それに土師氏が該当するとは考えにくい。議論を整理するためには、まず「大檀越」とはいかなる存在かを明らかにしておく必要がある。

八世紀前半における「大檀越」の実例としては、天平二年（七三〇）に和泉監大鳥郡日部郷で書写された「瑜伽師地論」（いわゆる「和泉監知識経」）の跋語をあげることができる。

【史料3】天平二年「瑜伽師地論」巻二十六跋語

書写　石津連大足

和泉監大鳥郡日部郷天平二年歳次庚午九月書写奉

大檀越　優婆塞練信
　　　　従七位下大領勲十二等日下部首名麻呂　　惣知識七百九人男二百七十六
　　　　　　　　　　　　　　　　　　　　　　　　　　　　　女四百卅三

右には「惣知識七百九人」を率いて書写事業を主導した「大檀越」として優婆塞練信と従七位下大領勲十二等日下部首名麻呂の名がみえる。練信と日下部首名麻呂については、別人とみる考え方と、同一人物とみる考え方があるが、[54][55]一応前者に従っておきたい。「大檀越」とは、「大いなる檀越」の意で檀越の単なる尊称なのであろうか。それとも、ほかと区別される特別な檀越なのであろうか。ここで留意したいのは、「大檀越」が練信や日下部首名麻呂という個人単位だという点である。「大檀越」のほかにも、写経事業の責任者として檀越が複数人存在したことが想定される。おそらく、名麻呂の一族である日下部首の氏人が何人か檀越となっていたのであろう。

かかる「大檀越」と檀越の関係は、『日本霊異記』下巻第六縁からもうかがわれる。それによると、吉野山にあった山寺（海部峯）に三人の檀越がおり、そのうちの一人が「俗大檀越」になったという。ここで留意されるのは、檀越が複数人おり、そのうちの一人が「大檀越」となっている点である。また、「大檀越」に『俗」の字が冠されている点も留意される。このことは、「俗」でない「大檀越」の存在も示唆しよう。つまり、「俗大檀越」が、仏道を修める「大檀越」すなわち優婆塞（夷）と併存する場合もあり得たのではなかろうか。そのように考えるならば、「和泉監知識経」にみえる練信と名麻呂は別人とみてよく、後者が「俗大檀越」に該当するものと考えられる。

ここで重要なのは、俗人とともに仏道修行者が「大檀越」となっている点である。『日本霊異記』下巻第六縁の場合は史料上みえないが、「和泉監知識経」では大鳥郡大領である日下部首名麻呂とともに、優婆塞である練信が「大檀越」となっている。薗田によると、知識が成り立つためには能化（宗教的契機）と所化（社会的契機）が不可欠の要素であったが、檀越は知識において能化と所化の両方の側に属する存在であった[56]。また松本信道は、奈良時代の優婆塞（夷）が民衆の現世利益的あるいは祖先崇拝的な宗教的欲求を満たすための仏事を修するシャーマニスティックな役割の一端を担っていたことや、知識集団の形成過程において勧進者的役割を担っていたことを指摘している[57]。「和泉監知識経」の場合は、大領である日下部首名麻呂が権力的側面から、優婆塞練信が信仰的側面から知識の結集を勧奨したことが考えられる。仮に両者が同一人物であったとしても、一人で権力的側面・信仰的側面の両面から知識の結集を図ったとみることができる。いずれにせよ、知識結集の呼びかけをおこなう檀越が複数存在し、そのなかでもとくに有力な者が「大檀越」だとすれば、「大檀越」が単独で知識全体を呼びかける存在であったとする必要はないことになる。

ただし、必ずしもすべての知識に「大檀越」がいたり、有力な檀越が「大檀越」と称したりしたとは限らない点は留意しなければならない。「大檀越」はとくに有力な檀越であるが、あくまで檀越の一員であり、隔絶した存在ではなかったと考えられる。

そのうえで、土塔の知識に「大檀越」がいたとすればどのような人物を想定するのがふさわしいか考えてみたい。まず檀越については複数の人物がいたと想定される。そのなかに土師氏の氏人が含まれていたことは間違いない。複数いた檀越のなかでもとくに有力な者が「大檀越」であるならば、氏族単位でなく、特定の個人を想定すべきであろう。おそらくは大鳥郡に居住した土師氏の首長がそれに該当するのではなかろうか。

また従来は、土師氏が「大檀越」であるか否かという議論がなされてきたが、「和泉監知識経」における優婆塞練信のような「大檀越」としての仏道修行者の存在も想定する必要がある。僧尼が檀越であったとは想定できないが、優婆塞（夷）であれば、法名を名乗っていても檀越になり得るのである。そこで注目されるのが「蓮光」という人物である。土塔からは、「蓮光」の文字を刻んだ瓦が計一六点出土しているが、これは土塔出土の文字瓦のなかでも突出した数量である。このことから、「蓮光」は土塔の造営に関して主導者的な人物であった可能性も指摘されている(58)。ここでは、一人で複数枚の瓦に記名することの意味するところが問題となろう。

土塔において人名瓦の記名は一人一枚が基本である。しかし一人で数枚書く場合もあるが、その場合は枚数が突出していることが多い。瓦の記名枚数が任意であった可能性もあろうが、それぞれの人物が任意の枚数に記名した様相はうかがわれない。したがって基本を逸脱して複数枚書く人名は、一枚しか書かない人名との間に何らかの差が存在した可能性を考慮する必要がある。とくに一六枚も出土している「蓮光」は、土塔の造営に関して特別な存在であったと考えざるを得ない。したがって「蓮光」が土塔造営の「大檀越」であった可能性も考えられるのである。「和泉監知識経」では優婆塞練信と日下部首名麻呂が「大檀越」であったが、土塔の知識に「大檀越」がいたとすれば、

「蓮光」が仏道修行者でない俗人―大鳥郡に居住した土師氏の首長の可能性が高い―とともに「大檀越」となって、知識参加の呼びかけの中心的役割を果たしたのではないだろうか。ただし、知識に必ず「大檀越」がいたとも限らないので、檀越の中心的人物と置き換えて理解しておきたい。

「蓮光」の名を刻んだ瓦の枚数が突出していることや、「和泉監知識経」のように優婆塞が「大檀越」となっている点を勘案すると、「蓮光」が優婆塞（夷）であり、大野寺の「大檀越」であった可能性も考えられる。「蓮光」が優婆塞（夷）であったか出家者であったかは明らかでないが、この人物が信仰的側面から知識の結集を促したとすれば、土師氏の俗人が「大檀越」であったとしても土塔の知識全体を動員したと想定する必要はない。檀越は、仏道修行者と俗人のそれぞれがもつ宗教的な性格や、血縁・地縁といった俗的な人的関係を媒介にして、相互に補完しあうことで知識結集を呼びかけたものと考えられる。そのような複数いる檀越たちのなかのとくに有力なものが「大檀越」であるならば、土師氏の一人を「大檀越」と考えても差し支えはないだろう。なお、「蓮光」が土師氏出身の優婆塞（夷）あるいは僧であった可能性も考えておく必要がある。

また単純に、人名瓦の枚数の多さが土塔の造営や修造における位置の重要性を示すとすれば、矢田部連田々禰古と矢田部連龍麻呂も、俗人の人名では突出した枚数である。個人単位で考えるならば、この二人も有力な檀越の一員であった可能性を考慮する必要がある。ただ、土師氏の氏人が檀越となっており、そのなかでとくに有力なものが「大檀越」であるならば、それに該当する人物としては、大鳥郡に居住した土師氏の首長を想定するのが穏当であろう。

おわりに

本章では土塔から出土した文字瓦のうち、大半を占める人名瓦について記名の意味を確認したうえで、そこから知られる知識の性格や「大檀越」をめぐって基礎的な考察を加えた。論じた点をまとめておく。

① 大野寺土塔の文字瓦にみえる人々は、必ずしも造寺に直接労役奉仕したとは限らず、財物の提供や他人を動員するといったさまざまな知識の参加形態が想定される。

② 土塔の文字瓦にみえる姓やカバネを記さない人名は、単にそれらを省略したにすぎず、俗名の記名者の大半は渡来系を含む、中下級官人層を輩出し得る氏族で占められていた。

③ 土塔の文字瓦の姓やカバネを記さない人名は、知識に民衆層が参加していたことを示すものではなく、記載方式に規制のかかっていない状況下において信仰行為の実践として瓦に記名したことを示している。

④ 土師氏が土塔造営における檀越の中心となっていたと考えられるが、そのなかでもとくに有力な「大檀越」がいたとすれば、大鳥郡に居住した土師氏の首長が該当する可能性が高い。また「蓮光」などの法名を有する仏道修行者も知識活動を主導したことが想定でき、優婆塞（夷）であれば、「大檀越」であった可能性もある。

従来、土塔の事例は知識の典型例と目され、多様な民衆で構成されるものとみられてきた。しかし文字瓦にみえる人名からは、中下級官人を輩出し得る地域の有力者たちが結集した様相がうかがわれる。行基集団ないしは行基の活動に、豪族層の参加・支持があったことはすでに指摘されているところであるが(59)、本章における土塔の文字瓦からの考察の結果はそれを裏づけるものといえよう。

註

（1）薗田香融「古代仏教における宗派性の起原」（『平安仏教の研究』所収、法蔵館、一九八一年、初出は一九七二年）。

（2）中井真孝「共同体と仏教」（『日本古代仏教制度史の研究』所収、法蔵館、一九九一年、初出は一九七四年）。

（3）中村明蔵「奈良時代の民衆仏教についての一考察―僧・檀越・知識を中心に―」（『続日本紀研究』六―一二、一九七五年）。

（4）石母田正「国家と行基と人民」（『石母田正著作集　三　日本の古代国家』所収、岩波書店、一九八九年、初出は一九七三年）。

（5）古尾谷知浩「文字瓦と知識」（『文献史料・物質資料と古代史研究』所収、塙書房、二〇一〇年、初出は二〇〇七年）。

（6）竹内亮「古代の造寺と社会」（『日本史研究』五九五、二〇一二年）。

（7）『史跡土塔―文字瓦聚成―』（堺市教育委員会、二〇〇四年）、『史跡土塔―遺構編―』（堺市教育委員会、二〇〇七年）。とくに断らない限り、本書で用いる土塔の文字瓦および参考資料のNo.はこれらの報告書による。

（8）石母田正「国家と行基と人民」（前掲註（4）論文）。

（9）行基とその弟子は養老元年詔（『続日本紀』養老元年〈七一七〉四月壬辰〈二十三日〉条）にみえるように「朋党」を形成し、各地を周遊していたが（狭義の行基集団）、本章では各地で行基のおこなう活動に参加・協力した人々を広く行基集団と定義する（広義の行基集団）。その具体的な構造については本書第二部第四章を参照。

（10）起工年について『行基年譜』写本は「神亀五年」と記すが、聖武天皇四年が丁卯年に該当するので、「神亀四年」の誤写と考えられる。

（11）『史跡土塔―文字瓦聚成―』（前掲註（7）報告書）。

（12）近藤康司「大野寺跡・土塔の考古学的検討」（『行基と知識集団の考古学』所収、清文堂出版、二〇一四年、引用部分の初出は二〇〇七年）。

（13）近藤康司「大野寺跡・土塔の考古学的検討」（前掲註（12）論文、引用部分の初出は二〇〇四年）。

（14）岩宮未地子「文字瓦の分析と考察」（『史跡土塔―文字瓦聚成―』〈前掲註（7）報告書〉所収）。

（15）溝口優樹「大野寺土塔と瓦生産」（『日本古代の生産と記銘』所収、科研成果報告書、二〇一五年）。

（16）森浩一「大野寺の土塔と人名瓦について」（『文化史学』一三、一九五七年）、井上薫『行基』（吉川弘文館、一九五九年）。

（17）東野治之「土塔の文字瓦」（『史跡土塔―文字瓦聚成―』〈前掲註（7）報告書〉所収）。

(18) 清水みき「知識と文字瓦」(平川南他編『文字と古代日本 四 神仏と文字』所収、吉川弘文館、二〇〇五年)。
(19) 岩宮未地子「文字瓦の分析と考察」(前掲註(14)論文)。
(20) 東野治之「土塔の文字瓦」(前掲註(17)論文)。
(21) 竹内理三「檀越と知識」『竹内理三著作集 一 奈良時代に於ける寺院経済の研究』所収、角川書店、一九九八年、初出は一九三一年)。
(22) 森浩一「大野寺の土塔と人名瓦について」(前掲註(16)論文)。
(23) 近藤康司「大野寺跡・土塔の考古学的検討」(前掲註(12)論文)。
(24) 岩宮未地子「文字瓦の分析と考察」(前掲註(14)論文)。
(25) 加藤晃「我が国における姓の成立について」(坂本太郎博士古稀記念会編『続日本古代史論集 上』所収、吉川弘文館、一九七二年)。
(26) 義江明子「律令制下の公民の姓秩序」(『史学雑誌』八四—一二、一九七五年)。
(27) 大鳥郡を例にあげるならば、日下部首—日下部や、土師宿禰—土師連といった例を指摘することができる。
(28) 平野邦雄「八世紀の「無姓」の農民」(『大化前代社会組織の研究』所収、吉川弘文館、一九六九年)。
(29) 『上三川町埋蔵文化財調査報告第二七集　宇都宮市埋蔵文化財調査報告第四七集　上神主・茂原官衙遺跡』(上三川町教育委員会・宇都宮市教育委員会、二〇〇三年)。
(30) 東野治之「備後宮の前廃寺出土の文字瓦」(『日本古代木簡の研究』所収、塙書房、一九八三年、初出は一九八〇年)。
(31) 清水みき「知識と文字瓦」(前掲註(18)論文)。
(32) 柴垣勇夫「伝・陶邑窯出土の文字瓦資料について」(『愛知県陶磁資料館研究紀要』一二、一九九三年)。
(33) 義江明子「律令制下の公民の姓秩序」(前掲註(26)論文)。
(34) 清水みき「知識と文字瓦」(前掲註(18)論文)。
(35) 姓を省略する場合、基本的には一字めを記すと考えられるので、「鳥連」は岩宮も指摘するとおり鳥取連の省略である可能性が高い。なお参考に、遣唐使の場合をあげると、入唐などにあたって日本のウヂナと名を三字表記の姓と字の唐名に変える際、差し障りのない限り姓は日本名の一字めを使うことが多いとされる(鈴木靖民「中国西安の日本遣唐使墓誌と墓主井真成」(『東アジアの古代文化』一二三、二〇〇五年〉)。

(36) 岩宮未地子「文字瓦の分析と考察」〈前掲註(14)論文〉。

(37) 『大山崎町埋蔵文化財調査報告書 第二五集 山城国府跡第五四次発掘調査報告』(大山崎町教育委員会、二〇〇二年)。

(38) 直木孝次郎「人制の研究」(『日本古代国家の構造』所収、青木書店、一九五八年)。

(39) 『大山崎町埋蔵文化財調査報告書 第七集 山城国府跡の発掘—山城国府跡第二〇次発掘調査略報—』(大山崎町教育委員会、一九九〇年)、『大山崎町埋蔵文化財調査報告書 第二五集 山城国府跡第五四次発掘調査報告』〈前掲註(37)報告書〉。

(40) 近藤康司「考古学からみた知識」(『行基と知識集団の考古学』〈前掲註(12)書〉所収、引用部分の初出は二〇〇七年)、同「山崎院出土人名瓦からみた行基集団の動向」(同前書所収、初出は二〇一三年)。

(41) 大川清『武蔵国分寺古瓦塼文字考』(小宮山書店、一九五八年)、同「武蔵国分寺創建時の造瓦組織」(大川清先生著作集刊行会編『大川清 歴史考古学選集』所収、六一書房、二〇〇九年、初出は一九九五年)、有吉重蔵「武蔵国分寺・武蔵国府」(日本考古学協会第六六回総会・国士舘大学大会実行委員会編『文字瓦と考古学』所収、二〇〇〇年)。

(42) 大川清『武蔵国分寺古瓦塼文字考』〈前掲註(41)書〉、同「武蔵国分寺創建時の造瓦組織」〈前掲註(41)論文〉。

(43) 『上三川町埋蔵文化財調査報告第二七集 宇都宮市埋蔵文化財調査報告第四七集 上神主・茂原官衙遺跡』〈前掲註(29)報告書〉、山中敏史「上神主・茂原官衙遺跡の倉庫群をめぐって」(栃木県考古学会シンポジウム実行委員会編『栃木県考古学会シンポジウム 上神主・茂原官衙遺跡の諸問題』所収、栃木県考古学会、二〇〇七年)、鈴木知子「上神主・茂原官衙遺跡の人名文字瓦」(『明治大学古代学研究所紀要』七、二〇〇八年)。

(44) 田熊清彦「文字瓦の特徴と意味」(『上三川町埋蔵文化財調査報告第二七集 宇都宮市埋蔵文化財調査報告第四七集 上神主・茂原官衙遺跡』〈前掲註(29)報告書〉所収)。

(45) 第二〇次調査№二(『大山崎町埋蔵文化財調査報告書 第七集 山城国府跡の発掘—山城国府跡第二〇次発掘調査略報—』〈前掲註(39)報告書〉)。

(46) 吉田靖雄「行基の信仰・思想の背景と所依の経典」(井上薫編『行基事典』所収、国書刊行会、一九九七年)。

(47) ただし、文字瓦は瓦自体に記銘して進上することに意味があるとする古尾谷知浩「文字瓦と知識」〈前掲註(5)論文〉の指摘は留意される。人名瓦には記名者の意思とは関係なく、信仰的意味合いをもたされていた可能性があるかもしれないが、地名を記した文字瓦と併せて検討する必要があろう。
(48) 岩宮未地子「文字瓦の分析と考察」（前掲註(14)論文）。
(49) 吉田靖雄「行基集団と和泉国」（町田章・鬼頭清明編『新版古代の日本　六　近畿Ⅱ』所収、角川書店、一九九一年）。
(50) 近藤康司「大野寺跡・土塔の考古学的検討」（前掲註(12)論文）。
(51) 北條勝貴「行基と技術者集団」（『行基事典』〈前掲註(46)書〉所収）。
(52) 栄原永遠男「大野寺の土塔の知識」（『和泉市史紀要』一一、二〇〇六年）。
(53) 竹内理三「檀越と知識」（前掲註(21)論文）。
(54) 長山泰孝「行基の布教と豪族」（『律令負担体系の研究』所収、塙書房、一九七六年、初出は一九七一年）、井上薫「郡寺と国分寺」（坂本太郎博士還暦記念会古稀記念会編『続日本古代史論集　上』所収、吉川弘文館、一九七二年）、中井真孝「共同体と仏教」（前掲註(2)論文）など。
(55) 薗田香融「古代仏教における宗派性の起原」（前掲註(1)論文）、竹内亮「智識寺小考」（『奈良女子大学二一世紀COEプログラム報告集二四　古代都市とその思想』二〇〇九年）、角田洋子「行基集団と『瑜伽師地論』―『瑜伽師地論』伝来の意味―」（『専修史学』五四、二〇一三年）など。
(56) 薗田香融「古代仏教における宗派性の起原」（前掲註(1)論文）。
(57) 松本信道「奈良時代の優婆塞・優婆夷に関する一考察―特に知識集団との関連について―」（『駒沢史学』二六、一九七九年）。
(58) 岩宮未地子「文字瓦の分析と考察」（前掲註(14)論文）、近藤康司「大野寺跡・土塔の考古学的検討」（前掲註(12)論文）。
(59) 井上光貞「行基年譜、特に天平十三年記の研究」（『井上光貞著作集　二　日本古代思想史の研究』所収、岩波書店、一九八六年、初出は一九六九年）、長山泰孝「行基の布教と豪族」（前掲註(54)論文）、栄原永遠男「行基と三世一身法」（平岡定海・中井真孝編『行基・鑑真』所収、吉川弘文館、一九八三年、初出は一九七二年）など。

第二章　大野寺土塔出土の「司解」銘瓦

はじめに

第一章では、大野寺の土塔から出土した文字瓦より知られる知識について考察をおこなった。考察の対象とした一二〇〇点を超える土塔の文字瓦のうち、その大半は人名を記したものである。その一方で少数ではあるが、人名以外の内容を記した文字瓦も確認されており、報告書は人名以外の文字瓦を①追善供養、②年紀、③文章、④製作関係・数字、⑤地名・寺名、⑥その他・不明に分類している。[1]

本章では、そのうち「文章」に分類されている「司解」と記された文字瓦についてとりあげたい（図3・4）。管見の限りこの文字瓦に注目した研究はないが、「司解」という銘文は何らかの官司の解（上申文書）を刻んだものである可能性があり、土塔の造営体制、ひいては行基集団の実態を解明するうえで重要な史料的価値を有するものと思われる。そこで、この資料について分析、考察を試みたい。

一　「司解」銘瓦の概要

まずは「司解」銘瓦について、報告書に従って概要を確認しておきたい。この瓦は、土塔北西部の二層の遺構面（一二次調査4―2地区）から出土している。製作技法は丸瓦I―1（粘土板模骨巻き、縄たたき）に分類されており、創建期（神亀四年頃）の瓦として年代が求められている。その凸面にへラ書きの文字が刻まれており、報告書は以下のように釈読している。

【史料1】　土塔文字瓦№一〇八八

［　　］

□司解」

資料は破片であるが、角の部分が遺っていることから左下部分（凸面を表、狭端部を上とみた場合）と推定でき、縦・横の長さはともに完形の半分程度であるとみられる。文字はやや崩れた字形であるが、木簡など古代史料にみえる「司」「解」の文字と比較してみても似た字形が確認できる（図5）。資料を実見すると、「司」字には一画目に繋がるように上部から右下にかけて線刻のようなものがみられるが、「丁」とは隙間があり完全には繋がっていないようにみえる。また、この線刻のようなものは「司解」という文字の彫りよりも浅く、意図的に刻んだものではないと思われる。さらに瓦の右側にも線刻があり、「司解」の文字と同様にヘラを用いた刻書と考えられるが、判読は困難である。いずれにしても、全画が遺されている両字を報告書のとおり「司解」と判読することには問題がない。すると、「司」と「解」の両字が縦に並んでいる点が留意されよう。古代の文書でこの両字が並ぶ文書形式としては解《げ》が

図4　文字部分拡大

図3　土塔出土「司解」銘瓦

ある。

解は下級の役所から上級の役所に提出される文書の様式であるが、差出人や受取人が個人である場合もあった[2]。解の例は数多くあるが、たとえば「志摩国司解　申神亀六年輸庸事[3]」や「□□〔国嶋カ〕上□〔郡カ〕司解[4]」等のように記される。「司解」銘瓦の場合、文章は瓦に書かれているが、「司」と「解」の二字が並んでいるのは偶然ではなく、このような解の形式をとった文書の一部であると考えられる。また、「司解」とあるから、差出人は何らかの官司であろう。以上の点から、土塔出土「司

図5　「司」「解」の字形（奈良文化財研究所編『日本古代木簡字典』八木書店，2008より）

解」銘瓦は某司の解を瓦に刻んだものと考えることができる。

二　解を記した瓦・塼の類例

土塔出土「司解」銘瓦は、某司の解を刻んだ瓦であると考えられるが、解を瓦や塼に刻む例はほかにも存在する。その一つが東京都国分寺市武蔵国分寺跡出土の「解文瓦」である。この瓦は石村亮司によって紹介されて以来(5)、武蔵国分寺の造瓦体制の一端がうかがわれる重要な資料として注目されてきたが(6)、最近鮮明な写真が公開され、釈読し直されている(7)。

【史料2】武蔵国分寺跡出土「解文瓦」

「秩父郡瓦長解　申

右件瓦且進運

申以解

」

瓦に刻まれた文章の内容は、秩父郡の瓦生産責任者とみられる「秩父郡瓦長」が何らかの官司に宛てた解であるとみられる。この瓦について佐藤信は、貢進する瓦そのものに直接貢進の旨を示す解文の文書を記すことがあったと推測する(8)。文章の内容からして、文字が刻まれてから葺かれるまでの間に、実際に文書としての機能を果たした可能性があるといえる。記銘が、焼け損じの生じる可能性がある生瓦の段階になされたことを踏まえると、仮にこの銘文が文書として機能したとするならば、それは焼成前の段階においてであろう。

さらに、武蔵国分寺の瓦供給元の一つである東京都稲城市瓦谷戸窯跡からも、解の形式をとる文章が刻まれた塼が出土している。(9)

【史料3】瓦谷戸窯跡出土「解文塼」

蒲田郷長謹解申

武蔵国荏原郡

文章の内容は、荏原郡蒲田郷長を差出人とする解とみられるが、文書の具体的な内容、用件は不明である。佐藤は、解文の文章としての不足（貢進物などの記載を欠く）があり、習書の可能性もあるが、貢進する塼そのものに直接貢進の旨を解文的文言で記したものである可能性も残り得るとする。(10)ただ、瓦谷戸窯跡出土「解文塼」の場合は窯から出土しており、仮に授受を前提として文章が記されたとしても、少なくとも結果的には貢進の旨を伝える機能を果たしたとは考えがたい。また、このほかにも瓦谷戸窯跡では、「解」等の文字を習書した瓦が確認されており、(11)塼に解の文言を習書する事例があったことは確実である。しかし瓦や塼に刻まれた解的文言が習書であっても、かかる習書がおこなわれる前提として、官司が瓦や塼の製作に関連して解を作成していたことが考えられる。要するに官司の解を記した瓦は、それが習書であろうが、あるいは文書として機能するものであろうが、官司が解を作成しようとしなければ存在し得ないのである。

以上のように、文書としての機能については問題があるが、習書の可能性があるものも含めて解が記される瓦や塼には類例があり、土塔出土「司解」銘瓦が解を刻んだものであってもとくに不思議ではないといえる。

三　土塔出土「司解」銘瓦の史料的性格

ここでは、「司解」銘瓦の有する史料的性格について検討したい。「司解」銘瓦が製作された時期は土塔の創建期に比定されるが、大野寺の近辺で創建期の瓦を焼成した窯が検出されている[12]。ここで焼成された瓦は、そのまま土塔まで運ばれ、葺かれたものと想定される。近藤康司によると、土塔の文字瓦は特定の型式の瓦にだけ記銘するのではなく、各工人が製作する瓦にランダムに記銘されていることから、瓦の記銘者たちは瓦の製作工房に出向き、適宜各工人の下へ赴き瓦に記銘したという状況が想定されるという[13]。そうだとすると、土塔の瓦は製作されてから葺かれるまで、工人ないしは造営作業従事者の管理下に置かれていた（作業工程上にあった）ことになる。つまり、記銘者のもとに完成した瓦が納入されたのではないのである。

したがって、瓦に刻まれた文字をみることができるのは、瓦工人と瓦を土塔まで運搬する人・葺く人、あるいはそれを指揮する人ということになる。実際に、そのような人にみせることを意図したとみられる文字瓦も存在する。たとえば「第四竈十月十日」（No.一〇九三）、「□千四百四十入」（No.一〇九四）、「□煙一千五百□〔作ヵ〕」（No.一〇九五）など、瓦焼成等の生産管理に関わるとみられる文字瓦も検出されており、これらは記銘されてから葺かれるまでの工程上、おそらくは焼成までの段階において機能したと考えられる。

一方で人名瓦の場合は、製作過程で記銘部分が半裁されたり潰されたりしていても構わず使用されていることなどから、記名することに意義があるのであり、記名者はその後の状態については意識していなかったとみられている[14]。つまり人名を記した瓦は、瓦工人や造営作業従事者（瓦を運ぶ・葺く人等）にみせることは想定されていなかったのである。このように土塔の文字瓦には、刻んだ文字を人にみせることを想定したものと、そうでないものが存在したことになる。「司解」銘瓦については、そのいずれに属するかという点が問題となる。

そこで、この瓦が実際に文書として機能したのかを検討したい。まず文字に注目すると、「解」の前が「謹」や「以」ではない点から、書き止めの部分ではなく書き始めの部分に該当すると推測される。そうだとすれば、「司解」字の上部には特定の官司名が入ると想定でき、右側に文章が記されていた可能性は低くなる。また「司解」銘瓦の破片の長さは完形のおよそ半分程度と推測されるから、官司名の上部にさらに文字があった可能性は低いだろう。一方、「司解」と刻まれた位置に注目すると、この二文字は丸瓦凸面の左下の隅に位置しており、その後に文章が続かなかったと考えられる。したがって、全文は官司名+解といった内容しか書かれていなかったと推定できる。

以上のような文章の内容からすると、瓦そのものは文書としての機能を果たさなかった可能性が高い。そうだとすれば、①何らかの官司が作製した解の一部を瓦に書写した可能性や、②文書として機能しないことを前提として瓦に解を刻んだ可能性、③解の作成者自身が習書をした可能性などが想定し得る。①②については、人名瓦と同様に、人にみせない文字をあえて瓦に文字を刻んだことになる。この場合は、信仰行為として解を瓦に刻んだ可能性があろう。

一方、瓦谷戸窯跡出土「解文塼」について、文章としての不足があっても、貢進の旨を解文的文言で記したものだった可能性も残り得るとする佐藤の指摘も留意される。土塔の文字瓦の場合、記された人名はその瓦の貢進を意味するのではなく、結縁を意味するものであった[15]。よって、仮に文章としての不足がある「司解」の銘文に何らかの意味が込められていたとすれば、それは結縁を意味するものであろう。つまり、何らかの「司」が結縁の証しとして解の文言を瓦に刻んだことになる。以上、「司解」銘瓦の史料的性格について分析を試みたが、その記銘目的については複数の可能性が想定できるので、現状では判断が難しい。

四　想定し得る官司

本章でとりあげている「司解」銘瓦が某司の解であるならば、それはどの官司に該当するのであろうか。まずは状況証拠から、「司」について検討したい。

可能性の一つとして、第一に想定し得るのが郡司である。表9は八世紀における和泉国（監）内の郡司の一覧であるが、土塔の人名瓦には、郡領氏族とみられる人名が数点存在する（表10）[16]。また、土塔から出土した人名瓦にはみられないが、『日本霊異記』には和泉郡大領血沼県主倭麻呂が出家して信厳と称し、行基に従ったとする説話が載せられている（中巻第二縁）。説話の内容はおくとしても、天平十年「和泉監正税帳」に「少領外従七位下珍県主倭麻呂」の名がみえているので、彼の実在性は認められる。これらのことから、郡領氏族の出身者が行基の活動、さらには土塔の造営に参加したことは確実であり、郡領自身が土塔の知識に参加したことも十分に考えられる。したがって、文字瓦にみえる「司」は郡司に該当する可能性が指摘できる。ただし、血沼県主倭麻呂の場合は『日本霊異記』の記載によると、官位を捨てて出家しており、郡領に在任したまま行基の活動に参加したわけではないので留意が必要である。

「司」の候補として、第二に想定し得るのが諸陵司である。大野寺は大鳥郡土師郷域に所在し、土塔からは土師氏の名を刻んだ文字瓦が人数としては最多となる七点・七名分出土している[17]。これらの点などから、土塔の造営にあたって土師氏が大きな役割を果たしたことが想定されている[18]。土師氏は土器生産とともに王権・国家の喪葬を職掌とする氏族であり[19]、また律令制下では諸陵寮（天平元年以前は諸陵司）の官人を多く輩出している（表11）。このほかにも、

表9　8世紀における和泉国（監）の郡司

人　　名	郡	官職	在任が確認される時期	出　　典
大鳥床嶋	大鳥	擬少領	慶雲3年～和銅元年	「大鳥太神宮幷神鳳寺縁起帳」
		大領	和銅元年～霊亀2年	〃
大鳥何理彼	〃	少領	霊亀2年～天平12年の間	〃
日下部首名麻呂	〃	大領	天平2年	天平2年「瑜伽師地論」巻26跋語
土師宿禰広浜	〃	主政	天平4～9年	天平10年「和泉監正税帳」
珍県主深麻呂	和泉	主帳	天平5年	〃
珍(血沼)県主倭麻呂	〃	少領	天平9～10年	〃
		大領		『日本霊異記』中巻2
別君豊麻呂	日根	少領	天平9年	天平10年「和泉監正税帳」
日根造五百足	〃	擬主帳	天平9～10年	〃
日根造玉纏	〃	大領	天平8年	〃

•「和泉監正税帳」にみえる郡司については井上薫「和泉監正税帳の復原をめぐって」（『奈良朝仏教史の研究』（第二版）吉川弘文館，1978年，初出は1962年）を参照.

表10　大野寺土塔出土瓦にみえる和泉国（監）郡領氏族の人名

No.	人名	出典	備考
106	「大鳥連津虫女」	文字瓦聚成	創建期
107	大鳥連海□〔長ヵ〕	〃	創建期
1162	「大鳥連和田女」	〃	伝陶邑窯跡群周辺採集(参考資料)
1163	「日下マ〔部〕首吉事」	〃	〃
1214	「日根」	遺構編	創建期

〔凡例〕

• 出典は『史跡土塔—文字瓦聚成—』（堺市教育委員会，2004年），『史跡土塔—遺構編—』（堺市教育委員会，2007年）による.

『令義解』には土師宿禰の「年位高進者」が「大連」、それに次ぐ者が「少連」として「凶礼」を掌ることがみえる（職員令19諸陵司条）。諸陵寮の頭・助に土師氏が任官されることが史料上確認されるのは天平三年（七三一）からであるが、土師氏が諸陵寮（司）の官人に任じられたのは、律令制以前において喪葬を掌る職務を有していたためであると考えられる。したがって、土塔が創建された神亀四年頃も土師氏が諸陵司の官人として活躍していたことが想定できる。

　また、諸陵司は陵墓祭祀などを掌る官司であるが、土塔と先帝の祭祀との関係を想定する説がある。

表11　8世紀の諸陵寮（司）官人

任官年月	頭	助	その他
天平元年(729)8月以前			土師宿禰広庭，土師宿禰国足，土師宿禰大海*1
天平3年(731)6月	土師宿禰千村		
天平5年(733)12月	角朝臣主		
天平9年(737)12月	土師宿禰三目		
天平17年(745)10月			土師宿禰年麻呂（大属），田辺史真上（大允）*2
天平18年(746)8月	土師宿禰牛勝		
神護慶雲2年(768)2月		土師宿禰位	
神護慶雲2年(768)7月	文屋真人子老		
宝亀2年(771)7月	甲賀王	土師宿禰和麻呂	
宝亀8年(777)2月	伊刀王		
延暦4年(785)1月	浅井王		
延暦5年(786)10月	八上王		
延暦10年(791)3月	調使王		
延暦15年(796)10月	大原真人美気		

〔凡例〕
• 出典はとくに断らない限り『続日本紀』による．
〔註〕
＊1　藤原宮跡出土木簡（『木簡研究』13-13）には，土師宿禰広庭ら4名が諸陵司に召されたことがみえる．時期は諸陵司が諸陵寮に昇格する天平元年8月以前に求めることができる．
＊2　「諸陵寮解」（正倉院文書続々修35-5・『大日本古文書』2-471）

吉川真司は土塔から出土した願文が刻まれた須恵質製品に注目し、それに刻まれた「七廟咸登万」や「帝天皇尊霊」等の語句から、その願文に「天皇霊」の追善を願う内容が含まれていたとする。また、「七廟」とは百舌鳥古墳群の天皇陵古墳を指し、伝統的に天皇の喪葬を掌り律令体制下においても諸陵司（寮）の上級官人を輩出している土師氏の祈願が願文に反映された可能性が高いと指摘する。(20)この在銘須恵質製品についてはさらなる検討が必要であると思われるが、吉川の説によるならば、土塔の信仰は先帝への供養という側面も含んでおり、その点では諸陵司の職掌と重なる部分があったことになる。

以上のように、諸陵司の官人として活躍する土師氏が土塔の造営にあたって大きな役割を果たしたと想定されることや、土塔の信仰が先帝への供養を含んでいたとする説があることから、土塔に関与した「司」として諸陵司の可能性が想起されるのである。

ここまで、「司解」銘瓦にみえる「司」に該当する官司として、郡司か諸陵司を想定したが、いずれも状況証拠によるもので断定はできない。そこで、瓦に遺された文字の痕跡から「司」について検討してみる。瓦の凸面を観察すると、「司」字の左上部分に刻書の痕跡がみえる（図6）。先述のように「司解」の文字は丸瓦凸面の左下部分に位置しており、さらに左側に文字があった可能性は低い。したがって、問題の刻書は「司」へと続く文字の残画とみることができる。「司」に続き、なおかつ左下の部分がこの残画のような形になる文字を探してみると、「郡」をあげることができる。「司」字の左上の残画は、崩した「郡」字の左下部分とみることができるのである。文字瓦にみえる官司として、状況証拠からは郡司か諸陵司を想定したが、残画の検討からは郡司のほうの可能性が高いといえよう。ただし、「司」の左上に残されたヘラ書きは文字のごく一部と考えられ、「郡」であると断定することは慎重を要する。

図6 「司」字左上部の残画

五 郡司と土塔の知識

「司解」銘瓦にみえる「司」として、状況証拠と残画の検討から、断定はできないものの、それが郡司である可能性を想定した。「司」が郡司であるとすれば、土塔の知識に郡司が含まれていたことになる。このことが示す歴史的意義について考察を加えたい。

郡司と知識の関係を考えるうえで注目されるのが、天平二年（七三〇）に大鳥郡で書写された「瑜伽師地論」跋語（「和泉監知識経」）である（本書第二部第一章史料

3)。そこには、大鳥郡日部郷において従七位下大領勲十二等日下部首名麻呂と優婆塞練信が大檀越となり、惣知識七〇九人を率いて写経事業を主導したことが記される。ここで注目されるのは、大鳥郡大領である日下部首名麻呂が大檀越となっている点である。このことは一見すると、郡司が郡を単位として知識を編成したように思われるかもしれない。しかし、七〇九人という人数は『和名類聚抄』の段階で一〇郷を擁する郡[21]としては少なく、したがって郡を単位として編成された知識であったとは考えがたい。田中塊堂が総知識七〇九人について、恐らく日部郷の全員であろうと推測しているが[22]、この数字は日部郷の全員とはいえないものの、それを中心に編成された知識であったと考えられる。日下部首名麻呂の官職は大鳥郡大領であるが、この場合は日部郷程度の範囲の支配者としてあらわれているといえよう。「司解」銘瓦が、土塔の知識に郡司が含まれていたことを示すものであるとすれば、その背後に「和泉監知識経」にみられるような、郡司に編成された知識の存在を想定できるのではないだろうか。

しかし郡司が知識を編成していたとしても、土塔の知識全体が郡司を中心に編成された、ないしは郡を単位として編成されたということにはならない。その理由としては、①土塔の知識には大鳥郡以外に居住したと思われる氏族が多数みられ、ごくわずかではあるが「少林里」（№一〇九九[23]）など、大鳥郡以外の地名を記した瓦がみられる。②出土状況の偏差を考慮する必要はあるが、文字瓦にみえる人名は大鳥郡の氏族を網羅するものではない。③大鳥郡の郡領氏族である大鳥連・日下部首は大鳥郷・日部郷といったように大鳥郡の西部を本拠地としており、この一帯が大鳥郡の行政的な中心地域とみられるが、土塔は大鳥郡の東端の土師郷域に位置している。④人名瓦にみえる人数は郡領氏族よりも土師氏のほうが多い。⑤「和泉監知識経」からは、大領が知識を率いたとしても、一郷程度の規模であったことがうかがわれる等々があげられる。

つまり、土塔の知識全体が郡司によって編成されたのではなく、知識のなかに郡司も加わっていたと考えられるのである。土塔の知識のなかに、郡司によって動員された人々が含まれていた可能性はあろうが、そうだとしても知識全体ではなく、一部の範囲にとどまるであろう。

おわりに

本章では、土塔から出土した「司解」銘瓦について考察を試みた。上述した点を簡単にまとめたい。

① 本章でとりあげた瓦に刻まれた文字は「司解」と読むことができ、何らかの官司の解（上申文書）を記したものと考えられる。

② 解を瓦や塼に記す類例は武蔵国分寺跡出土「解文瓦」や瓦谷戸窯跡出土「解文塼」にみられるので、土塔出土「司解」銘瓦が解を記したものであっても不思議ではない。

③ 土塔出土「司解」銘瓦の銘文は解として整った文章ではなく、生産工程を考慮しても、文書としての機能を果たさなかった可能性が高い。ただし、結縁の意を示すものであった可能性は残される。

④ 「司」に該当する官司として郡司か諸陵司が想定されるが、文字瓦の残画の検討からは郡司の可能性が高いといえる。

⑤ 「司」が郡司であるとすれば、土塔の知識のなかに郡司が含まれていたことになる。しかし、知識全体が郡司によって編成されたとは考えがたい。

以上が本章で述べた点である。行基のおこなった大規模な土木事業については、「地方官憲の聴許」があったとみられていたが(24)、土塔出土「司解」銘瓦はこのことを具体的に裏づける資料となる可能性がある。また古尾谷知浩は土塔の知識について、郡・郷・里といった行政単位の枠組みを利用して組織されたと指摘しているが[25]、かかる論点にも関わってこよう。

このように「司解」銘瓦は重要な史料的価値を有するものであるが、検討すべき課題は多い。まずは、なぜ土塔に葺かれる文字瓦に解が刻まれたのかという点である。「司解」銘瓦の性格は土塔出土文字瓦の多数を占める人名瓦に近い（宗教行為に関わる）のか、武蔵国分寺をめぐって製作された「解文瓦（塼）」に近い（生産管理に関わる）のか、あるいはそれらとまったく異なる性格を有するものであるのか、現状では判断が難しい。ここから、土塔の造瓦体制、ひいては古代社会における造寺事業の意義に迫ることもできるかもしれない。また本章では、解を記した「司」として郡司の可能性を想定したが、それ以外の可能性も否定はできない。文字が完全に遺っていない以上、断定は困難である。さらに、文字瓦に記された文章が文書の一部であるならば、宛て先が問題となる。これについては、造寺の責任者たる檀越などが考えられようが、明らかではない。

土塔出土「司解」銘瓦はほとんど類例がないだけに、それをめぐってさまざまな可能性を想定し得るし、また想定しておく必要があるだろう。今後は同一個体の製品や類例など関連資料の発見が望まれるとともに、多角的な分析が必要であると思われる。さらに「司」が土塔の造営や知識編成とどのような関係にあるのかについてもさらなる検討を要する。

（附記）本章で使用した文字瓦の写真三点（図3・4・6）は、二〇一一年十一月九日に堺市文化財調査事務所において筆者が撮影し、堺市教育委員会から掲載許可を受けたものである。

註

（1）『史跡土塔―文字瓦聚成―』（堺市教育委員会、二〇〇四年）。
（2）佐藤進一『新版　古文書学入門』（法政大学出版局、二〇〇三年）。
（3）神亀六年（七二九）「志摩国輸庸帳」（正倉院文書正集一五・『大日本古文書』一―三八五）。
（4）平城京左京三条二坊八坪二条大路濠状遺構（南）出土木簡（『平城宮発掘調査出土木簡概報　三〇』奈良国立文化財研究所、一九九五年）。
（5）石村亮司「奈良時代の造瓦に現われた新資料」（『史迹と美術』二二〇、一九五一年）。
（6）大川清『武蔵国分寺古瓦塼文字考』（小宮山書店、一九五八年）など。
（7）東山信治「平塚運一コレクション資料目録及び資料紹介」（島根県教育庁古代文化センター・島根県教育庁埋蔵文化財センター編『島根県文化財センター調査研究報告　四四　平塚運一コレクション資料集(2)』所収、島根県教育委員会、二〇一一年）。
（8）佐藤信「古代の文字資料と書写の場」（『出土史料の古代史』所収、東京大学出版会、二〇〇二年、初出は一九九九年）。
（9）瓦谷戸窯跡群調査団編『瓦谷戸窯跡群』（都内遺跡調査会・東京都南多摩東部建設事務所、一九九九年）。
（10）佐藤信「古代の文字資料と書写の場」（前掲註(8)論文）。
（11）瓦谷戸窯跡群調査団編『瓦谷戸窯跡群』（前掲註(9)報告書）。
（12）「平成一二年度下水道管布設工事に伴う立会調査概要報告」（『堺市文化財調査概要報告』第九七冊、堺市教育委員会、二〇〇二年）。
（13）近藤康司「和泉・大野寺の造瓦集団と知識集団」（『瓦衣千年―森郁夫先生還暦記念論文集―』所収、森郁夫先生還暦記念論文集刊行会、一九九九年）。
（14）近藤康司「大野寺跡・土塔の考古学的検討」（『行基と知識集団の考古学』所収、清文堂出版、二〇一四年、引用部分の初出は二〇〇四年）、岩宮未地子「文字瓦の分析と考察」（『史跡土塔―文字瓦聚成―』〈前掲註(1)報告書〉所収）。
（15）溝口優樹「大野寺土塔と瓦生産」（『日本古代の生産と記銘』所収、科研成果報告書、二〇一五年）。
（16）「日根」（№一二一四〈『史跡土塔―遺構編―』堺市教育委員会、二〇〇七年〉）は地名を示す可能性もあるが、地名を記すものは参考資料も含めて二点のみであり、人名を記すものが圧倒的に多いので、これについても人名と考えるのが穏当であろう。したがって、「日根」とは日根郡の郡領氏族である日根（造）氏の人名であると考えられる。

(17)「土師宿禰古□」(No.一四二)、「土師宿禰□□」(No.一四三)、「□〔土カ〕師宿□〔禰カ〕」(No.一四四)、「土宿」(No.一四五)、「土師和足」(No.二一七)、「土師□〔長カ〕□」(No.二一八)、「土師　□」(No.二一九)。

(18) 吉田靖雄「行基集団と和泉国」(町田章・鬼頭清明編『新版古代の日本　六　近畿Ⅱ』所収、角川書店、一九九一年)、北條勝貴「行基と技術者集団」(井上薫編『行基事典』所収、国書刊行会、一九九七年)、岩宮未地子「文字瓦の分析と考察」(前掲註(14)論文)、近藤康司「大野寺跡・土塔の考古学的検討」(前掲註(14)論文)、吉川真司『天皇の歴史　二　聖武天皇と仏都平城京』(講談社、二〇一一年)など。

(19) 直木孝次郎「土師氏の研究」(『日本古代の氏族と天皇』所収、塙書房、一九六四年、初出は一九六〇年)、浅香年木「手工業部とその周辺」(『日本古代手工業史の研究』所収、法政大学出版局、一九七一年)、溝口優樹「「土師」と土器の貢納」(『史学研究集録』三五、二〇一〇年)など。

(20) 吉川真司『天皇の歴史　二　聖武天皇と仏都平城京』(前掲註(18)書)。なお、吉川はこの須恵質製品が伏鉢であったと推定する。

(21)『和名類聚抄』は大鳥郡下の郷として大鳥・日部・和田・上神・大村・土師・蜂田・石津・塩穴・常陵の一〇郷を載せる。

(22) 田中塊堂『日本写経綜鑒』(三明社、一九五三年)。

(23)「少林里」は河内国志紀郡拝志郷に比定できる。

(24) 井上光貞「行基年譜、特に天平十三年記の研究」(『井上光貞著作集　二　日本古代思想史の研究』所収、岩波書店、一九八六年、初出は一九六九年)。

(25) 古尾谷知浩「文字瓦と知識」(『文献史料・物質資料と古代史研究』所収、塙書房、二〇一〇年、初出は二〇〇七年)。

第三章　大野寺土塔の知識と古代地域社会

はじめに

第一・第二章では、土塔から検出された文字瓦をもとに、土塔の造営や補修に参加した知識や、官司の関与について考察してきた。その結果を踏まえて本章では、土塔に関わった知識の構造をまず明らかにしたい。そのうえで、知識の紐帯として社会的理念や宗教的理念とともに実利的な面にも注目し、それらがいかに作用したのか、知識の構造、とくに知識を構成する人々の階層差に留意しつつ検討する。

一　土塔の知識の構造

1　知識の居住地

土塔の文字瓦の大半を占める人名瓦は知識の名を示すものと考えられるが、一二〇〇点以上という文字瓦の出土点数を勘案すれば、知識はかなり大きな規模であったことが想像される。かかる大規模な知識はいかにして編成されたのであろうか。栄原永遠男は土塔の知識について、天平六年（七三四）に播磨国賀茂郡既多寺で書写された大智度論（「既多寺知識経」）の知識構成を参考にして、和泉・河内・摂津の各地で個別に存在した地縁と血縁がないまぜになった「小知識集団」を行基という宗教的存在が統合し、広範囲で多様な氏族を包摂する知識を形成したとする。(1)それに対して古尾谷知浩は、土塔の知識編成にあたって郡・郷・里といった行政単位の枠組みが利用されたとする。(2)

このような議論の前提として問題となるのは、瓦に名を記した人々の居住地である。岩宮未地子は文字瓦にみえる一〇〇近い氏族の分布を郷単位で整理し（表12）、その分布が大鳥郡と東隣の丹比郡を中心としながらも摂津・河内・和泉の三国にまたがり、北は摂津国交野郡から南は和泉国日根郡まで及ぶことなどを指摘した。(3)栄原の所論も岩宮による氏族分布の復元をうけたものである。しかし、岩宮による氏族分布の復元については問題点もあげられている。たとえば古尾谷は、氏族本来の拠点と個々の記名者の実際の居住地や本貫とは別次元のことであると指摘する。(4)そのうえで、地名を記した文字瓦が参考資料を含めて「小林里」（№一〇九九）と「池田里」（№一一五九、後掲史料1）(5)の二点のみであり、いずれも大鳥郡以外の郡に属することに注目し、郡里名のないものは大鳥郡であることが自明であったので書かなかったのであり、行政単位名を明記するものは他郡所属のものが大鳥郡と区別するためであったとする。(6)また吉川真司も、奈良時代の畿内社会では宮仕え・開発・交易・婚姻といった理由によって移住する人々が少なくないことをあげ、文字瓦に河内・摂津・和泉各地に本拠地をもつ豪族の名がみえるのは、これらの人々が大鳥郡とその周辺に移り住んでいたためであるとみる。(7)

これらの研究ですでに指摘されているとおり、氏族の本拠地がそのまま記名者の居住地であるとは限らないことや、地名を記した瓦が参考資料を含めて「少林里」「池田里」の二点のみであり、いずれも大鳥郡でないと推測される点については留意する必要があるだろう。ただし、里（郷）名を記さないことが大鳥郡であることを示すという点は疑

表12　土塔の文字瓦にみえる氏族と『行基年譜』所載の施設

地域 国	地域 郡	地域 郷	文字瓦にみえる氏族名	文字瓦出土点数 計	A	B	C	『行基年譜』の記載 「年代記」の四十九院	『行基年譜』の記載 「天平十三年記」の関連施設
和泉	大鳥	大鳥	大鳥連	3	2		1	神鳳寺	大鳥布施屋
		日部	高志史	3	2		1	清浄土院高渚・同尼院、鶴田池院	鶴田池
			日下部首	2		1	1		
			山田□〔造カ〕（山田造）	3	2	1			
		上神	大庭造	4		1	3	大庭院	
			神	2		2			
		大村	大村	2		2		大修恵院高蔵	
			荒田直	3	1		2		
		土師	土師宿禰	7	4	3		大野寺・同尼院	野中布施屋、土室池、長土池
			百済君	2	2				
	和泉	坂本	坂本臣	2	2				
		池田	池田朝（池田朝臣）	2	1	1			
			橘連	2	1	1			
		八木	布忍	1		1			
	日根	賀美	上村主	1	1				
			□〔根カ〕連（日根連）	1	1				
		鳥取	鳥連（鳥取連）	1	1				
	?	?	秦忌（秦忌寸）	1	1				

地域 国	地域 郡	地域 郷	文字瓦にみえる氏族名	文字瓦出土点数 計	A	B	C	『行基年譜』の記載 「年代記」の四十九院	「天平十三年記」の関連施設
和泉	?	?	□〔志カ〕斐（志斐）	1		1			
			椋崎	1		1			
			木直	1	1				
河内	錦部	百済	川田宿禰	1	1				
		錦部	高向調使	1	1				
	石川	佐備	板茂連	2	1	1			
			佐備臣	1	1				
		山代	□□〔伴連カ〕（大伴連）	2	1	1			
		?	石川	1		1			
			調	1		1			
	古市	古市	白鳥村主	3		2	1		
	安宿	賀美	上村主	1	1				
		尾張	尾張	1		1			
	大県	鳥取	鳥連（鳥取連）	1	1				
		賀美	上村主	1	1				
	高安	三宅	□〔三カ〕宅（三宅）	1					
	河内	大宅	大宅連	1	1				
	讃良	?	氷宿（氷宿禰）	1	1				

茨田	茨田	茨田	2		2		茨田堤樋
交野	三宅	□〔三カ〕宅（三宅）	1		1		
交野	山田	山田□〔造カ〕（山田造）	3	2	1		
交野	?	片野連	1	1			
若江	?	弥奴	1		1		
渋川	賀美	上村主	1	1			
志紀	長野	葛井	1		1		
志紀	拝志	林連	3	1	1		
志紀	拝志	林忌寸		1			
志紀	土師	土師宿禰	7	4	3		
志紀	?	岡田史	1	1			
志紀	?	依羅	1		1		
志紀	?	凡河内	1		1		
丹比	依羅	矢田部連	13	13			
丹比	依羅	依羅	1		1		
丹比	野中	船	1			1	
丹比	野中	津史	1	1			
丹比	野中	川原史	5	3	1		
丹比	野中	原椋（川原椋人）		1			
丹比	三宅	□〔三カ〕宅（三宅）	1		1		

<table>
<tr><th colspan="3">地域</th><th rowspan="2">文字瓦にみえる氏族名</th><th colspan="4">文字瓦出土点数</th><th colspan="2">『行基年譜』の記載</th></tr>
<tr><th>国</th><th>郡</th><th>郷</th><th>計</th><th>A</th><th>B</th><th>C</th><th>「年代記」の四十九院</th><th>「天平十三年記」の関連施設</th></tr>
<tr><td rowspan="14">河内</td><td rowspan="9">丹比</td><td>菅生</td><td>□□〔菅生カ〕（菅生）</td><td>1</td><td></td><td>1</td><td></td><td></td><td></td></tr>
<tr><td>土師</td><td>土師宿禰</td><td>7</td><td>4</td><td>3</td><td></td><td></td><td></td></tr>
<tr><td>狭山</td><td>村山連</td><td>1</td><td>1</td><td></td><td></td><td>狭山池院・同尼院</td><td>狭山池</td></tr>
<tr><td>余部</td><td>依羅</td><td>1</td><td></td><td>1</td><td></td><td></td><td></td></tr>
<tr><td rowspan="5">?</td><td>丹比連</td><td rowspan="2">4</td><td>1</td><td rowspan="2">1</td><td rowspan="2">1</td><td></td><td></td></tr>
<tr><td>丹比宿□〔禰カ〕（丹比宿禰）</td><td>1</td><td></td><td></td></tr>
<tr><td>葛井</td><td>1</td><td></td><td>1</td><td></td><td></td><td></td></tr>
<tr><td>布忍</td><td>1</td><td></td><td>1</td><td></td><td></td><td></td></tr>
<tr><td>大庭造</td><td>4</td><td></td><td>1</td><td>3</td><td></td><td></td></tr>
<tr><td rowspan="5">?</td><td rowspan="5">?</td><td>秦忌（秦忌寸）</td><td>1</td><td>1</td><td></td><td></td><td></td><td></td></tr>
<tr><td>秦公</td><td>1</td><td>1</td><td></td><td></td><td></td><td></td></tr>
<tr><td>秦人</td><td>1</td><td></td><td>1</td><td></td><td></td><td></td></tr>
<tr><td>大田君</td><td>1</td><td>1</td><td></td><td></td><td></td><td></td></tr>
<tr><td>木直</td><td>1</td><td>1</td><td></td><td></td><td></td><td></td></tr>
<tr><td rowspan="4">摂津</td><td>住吉</td><td>大羅</td><td>依羅</td><td>1</td><td></td><td>1</td><td></td><td></td><td></td></tr>
<tr><td>西成</td><td>津守</td><td>津守</td><td>1</td><td></td><td>1</td><td></td><td>善源院川堀・同尼院、難波度院、枚松院、作蓋部院</td><td>比売嶋堀川、白鷺嶋堀川、度布施屋、難波度院</td></tr>
<tr><td rowspan="2">嶋下</td><td rowspan="2">安威</td><td>凡河内</td><td>1</td><td></td><td>1</td><td></td><td></td><td></td></tr>
<tr><td>大田君</td><td>1</td><td>1</td><td></td><td></td><td></td><td></td></tr>
</table>

		?	鳥甘首	1	1			
	川辺	?	凡河内	1		1		
	兎原	布敷	布忍	1		1		
	兎原	?	凡河内	1		1		
	?	?	凡海連	1	1			
	?	?	委文連	1	1			
	?	?	秦忌（秦忌寸）	1	1			
	?	?	秦人	1		1		
	?	?	阿倍	1		1		
	?	?	椋崎	1		1		

【凡例】
① 岩宮未地子「文字瓦の分析と考察」（『史跡土塔―文字瓦聚成―』堺市教育委員会、二〇〇四年）所載の表をもとに、同「文字瓦（第4章第7項）」（『史跡土塔―遺構編―』堺市教育委員会二〇〇七年）所載の表を反映させ、さらに一部改変した。
② （ ）：推定、?：不明、A：姓あり、B：姓なし、または不明、C：参考資料
③ 複数地域に分布する氏族は網掛けで示し、氏族名と文字瓦出土点数を重複して記載している。

問が残る。郡や里（郷）名を記さないものが自明であったためとするならば、誰にとって自明であるかが問題となるからである。以下、この点について考えてみたい。大野寺の近辺で創建期の瓦を焼成した窯が検出されているが[8]、ここで焼成された瓦はそのまま土塔まで運ばれ、葺かれたものと想定される。瓦の工房もこの近辺に営まれたのであろう。近藤康司によると、土塔の文字瓦は特定の型式の瓦にだけ記銘するのではなく、各工人が製作する瓦にランダムに記銘されていることから、瓦の記銘者たちは瓦の製作工房に出向き、適宜各工人の下へ赴いて瓦に記銘したという状況が想定されるという[9]。そうだとすると、土塔の瓦は製作されてから葺かれるまで、工人ないしは造営作業従事者

の管理下に置かれていた（作業工程上にあった）ことになる。したがって、瓦に刻まれた文字をみることができるのは、瓦工人と瓦を土塔まで運搬する人・葺く人、あるいはそれを指揮する人のみということになる。しかし、文字が半裁された瓦の存在などから、瓦製作工人は名前の有無についてはあまり意識しなかったとみられている(10)。つまり、生産管理に関係して工人等を対象としたとみられる一部の文字瓦を除いては、人にみせることが意識されていなかったのであり、文字の内容については、書く側の問題と考えられるのである。

土塔の文字瓦については、文字の書かれていない瓦とまったく同一に扱われている点や、葺くと裏側になってみえない面にも名前が書かれている点、製作過程で削られたり、押し潰されたりして読めなくなっていても構わず使用されている点などから、「瓦に自らが自らの名を書く」という行為に意味があったと考えられている(11)。また、人名瓦には姓を記すものとそうでないものが存在するが、私見では姓を記さないものは自明であったために記されなかったのではなく、むしろ明らかにする必要がなかったために記されなかったものと解される(12)。つまり瓦に人名を記すことは、信仰行為の一環ということができるのである。このことを踏まえると、里名を記さないものは、姓と同じく人にみせることが想定されておらず、記す必要すらなかったものと考えることができる。里名を記した瓦がその所属を明示しようとしたものであっても、それは記銘者の事情による任意の行為だったのである。ではなぜ「少林里」「池田里」といった里名が記されたのであろうか。ここで、池田里の名を記した瓦の銘文を確認しておきたい。

【史料1】伝「陶邑」出土文字瓦（№一一五九）

「　　葛□連
池田里　忍海□〔マヵ〕
　　　　□〔津ヵ〕

右の銘文には、「池田里」の記載とともに、三人分の人名が記されている。この瓦に刻まれた里名は、その地域で結縁した人々の代表者が結縁の証しとして任意に記したものではないだろうか。つまり、里名を記したのは記銘者側、すなわち池田里に居住する連名の三名や、あるいはその背後にいる社会集団が結縁したことを示す信仰行為であり、人にみせることは想定されていなかったと考えられるのである。「少林里」銘瓦には人名が確認されないが、これも結縁した少林里の人々の代表者が結縁の証しとして記銘したのであり、人にみせるためのものではないと思われる。

なお、仮に知識の編成が郡司の主導によるものとするならば、知識が大鳥郡を基礎単位として結集した可能性も出てくるので、その点にも言及しておきたい。土塔から出土した「司解」と刻まれた瓦（No.一〇八八）は、何らかの官司の解を瓦に記したものと考えられ、郡司が知識に参加していた可能性も想定し得る。[13]しかし、大野寺の有力な檀越としては土師氏が想定されており、[14]郡司が参加していたとしても知識編成を主導したのではなく、結縁者の一員にすぎなかったと考えられる。[15]よってその点でも、郡を単位として知識が編成されたとは考えがたい。

以上の検討によって、地名を記さない人々を大鳥郡の人であると想定する必要はないと考えられる。郡や里（郷）名を記さないのは、それが意識されていなかったからであろう。また、人名瓦にみえる人々がすべて土塔所在地の大鳥郡土師郷の住民であったとは考えがたく、郷を越えて知識に参加していたことは確実である。東隣の河内国丹比郡土師郷や狭山郷の住民にとって、郷を越えて土塔の知識に参加することは国や郡を越えることを即座に意味していた。居住地は必ずしも明らかではないが、多数の人々が郷を越えて、場合によっては郡や国を越えて知識に参加した状況は想定されてよいだろう。

2　地域共同体を基盤とした知識

それでは、広域に及ぶ土塔の知識はいかにして形成されたのであろうか。土塔の知識を「小知識集団」の集合体とみる栄原の説は参考になるが、結集の基礎単位などの点においてさらに検討の余地があると思われる。そこで、土塔の知識の構造を今一度検討したい。まず、土塔の知識結集の基礎単位となる集団の様相がうかがわれるのが、天平二年（七三〇）に書写された「瑜伽師地論」跋語（「和泉監知識経」）である（本書第二部第一章史料3）。それによると、優婆塞練信と従七位下大領勲十二等日下部首名麻呂が大檀越となり、「惣知識」七〇九人を率いて「瑜伽師地論」の書写を主導していた。井上光貞はこの写経事業について、行基に関わるものであったと推測している[16]。写経にあたって、実際の書写を担当したのは石津連大足であるから、それ以外の人々は財物を差し出す形でこの書写に協力したとみられる[17]。田中塊堂は、この七〇九人を𡶌部郷の全員に該当するとみた[18]。その是非をめぐっては、知識の人数や男女比が問題となる。

すなわち現存する籍帳から八世紀前半の人口を試算した鎌田元一によると、一里（郷）の平均人口は一〇六八人、男女比（男性人口に対する女性人口の割合）は一一五・九％とされる[19]。籍帳の史料性や地域差に留意する必要はあるが、ある程度の参考にはなろう。これと「惣知識」を比較すると、七〇九人は鎌田の試算による里（郷）の平均人口よりも三割以上少ない。だが、それ以上に注目されるのは男女比であり、「惣知識」では一五〇％を上回る。この点からいえば、七〇九人を郷の全員とみなすには不自然であり、首肯することはできない[20]。𡶌部郷の人々が知識の中心となっていたことは否定できないが、𡶌部郷の記載は、知識が𡶌部郷を単位として編成されたことを示すものではなく、写経がおこなわれた地域を示すものとみるべきであろう。

では、「惣知識」はいかにして結集したのであろうか。まず考えられるのが、名麻呂を中心とした血縁関係である。[21]もともと畢部郷は、日下部を中心に編成された「日下部五十戸」であったと想定される。日下部首は、七世紀以前に日下部を率いることを職掌とする伴造氏族であった。『姓氏録』和泉国皇別には、日下部首とともにカバネをもたない日下部を載せるが、両者はいずれも大鳥郡畢部郷に居住地を復元できる。したがって、畢部郷を中心とする「惣知識」七〇九人には、部姓の日下部氏が多数含まれていたのではないだろうか。『姓氏録』によると、和泉国の日下部首は彦坐命の後裔を称し、日下部は日下部首と同祖を称している。したがって「惣総知識」七〇九人に含まれる日下部首—日下部は、地域の生活・生産・労働などを介して、血縁関係としてあらわれる人格的な結びつきを有していたと考えられる。つまり日下部氏の人々は、名麻呂との人格的関係にもとづいて財物を差し出していたのである。そこには、首長と共同体成員間の強制力をともなうタテの結びつきを見出すことができる。[22]

一方、畢部郷に居住した氏族が、日下部首や日下部氏だけでなかった点は留意しなければならない。たとえば『行基年譜』行年七十一歳〈天平十年〈七三八〉〉条には、畢部郷戸主大鳥連史麻呂とその戸口として大鳥連夜志久尓の名がみえる。『姓氏録』和泉国神別によると、大鳥連は大中臣朝臣と同祖同族関係にある氏族であった。婚姻関係や同祖同族関係の可変性を考慮すると、日下部首との血縁関係がなかったと断定はできないが、史料上からは確認できない。畢部郷の大鳥連が、日下部首とは地縁関係にあるとともに、大鳥郷の大鳥連とは血縁関係にあったことは認められよう。となると、畢部郷の大鳥連はどの知識に属していたのかという問題が生じてくる。この点については、郷を越えて大鳥連・日下部首それぞれを檀越とする両方の知識に属していたとみるのが穏当であろう。彼らは畢部郷の住民として、「瑜伽師地論」の写経に結縁した可能性は高いと思われる。大鳥連は大鳥神社の祭祀を掌り、郡領を輩出する在地の有力氏族であった。大鳥連と日下部首の関係は、首長層どうしのヨコの結びつきとして把握することができよう。一方、国立公文書館蔵（内閣文庫旧蔵）『大鳥太神宮幷神鳳寺縁起帳』(23)や、それを参照したとみられる『行基年譜』の記載によると、大鳥連は神鳳寺を建立しており、日部郷の大鳥連も結縁している可能性がある。このように、地縁や血縁を媒介として、複数の知識集団に属するものが存在し、複数の知識集団の間で人的構成が重なる部分があることには注目する必要がある。ただし、仏事によって得られる成果（架橋・造寺・写経など）が檀越を中心とする地域住民の生活に資することなどを勘案すると、地縁がより重視された可能性は高い。

なお、書写を担当した石津連大足が属する石津連は、『姓氏録』和泉国神別の記載によると「天穂日命十四世孫野見宿禰」の後裔を称しており、土師（宿禰・連）氏の同族にあたる。よって大足が書写に従事した背景を、名麻呂との血縁関係では説明ができない。また彼が、写経の舞台となった日部郷の住民であった可能性もあるが、近隣に所在する石津郷の住民であった可能性もある。いずれにしても、大足は対価を得て写経に従事したのではなかろうか。「惣知識」七〇九人が財物を差し出す形で参加したならば、写経に必要な筆・墨・紙等に充てられたほか、写経担当者に対する布施として使用された可能性は高い。『日本霊異記』下巻第十八縁には、河内国丹治比郡の野中堂において、郡内の丹治比経師が発願者に請われて法華経を書写する説話を載せる。大足も、このように（大）檀越に招請され、対価（布施）を得て書写に従事したものと考えられる。

以上の検討結果に大過ないとすれば、「惣知識」は名麻呂を中心とした地域共同体が基盤になっていたと考えられる。そのなかには、血縁関係としてあらわれる首長と共同体成員との間の重層的なタテの結びつきが内包されていた。名麻呂の官職は大鳥郡の大領であるが、この場合は日部郷一帯の人々と人格的関係を有する首長として知識を編成していたのである。その際に郡司としての立場が利用された可能性は否定できないが、それと大鳥郡や日部郷という地方行政機構を利用して知識が編成されることとは位相を異にする。

なお、土塔に供給される予定だったとみられる伝「陶邑」出土文字瓦に、「日下マ〔部〕首吉事」(№一一六三)と記したものがある。名麻呂の名を記したものではないが、土塔の知識に参加した日下部首の背後には、後の「和泉監知識経」にみえる「惣知識」のような知識の存在を想定する必要があるだろう。

また、土塔の知識を構成する単位集団の様相は、「池田里」銘瓦(前掲史料1)からもうかがうことができる。古尾谷によると、瓦に刻まれた池田里は和泉郡池田郷に該当するという(24)。この瓦にみえる人名についてみてみると、「葛□連」は葛井連あるいは葛城連にあたる可能性があり、「□〔津カ〕」は津(史・連)氏あるいは津守(連・宿禰)氏などが候補としてあげられる。「忍海□〔マカ〕」については、部姓かカバネ姓のどちらであるか判断はできない。仮に「葛□連」が葛井氏、「□〔津カ〕」が津氏であったとすれば、両者は同祖同族関係にあたり、擬制的な血縁を媒介とした結びつきであった可能性がある。

しかし、「忍海□〔マカ〕」を含む三者全員が同祖同族関係で結ばれていたわけではなく、里名を刻んでいる点から推して、池田里に居住した人々が集まったと考えるべきであろう。先に述べたが、池田里に居住する同族集団の代表者三名(あるいは戸主であった可能性もある)が結縁の証しとして瓦に里名と人名を刻んだものと考えられる。連名の三者の背後には、それぞれが属する同族集団の存在も想定される。いずれにしても、この三者の間に直接的な支配―被支配のタテの関係を見出すことはできないだろう。三者は地縁を背景としたパラレルな人格的関係、すなわちヨコの結びつきとしてとらえることができよう。

これら日下部郷や池田里の例のように、首長層の人格的関係を媒介とする、血縁を包含した地域共同体が土塔の知識を構成する基礎単位となっていたと考えられる。ただし、律令に規定された行政単位ではなく、基本的には首長の人格的関係を媒介とする集団であるので、その規模や範囲は多様であり、固定的に考える必要はない。

3　地域を越えた知識の結合

それでは各地の地域共同体はどのようにして結合・拡大し、土塔の知識を形成したのであろうか。この問題を考えるにあたって参考になるのが、大阪府羽曳野市古市に所在する西琳寺の知識である。

十三世紀に惣持によって編纂された『西琳寺文永注記』に載せる「天平十五年十二月晦日記」によると、西琳寺は「天忍羽広庭天皇」、すなわち欽明の己卯年（五五九）に書（文）首阿志高と諸親属によって創建されたとされ、そこに引用された金銅阿弥陀仏像の光背銘によれば、阿斯（志）高の子支弥高首が西琳寺を草創し、さらにその子の梅檀高首、土師長兄高連、羊古首、韓会古首が塔寺を建立し、宝元五年己未（斉明五年〈六五九〉）に「二種智識」が阿弥陀仏像と二体の菩薩像を敬造したと記されている。ここで注目されるのが「二種智識」である。

西琳寺の創建年代については、推古二十七年（六一九）に求める説[25]や、大化五年（六四九）から斉明五年の創建と考える説[26]がある。また伽藍と出土瓦の年代から創建年代を飛鳥時代中期以降とする説もあるが[27]、いずれにしても「二種智識」は七世紀後半のものには違いない。

ここにみえる「二種智識」について中村英重は、書首阿志高の後裔親族と、土師長兄高連など書氏以外の「異姓者」の二集団の知識を指すとしている[28]。ではこの「二種智識」は、どのように結集したのであろうか。ここで土師長兄高連の存在に注目したい。西琳寺は河内国古市郡に所在するが、隣接する同国志紀郡には土師郷があり、土師氏の本拠地の一つと考えられる。土師長兄高連が後の志紀郡土師郷域周辺に居住した土師氏の一員であれば、付近に居住する書氏との地縁を媒介として西琳寺の知識に参加したことが推定できる。しかし土師長兄高は、志紀郡域の居住者ではなかった可能性もある。『日本書紀』大化二年（六四六）三月辛巳（十九日）条には百舌鳥長兄の名がみえる。姓とみられる「百舌鳥」については、『日本書紀』白雉五年（六五四）十月壬子（十日）条に百舌鳥土師連土徳の名がみえることが参考になる。百舌鳥土師連とは、百舌鳥に居住する土師連を指すと考えられる。つまり後の大鳥郡土師郷のあたりに居住した土師氏である。したがって百舌鳥長兄も、百舌鳥に居住する土師氏の一員であって、後の大鳥郡土師郷あたりを本拠地とする人物であったと考えられる。西琳寺の金銅阿弥陀仏像の光背銘にみえる土師長兄高が百舌鳥長兄と同一人物であったとすれば、彼は大鳥郡土師郷のあたりから西琳寺の知識に参加したことになる。そうだとすれば、土師長兄高は直接に地縁を媒介として西琳寺の知識に参加したのではないことになる。おそらく、書氏と地縁で結ばれる志紀郡周辺の土師氏との血縁関係を媒介として西琳寺の知識に参加したのであろう。つまり、西琳寺の周辺に住む土師氏を介して、書氏と百舌鳥の土師氏が結合しているのである。したがって書氏を中心としながらも、地域共同体を越えて、複数の集団が結合した知識が西琳寺の「二種智識」であったということができる。いずれにしても、古市郡の書氏と大鳥郡の土師氏は支配―被支配ではなく並列の関係にあり、首長層間のヨコの結びつきとしてとらえることができるのである。

一方、七世紀後半には百舌鳥の土師氏の本拠地と目される土師遺跡の一画に、土師（観音）廃寺（堺市中区土師町）が建立されている(29)。檀越としては百舌鳥の土師氏が想定され、土師（観音）廃寺の知識を結成したと思われる。このように、地域共同体を基盤にした知識集団を形成するとともに、離れた地域の知識に結縁することによって、複数の知識を内包するより大規模な知識が結集するのである。西琳寺の仏像を敬造した「二種智識」は、首長層のヨコの結びつきによって複数の地域の集団が結合した知識結成のモデルになり得る。

西琳寺の事例を踏まえて、土塔の知識の構造について考えてみたい。土塔造営の檀越とみられる土師氏の血縁や地縁は、知識全体を貫く原理ではない。また土塔の人名瓦を概観すると、姓を記すものとそうでないものがあり、一見すると土塔の知識が多様な階層を包含するように思われるかもしれない。しかし、姓を記さないものはそれを省略したものであって、記名者の大半は各地の首長層であったと考えられる。(30)したがって、文字瓦にみえる人物間を支配—被支配の関係でとらえることはできず、並列の関係とみるべきである。土塔の文字瓦にみえる人名は、それぞれの地域共同体を代表する首長層であり、その関係は西琳寺の知識と同様にヨコの結びつきとしてとらえるべきであろう。つまり記名者たちは、それぞれの地域では名麻呂のように仏事を発願し檀越となり得る存在であり、記名者の背後にはそれぞれの地域共同体の存在が想定されるのである。そして、人名瓦にみえるような首長層のヨコの結びつきによって、複数の地域共同体が結合し、土塔のような広域に及ぶ大規模な知識が形成されると考えられる。ただし、このなかには地域共同体を基盤とした複数の知識が内包されているが、そういった「小知識集団」を基礎単位として土塔の知識が集まっているわけではなかろう。土塔の知識を構成する人々は、首長を中心とした地域共同体として結集しているのであって、それは確かに知識にも転化し得るが、それぞれが独自に知識を結成しているとは限らないのである。

以上のように土塔の知識は、それぞれの地域共同体ごとに編成されたものの集合した多元的な構造を有していた。換言すれば、土塔の知識は首長層を媒介とした地域共同体間のネットワークということができよう。土塔の知識は主に造塔や修造のために結成された集団であり、その活動自体は事業が終われば継続しない。しかし結集の基礎単位となる地域共同体は、仏事に関わる場面では知識に転化し得るが、造寺などに限定される一時的な集団でなく、日常的な生活や労働などの単位として継続性を有するものである。

4　土塔造営の労働力

それでは、造寺活動の従事者はどのようにして編成されたのであろうか。まず行基集団の労働力編成については、次の史料2からうかがうことができる。

【史料2】『続日本紀』天平勝宝元年（七四九）二月丁酉（二日）条

大僧正行基和尚遷化。和尚薬師寺僧。俗姓高志氏、和泉国人也。和尚真粋天挺、徳範夙彰。初出家、読二瑜伽唯識論一即了二其意一。既而周二遊都鄙一教二化衆生一。道俗慕レ化追従者、動以レ千数。所行之処、聞二和尚来一、巷无二居人一、争来礼拝。随レ器誘導、咸趣二于善一。又親率二弟子等一、於二諸要害処一造レ橋築レ陂。聞見所レ及、咸来加レ功、不レ日而成。百姓至レ今蒙二其利一焉。

右は行基の薨伝であるが、要害の処に橋や陂を造るにあたっては、行基の評判を聞いた人々が集まってきて、日ならずして成すことができたという。つまり、事業は現地の住民だけでなく、地域を越えて労働に従事したものによっても担われていたのである。土塔の造営も、現地住民からみれば共同体の外部に属する人々が集まって労働に従事した状況が想定できよう。そこでまず想起されるのが、各地から――少なくとも郷を越えて――集まった人名瓦の記名者たちが労働に従事した可能性である。記名者の知識への参加形態について、その一端がうかがわれるのが「知識」銘瓦である（本書第二部第一章史料2）。東野治之が推定するように、この銘文が、有力者が代替人を立てて知識に加わる旨を記させたものであるならば[31]、知識に入る主体はみずからの意思で知識に加わっているものの、土塔まで足を運んでいないことになる。このことは知識参加者のなかに、直接にみずから労力を提供しなかった人物が存在したことを示す。おそらく文字瓦にみえる知識の人々は、財物を提供することによって土塔の造営に必要な費用を負担したのであろう。そうだとすれば、実際に造寺の労働に従事したのはどのような人々であったのだろうか。

先述のように、人名瓦の記名者が各地の首長層であり、それぞれの背後に地域共同体があるならば、土塔の造営にあたって瓦にその名を記すことなく、各首長層のもとで造寺を支えた共同体成員の存在を想定する必要があるのではないだろうか。この点を確かめるため、瓦生産に注目してみたい。

土塔の瓦生産について、近藤は七世紀代に周辺の寺院で瓦製作をおこなっていた工人集団が集められた可能性を考えている。また技法から、須恵器工人が製作したとみられる瓦も存在するという(32)。ただ、瓦工人の存在形態や編成方式については、明らかでない点が多い。ここで注目したいのは、瓦を製作した須恵器工人の存在である。有井宏子は、「陶邑」の光明池（KM）22号窯で焼成された瓦について、須恵器の製作技法にもとづいて形成されたものが大半であり、丸瓦については実用面で考えると欠陥製品であることから、この瓦を製作した工人はその用途についての知識をもち合わせていなかったと推測している。また「陶邑」の須恵器工人と行基との結びつきについて、須恵器工人を組織する「主体」を媒介としたものであり、その「主体」が瓦工人を呼び寄せて「陶邑」での瓦生産を担わせ、不足する分だけを須恵器工人に見本を示して作らせた可能性を指摘している(33)。

「陶邑」における須恵器生産については、六世紀後半から七世紀前半を画期として、工人やその統率者たちが部制のもとに再編されたことが想定されている(34)。土塔が造営された八世紀前半においても、かかる貢納体制の名残が依然として存在していたのではないだろうか。有井がいう須恵器工人を組織する「主体」とは、旧伴造氏族の中小首長層であったと考えられる。そうだとすれば、須恵器工人にとっての瓦製作とは、首長への貢納・奉仕であったということもできるだろう。

土塔の造営はこのように、それぞれの地域共同体の首長層を媒介として動員されたのではないだろうか。首長が土塔の知識に参加すると、その地域共同体の成員が労働力として編成されるのである。つまり土塔の造営は、直接には共同体成員たる地域住民による首長への貢納・奉仕によって成り立っており、それが行基集団に収斂されることで土塔造営の労働力に転化したと考えられるのである。

二　土塔の知識の紐帯

1　実利的側面──共同体外部からの知識参加

行基が関与したとされる灌漑施設や交通施設等は、それを利用する地域住民にとって有益となるものであった。『行基年譜』には、大鳥郡土師郷に大野寺以外にも土室池・長土池が建設されたことが記されるが（「天平十三年記」）、これら一連の事業は現地の住民にとっては灌漑施設の整備など種々の利益があったと考えられる。しかし土塔の文字瓦をみると、氏族数は一〇〇近くにのぼり、大鳥郡の土師氏を中心としながらも、郷や場合によっては郡や国を越えて知識に参加していたことが想定されるのである。その多くは、檀越氏族や大野寺に付随する灌漑施設などを利用できる人々からみれば、共同体の外部ないしは生活圏外に属していたと考えられる。このような人々は、土塔やそれに付随する施設が造営されても直接的な利益の享受があったと考えられない。それにもかかわらず、各地の首長層は土塔の造営にあたってなぜかくも結集したのであろうか。理念上は、檀越や僧尼の呼びかけに呼応し、仏教信仰を媒介として結集したことになろうが、それだけでは十分に理解できないと思われる。この点を明らかにするため、知識参加によってもたらされる実利的な側面に注目したい。

まず、知識物の用途について考えてみたい。文字瓦にみえる一〇〇〇人以上の人名が知識として物資を提供したとするならば、その用途は造営に必要な資財等の調達に用いられたと思われるが、大半は人件費に用いられたのではないだろうか。具体的には、労働従事者の食料として消費されたであろう。乞食は僧尼の修行の一環であり、生活の手段でもあった。行基集団が僧尼令（5非寺院条）違反となる乞食を展開したことは、国家側から度々問題視されている[35]。行基集団が食料を集めていたことはほぼ確実であり、それも僧尼令違反となるほど大規模におこなわれていたのであろう。こうして集められた食料は、労働従事者に再分配されたと考えられる。

次に注目したいのが、土塔の文字瓦にみえる氏族の本拠地・居住地に、行基の足跡が残っていることが多いという岩宮の指摘である[36]。土塔所在地の住民に対して、共同体の外部から知識に参加した人々は、このような行基建立施設の造営と何らかの関係があるのではないだろうか。以下では、土塔周辺の住民からみれば生活圏外・共同体外部にあたる各地から土塔の知識に参加した首長層の動機について、人名瓦にみえる氏族と『行基年譜』所載の諸施設との関係に注目し、知識活動が土塔の知識を構成する基礎単位となった地域共同体にどのような影響を及ぼしたのかという視点から考察したい。具体例として、津守氏、大村氏、村山氏をとりあげる。

（1）　津守氏と津守村の諸施設

第一にとりあげたいのは、津守氏の事例である。土塔からは、「津守御杖」と刻んだ創建期の丸瓦（№二一六）が発見されており、土塔の知識に津守氏が参加していたことが確認される。『姓氏録』によると、和泉国には郡郷単位での分布地域は明らかでないものの、津守連、網津守連の分布が確認される。しかし津守氏は本来、摂津国西成（城）郡津守郷を本拠地とする氏族である。注目すべきは、この地に行基関連施設がみられる点である。

【史料3】『行基年譜』行年六十三歳（天平二年〈七三〇〉）条

善源院　□堀　三月一日起。

尼院　已上二院、在二摂津国西城《ママ》郡津守村一。

【史料4】『行基年譜』行年七十七歳（天平十六年〈七四四〉）条

難波度院

枚松院

作蓋部院

　已上三寺、摂津国西城《ママ》郡津守村。

【史料5】『行基年譜』天平十三年記

比売嶋堀川　〈長六百丈　広八十丈／深六丈五尺／在二西城《ママ》郡津守村一。〉

白鷺嶋堀川　〈長百丈　広六十丈　深九尺／在二已上西城《ママ》郡津守里一。〉

（中略）

度布施屋　在二西城《ママ》津守里一。

右に掲げた『行基年譜』の記載によると、摂津国西成郡津守村（津守里）には、院や堀川、布施屋といった行基関連施設が造営されていた。このことは摂津の津守氏と行基の関係をうかがわせるものであり、土塔人名瓦にみえる津守氏と摂津国西成郡との関係を一応推定しておきたい。

『行基年譜』によると、津守村に建設された諸施設の創建年代は天平二年（善源院、同尼院）、大平十六年（難波度院、枚松院、作蓋部院）であり、大野寺の創建が先行していた。この年次に従うと、津守氏はみずからの本拠地に諸施設が造営される以前から土塔の知識に参加していたことになる。この事実に関連性を認めるならば、土塔の知識に参加することが、みずからの本拠地における諸施設の造営に繋がったと考えられる。つまり津守氏は、みずからの属する共同体の外部にある大野寺の知識に参加することによって、自身の本拠地に行基を招請し、諸施設の造営事業を誘致した状況が想定できるのである。

(2)　大村氏と大修恵院

第二は大村氏の事例である。土塔からは「大村多千」と記した創建期の丸瓦（№二〇一）や、時期は不明であるが「大村」と記した平瓦（№二〇二）が出土しており、大村氏が土塔の知識に参加していたことが認められる。ここにみえる大村氏は、大鳥郡大村郷を本拠地とする大村直であろう。大村氏の本拠地にも、行基関連施設が存在した。

【史料6】『行基年譜』行年三十八歳（慶雲二年〈七〇五〉）条

大修恵院高蔵十月始起。

在二和泉国大鳥郡大村里大村山一。

右によると、慶雲二年に大鳥郡大村里大村山に大修恵院が建立されたという。大村里大村山はその位置や地名から、大村郷の氏族でもとくに大村直との強い関連が想定される。そこに建立された大修恵院は、大村直と密接な関係にあったといえよう。

大修恵院の創建について田村圓澄は、須恵器生産者に仏教を伝えるため行基が積極的におこなったとする。またその機能について、須恵器生産に従事する人々にとって治療・休憩の場であり、また葬儀の場であったとみる。(37)一方、吉田靖雄は大修恵院の名称に注目し、檀越は須恵器生産に従事した人々であり、院の所在地を本拠とする大村直がもっともふさわしいとするが、特定の氏族の氏寺を志向しておらず、広く須恵器の生産に携わる人々に開放された寺であったとみる。そして、行基の積極的意思ではなく、須恵器生産の斜陽化による人心の荒廃を打開するため、大村直など地域の有力者が行基を招請したとする。[38] さらに北條勝貴も大修恵院を須恵器工人の休養や看病のための施設とみて、行基が水旱・大風・疫病といった自然災害や産業衰退への不安という二重の打撃をこうむっていた「陶邑」の人々に精神的支柱を与え、産業復興への活力を見出し、産業衰退にともなう農業生産への比重の拡大に、行基集団の方向性が合致していたとする。[39] これらの所説に対して森明彦は、高蔵院が行基による建立であるという点を疑問視し、基本的には大村氏の氏寺であり、それが行基建立という縁起をもつに至ったとみるべきであるとする。[40]

以上の見解を踏まえて、大修恵院の機能・性格について改めて考察を加えたい。まず大村氏の名を記した文字瓦が土塔から発見されていることや、行基の弟子の歴名帳である『大僧正記』に真成の俗姓を大村氏と記すことから、大村氏と行基の深い関係が認められる。したがって、大修恵院も行基と関係のある院であった蓋然性は高まるだろう。ただし、『行基年譜』にみえるからといって、必ずしも行基が発願し建立したとみる必要はなく、関与の形態は幅をもたせて考える必要がある。『行基年譜』に記された諸施設は、「行基が結縁した」というのが最大公約数ではないだろうか。

大修恵院の機能・性格に関して留意したいのは、灌漑など対応する施設が『行基年譜』に記されていない点である。栄原によると、院と結合した灌漑施設の造営は三世一身法発布をうけたものとされる。[41] 大修恵院は三世一身法施行以前の建立であり、「天平十三年記」に対応施設がないことから、灌漑施設を維持・管理する拠点としての院とは異なる性格であったと推測される。したがって、同院は窯業生産から農業生産への移行に対応した施設であったとは考えがたい。

表13　陶邑古窯跡群における窯数の変遷

	合計窯跡数	5c	6c	7c	8c	9c〜
高蔵寺（TK）	198	55	38	17	39	3
陶器山（MT）	114	11	38	12	15	11
栂（TG）	122	22	38	36	22	—
大野池（ON）	86	31	2	2	2	—
光明池（KM）	145	14	21	23	41	1

• 窯跡の数は『泉州における遺跡の調査Ⅰ　陶邑 VIII　大阪府文化財調査報告書第46輯』（大阪府教育委員会，1995年），中村浩『泉北丘陵に広がる須恵器窯・陶邑遺跡群』（新泉社，2006年）を参照した．

大修恵院は農業生産よりもむしろ、窯業生産に関わる院であった可能性がある。表13によって「陶邑」における窯数の変遷を確認すると、大村郷域（高蔵寺・陶器山地区）における須恵器窯の数は八世紀に入ると増加しており、とくに高蔵寺地区は倍増していることが看取される。発掘状況の偏差や時期が不明な窯の存在には留意する必要があるが、少なくとも窯数からは窯業生産の衰退は読み取れず、むしろ八世紀になって活性化している様相がうかがわれるのである。大修恵院の建立が直接に影響したかどうかは不明であるが、土塔造営を含めて行基の活動と結びつくことによって窯業生産が活性化した可能性もあろう。

慶雲二年という『行基年譜』による大修恵院の年代が認められるならば、大村氏は行基との関係を形成し、みずからの本拠地に寺院を建立した後の神亀四年の段階になってもなお行基を支持し続けていたことになる。これは大修恵院建立への協力、ないしは結縁に対する見返りの意味があったことを示している。また行基集団にとっても、各地における大規模な知識活動を維持するためには、大村氏の本拠地に寺院を建立した後も、彼らの継続的な支持を得ることが必要であったのだろう。

（3）狭山池と狭山池院・尼院

第三は村山連の事例である。土塔から「村山連」と記した創建期の平瓦（№一一五）が出土しており、土塔の知識に村山連が参加していたことが確認できる。村山連は『姓氏録』河内国神別に記載があり、中臣連と同祖とあることから、中臣系の氏族だったことがわかる。また、天平二十年（七四八）四月二十五日「写書所解」[42]には村山連首万呂について「河内国丹比郡俠〔狭〕山郷戸主少初位上村山連浜足戸口」とあることから、村山連は丹比郡狭山郷を本貫地とする氏族であったことが確認される。村山連の本拠地である狭山地域には、村山連以外にも中臣系氏族が多く分布していた。すなわち『姓氏録』和泉国神別にみえる狭山連は、そのウヂナから本来は河内国丹比郡狭山郷のあたりを本拠地としていた氏族と考えられる。また『姓氏録』河内国神別にみえる中臣高良比連のウヂナは「高い樋」を意味し、狭山池の堤に設けられた高い樋を管理しながら式内社「狭山堤神社」の祭祀をおこなう氏族であり、祖とする「臣（巨）狭山命」は巨大な狭山池を神格化したものとされる(43)。丹比郡狭山郷には、村山連、中臣高良比連、狭山連などの中臣系氏族が同族的まとまりをもって居住していたのである。このように中臣系氏族の分布が濃密な狭山地域にも、行基関連施設がみえる。

【史料7】『行基年譜』天平十三年記

狭山池　在二河内国（丹比）北郡狭山里一。

【史料8】『行基年譜』行年六十四歳（天平三〈七三一〉）条

狭山池院　二月九日起。

尼院　已上在二河内国（丹比）北郡狭山里一。

史料7には「池十五所」の一つとして狭山池が河内国丹比郡狭山里に所在したことを記す。この狭山池について『日本書紀』は崇神期に狭山に池溝を開発せよとの詔が出されたことを記し(44)、『古事記』は狭山池の築造を垂仁期のこととして記す(45)。しかし舘野和己は、『日本書紀』の地溝開発記事の分析から、狭山池の築造を七世紀初頭の推古期とみる(46)。また狭山池の築造年代については考古学的な分析もされており、狭山池で検出された東樋下層に用いられた木材は年輪年代法によって六一六年に伐採されたと測定されている(47)。したがって、史料7に記す狭山池はすでに築造されていた狭山池を修造または改築したことを示すと考えられ、また史料8にみえる狭山池院・尼院は狭山池を管理する施設としての側面が推測されよう。

ところで狭山郷には、式内社の狭山神社と狭山堤神社が所在している。現在の狭山神社は狭山池の東南に所在し、狭山堤神社は狭山神社の境内に摂社となっているが、狭山池の周辺という所在や狭山堤という社名から、両神社は狭山池との密接な関連が想定される。これら神社の祭祀を掌ったのは、やはり中臣系氏族であろう。中臣系氏族には、狭山を名に有する神を祖とするものが存在する。たとえば前出の中臣高良比連のほかに、『姓氏録』左京神別上にみえる中臣酒人宿禰も「臣狭山命」を祖としている。これらのことから、中臣系氏族と狭山の神、さらには狭山池との深い関係が考えられるのである。狭山郷に居住した中臣系氏族は、同族的まとまりを有しながら狭山池の管理に深く関与していたといえよう。したがって、行基に関わる事績として記される、狭山池の修造や院の建立といった諸事業と中臣系氏族は無関係ではない。狭山地域における狭山池の修造や狭山池院・同尼院の建立は、そこに居住していた中臣系氏族の管理下にあった灌漑施設の維持・管理を強化する機能を果たし、それによる農業生産の拡大を促す効果があったと考えられるのである。

それが認められるならば、行基集団が狭山地域に諸施設を建設するにあたって、地元の中臣系氏族がいかに関わったかが問題となるが(48)、その一端を示すのが土塔から出土した村山連の名を記した瓦である。この瓦の存在は、神亀四年頃から村山連がすでに行基との関係を形成していたことを示すものである。したがって、天平三年頃になって偶然に狭山地域に布教にきた行基を、そこに居住していた中臣系氏族が受動的に受け入れ、協同して狭山池の修築や院の建立をおこなったのではなく、神亀四年頃からすでに行基と関係を有し、土塔の造営に協力していた村山連などが、積極的に行基を地元の狭山地域に招請し、池の補修や施設の造営事業を誘致した様相がうかがわれるのである。

以上の考察によって、行基を支持する諸氏族は、みずからの居住地からみれば生活圏外ないしは共同体外部にある土塔の知識に参加する一方で、みずからの本拠地に行基集団を招請して知識活動をおこない、院・灌漑などの諸施設を造営していたことになる。ここに、行基集団を構成していた各地域共同体間での相互依存関係を見出すことができる。土塔の知識に参加したものの、結果的には行基集団による諸施設の造営にあずからなかった地域共同体もあろう。その場合でも、ネットワークに加わることによって、行基集団を招請する足がかりを築いたという点には変わりない。行基集団は、このような地域共同体間の相互扶助的ネットワークであり、それを差配するのが行基であった。

ここで行基集団における財や労働力の流れを整理したい。行基集団の活動にあたって、共同体成員は首長に財物や労働力を提供し、首長はさらに行基集団にそれを集約する。そして首長は、ネットワークを利用して行基集団を招請する。こうして行基集団に集められた知識物は労働に従事する人々に食料として再分配され、その労働の結果として院や灌漑・交通施設等が造営される。知識活動を支えた共同体成員による首長への貢納・奉仕は、行基集団の招請および諸施設の造営という形で再分配されるのである。このように、知識参加によってもたらされる実利的な要素は、知識のタテ・ヨコ双方の結びつきを補完していた。行基はこのような財や労働力の分配を差配することによって、求心力を維持・強化して、宗教的実践を展開したものと考えられる。

2　宗教的理念と社会的理念

これまで、知識参加によってもたらされる実利的側面に注目し、それが知識のタテ・ヨコ双方の結びつきを補完していたことを指摘した。しかし知識は理念上、仏教信仰を媒介とする集団である。竹内亮は知識結集の際に「天皇の奉為」という社会的理念と「共に菩提に至る」という宗教的理念とが合わせて標榜され、人々が結合するための触媒としてそれぞれ有効に作用したことを指摘した(49)。ただ、知識の強制性や階層性を考慮した場合、それがどれほど実効性を有したかは検討の余地があろう。そこで土塔の知識結集にあたって、この二つの理念がいかに作用したのかを、

図７　願文を記した須恵器
（提供　堺市文化財課）

知識の構造、とくにその重層性に留意しながら検討したい。

最初に、土塔の造営にあたって標榜された社会的理念について確認したい。「天皇の奉為」という社会的理念は、土塔の場合も例に漏れず、知識結集の名目として掲げられた可能性が高い。そこで注目したいのが、土塔の周辺から文字瓦などと共伴して計四点出土している在銘須恵質製品である（図７）[50]。接合箇所はないが、調整や焼成の共通性から四点とも同一個体と考えられている。そのうち一片に次の銘文が記されている。

【史料９】土塔出土須恵質製品銘

□□
添厳清
七唐咸登萬
□帝天皇尊霊□

この須恵質製品に刻まれた銘文は一種の願文であるとみられるが、注目されるのは「七唐（廟）」や「帝天皇尊霊」の語句である。吉川はこれらの語句から、この願文に歴代の「天皇霊」の追善を願う内容が含まれていたとする[51]。それとともに注目すべきは、「七廟咸登萬」の語句が「寺沙門玄奘上表記」[52]所載の玄奘の上表文にみえる点である。

【史料10】「寺沙門玄奘上表記」

願斯妙善、仰資二国祚一、上延二七廟一、咸登二萬福一。皇帝皇后、重暉二日月一、合徳二乾坤一、永御二金輪一、独昌二沙界一。皇儲隆二盤石之固一、諸王茂二本枝之栄一。

右は大般若経翻訳による功徳を祈願する願文であるが、須恵質製品の銘文と同じ「七廟咸登萬」の五文字がみられる。史料9の五文字に関しては、玄奘の上表文ないしはそれがもとにした書儀を参照して成文された可能性が高いと思われるが、かかる語句が玄奘の上表文において国家や皇帝への作善を祈願する文脈上で用いられている点は注目される。土塔の須恵質製品の銘文も同様に、国家や天皇への作善を祈願する文脈で用いられた可能性があろう。当時の行基と天皇の関係に関しては、次の史料11に注目したい。

【史料11】『行基年譜』行年五十八歳（神亀二年〈七二五〉）条

久修園院山崎　九月起。

在二河内国交野郡一条内一。九月一日、将二彼弟子一、修二杜多行一、到二山崎川一、不レ得レ暇掩留。河中見二一大柱一。芹問云、彼柱有二知人一矣。或人申云、往昔、老旧尊船大徳所レ渡柱云云。大芹発願、従二同月十一日始一、度二山崎橋一云云。

天皇帰依給云云。

行基は養老元年の詔において名指しで指弾[53]されて以来、国家とは緊張関係にあった。ところが史料11によると、神亀二年に行基が発願して山崎橋を渡した際に、聖武天皇が帰依したとされるのである。天皇が帰依したとする記述については、「云云」とあることから、何らかの史料に依っているとみられる[54]。また寺院の縁起や行基の伝承が参照された可能性もあり、その史料性に問題もあろう。しかし、土塔の造営にあたって一〇〇近い氏族、一〇〇〇人以上の人々が行基のもとに結集したことからすると、神亀二年段階に聖武天皇が帰依したというのもあり得ないことではない。養老元年の詔では「小僧行基」と記されているのに対し、天平三年の詔[55]では「行基法師」と記されている。この間に国家の行基観の変化が看取されるが、それは天平三年の詔と同時に変化したのではなく、神亀二年にまで遡る可能性がある。この間に天皇が元正から聖武へ代わっていることも、国家による対行基政策の変化と関わろう。

以上を勘案すれば、須恵質製品に刻まれた銘文は、行基への帰依を表明した天皇に対する作善を祈願するものとして理解することができるのではないだろうか(56)。平城京での活動時に弾圧を受けていた行基が、みずからの活動を天皇のための仏事であるとする理念を掲げることは、知識結集の正当性を示す点で重要であろう。文字瓦に名を記した首長層は、行基に対する天皇の帰依があり、またそれに対する天皇のための仏事であるからこそ、表立って結集し得たと考えられる。なお森明彦は、行基の社会事業への関わりがみられた時点をもって行基の運動の転換期とみて、それを神亀二年の山崎橋の架橋に求める(57)。この時期から展開される大規模な社会事業を継続的に展開するには、それ相応の大規模な知識の結集とそれによる財源の獲得が必要となる。それが実現するには「天皇の奉為」という理念が不可欠であったが、それは天皇の帰依があってこそ可能となったのではなかろうか。行基の側が「天皇の奉為」という理念を掲げたとしても、弾圧の対象であったならば大規模な知識の結集は実現しなかったであろう。つまり天皇の帰依と山崎橋の架橋にはじまる社会事業の開始は、連動するものと考えられるのである。

次に、宗教的理念についてみていく。土塔からは「為父」（№一〇七二）や「為丹比□」（№一〇七〇）等の文字を記した瓦が検出されており、知識の参加者それぞれに父母や先祖の追善供養など個別の信仰目的があったことがうかがわれる。また、現在所在は不明とされるが、かつて前田長三郎が土塔で発見・所蔵し、森浩一が確認した資料のなかに「彼岸の道（路）に遊ぶ」と読めるような美しい文字が書かれた遺物の破片があったとされ、先に掲げた須恵質製品片と同一個体であった可能性が推定されている(58)。その文脈は不明であるが、土塔の知識結集にあたって「共に菩提に至る」という、あるいはそれに類する宗教的理念も掲げられた可能性が高い。

以上のような社会的・宗教的理念は誰にどこまで共有され、知識結集の原理として作用したのであろうか。人名瓦の記名者は、それぞれの地域共同体では檀越となって仏事を発願し得る存在であり、土塔の造営にあたっては檀越や僧尼の呼びかけに呼応し、信仰行為としてみずからの名を記した首長層であった。つまり、強制力を媒介とせず主体的に土塔の知識に結集した人々だったのである。したがって、このような首長層間のヨコの結びつきにおいては、竹内が指摘したように社会的・宗教的理念は触媒として有効に作用したであろう。実利的な相互依存関係と社会的・宗教的理念が一体となって、首長層同士を結びつけたものと考えられる。

一方で知識の重層性を考慮した場合、社会的・宗教的理念がタテの結びつきにどの程度有効に作用したのかは問題が残る。土塔の知識を構成するそれぞれの地域共同体では、首長との人格的関係にもとづいて知識が編成されているのであって、一般成員たちが仏事の目的、あるいはみずからの行為が仏事の一環であったことを理解していなかった可能性もある。人名瓦のなかには窯の煙突に利用されているものも存在するが(59)、これは信仰行為として瓦に記名されている点を窯の構築にあたった工人が意識していなかったことを示すと考えられる。共同体成員は首長を介して知識に参加しているのであり、知識結集における主体性は認めがたい。よって、社会的・宗教的理念が共同体内部におけるタテの結びつきに触媒として作用したとしても、あくまでも原動力の根本は首長との人格的関係であり、それを信仰面から補完する程度の副次的な効果にとどまるものであろう。形式的には同じ一つの知識であっても、首長層の結集原理と共同体一般成員の編成原理は異なるのである。土塔の造営を支えた各共同体一般成員の自己認識は地域共同体に根ざすものであって、それを知識とみなすのは編成する側の首長層の論理である(60)。しかし、それが同信同行の集団として一括りにされる点が知識の特質であると考えられる。

このように土塔の知識結集において掲げられた社会的・宗教的理念は、主体的に結集した首長層の間で共有され、触媒として有効に作用した。だが、それぞれの地域共同体の内部は既存の社会関係にもとづいて編成されており、信仰面からそれを補完する副次的なものにすぎなかったと考えられる。

おわりに

最後に、本章で論じたところをまとめておく。

①　土塔の知識は、大鳥郡土師郷を中心としながらも郷を越え、場合によっては郡や国を越えた地域から多数の人々が参加していた。その構造は、首長層と一般成員間のタテの結びつきを包含する複数の地域共同体が、首長層のヨコの結びつきによって結合したネットワークであった。土塔の造営は各共同体の成員による首長への貢納・奉仕が行基集団に収斂されることにより成り立っていた。

②　土塔の造営に協力した首長層は、一方で行基を招請し、みずからの本拠地に院や灌漑・交通施設などを造営しており、行基集団を構成する基礎単位となった地域共同体の間には相互依存関係が見出される。また、知識活動を支えた共同体成員による首長への貢納・奉仕は、労働に対する対価や、首長による行基集団の招請および諸施設の造営という形で再分配された。知識結集にあたって掲げられた社会的・宗教的理念は、主体性をもって結集した首長層のヨコの結びつきには有効に作用したが、共同体内部の強制力をともなうタテの結びつきにおいては副次的な要素にすぎなかった。

本章の考察によって、タテ（強制的）・ヨコ（自発的）の結びつきからなる知識の重層的かつ多元的な構造や、階層によって異なる知識結集の仕組みが明らかになったと思われる。再分配の恩恵を得ようとする地域共同体を編入し、拡大していく行基集団の組織編成原理には、首長制的な側面を見出すことができるのではないだろうか。行基集団の活躍した八世紀前半の畿内社会を首長制社会であると位置づけることや、行基集団における社会的結合のあり方を首長制的な関係のみで説明することは多くの問題がある。しかし地域共同体が、再分配をもたらす行基集団に加わってほかの地域共同体と協同しなければならなかったのは、それまで生産の特殊化によって社会的分業の一端を担ってきたからであり、首長制社会の構造と無関係ではなかったと思われる。

註

（1）栄原永遠男「大野寺の土塔の知識」（『和泉市史紀要』一一、二〇〇六年）。
（2）古尾谷知浩「文字瓦と知識」（『文献史料・物質資料と古代史研究』所収、塙書房、二〇一〇年、初出は二〇〇七年）。
（3）岩宮未地子「文字瓦の分析と考察」（『史跡土塔―文字瓦聚成―』所収、堺市教育委員会、二〇〇四年）。
（4）この釈文は「少林里」と読み直されている（『史跡土塔―文字瓦聚成―』〈前掲註（3）報告書〉正誤表）。
（5）この瓦は「陶邑」から出土したと伝えられるものである。柴垣勇夫「伝・陶邑窯出土の文字瓦資料について」（『愛知県陶磁資料館研究紀要』一二、一九九三年）を参照。
（6）古尾谷知浩「文字瓦と知識」（前掲註（2）論文）。
（7）吉川真司『天皇の歴史 二　聖武天皇と仏都平城京』（講談社、二〇一一年）。
（8）「平成一二年度下水道管布設工事に伴う立会調査概要報告」（『堺市文化財調査概要報告』第九七冊所収、堺市教育委員会、二〇〇二年）。
（9）近藤康司「和泉・大野寺の造瓦集団と知識集団」（『瓦衣千年』所収、森郁夫先生還暦記念論文集刊行会、一九九九年）。
（10）近藤康司「大野寺跡・土塔の考古学的検討」（『行基と知識集団の考古学』所収、清文堂出版、二〇一四年、引用部分の初出は二〇〇四年）。
（11）岩宮未地子「文字瓦の分析と考察」（前掲註（3）論文）。
（12）溝口優樹「大野寺土塔の文字瓦にみる知識」（『国学院大学大学院紀要―文学研究科―』四三、二〇一二年、本書第二部第一章）。

(13) 溝口優樹「大野寺土塔出土「司解」銘瓦をめぐって」(『国学院雑誌』一一三―一一、二〇一二年、本書第二部第二章)。
(14) 吉田靖雄「行基集団と和泉国」(町田章・鬼頭清明編『新版古代の日本 六 近畿Ⅱ』所収、角川書店、一九九一年)、北條勝貴「行基と技術者集団」(井上薫編『行基事典』所収、国書刊行会、一九九七年)、岩宮未地子「文字瓦の分析と考察」(前掲註(3)論文)、吉川真司『天皇の歴史 二 聖武天皇と仏都平城京』(前掲註(7)書)。
(15) 竹内亮「古代の造寺と社会」(『日本史研究』五九五、二〇一二年)によると、岡山県栢寺廃寺から出土した「評太君服」と記された文字瓦は、加夜評督であった服部某が知識に参加していたことを示すが、あくまで結縁者の一人であって、知識結集の社会的求心力の源泉は、評督の公的地位ではなかったという。そうだとすれば、土塔の知識における郡司の参加と同様の事例が七世紀後半に認められるだろう。
(16) 井上光貞「行基年譜、特に天平十三年記の研究」(『井上光貞著作集 二 日本古代思想史の研究』所収、岩波書店、一九八六年、初出は一九六九年)。
(17) 東野治之「土塔の文字瓦」(『史跡土塔―文字瓦聚成―』〈前掲註(3)報告書〉所収)。
(18) 田中塊堂『日本写経綜鑒』(三明社、一九五三年)。
(19) 鎌田元一「日本古代の人口」(『律令公民制の研究』所収、塙書房、二〇〇一年、初出は、一九八四年)。
(20) 女性が多いのは、井上薫「郡寺と国分寺」(坂本太郎博士還暦記念会古稀記念会編『続日本古代史論集 上』所収、吉川弘文館、一九七二年)が指摘しているように、写経の場所や安置先が尼寺であったためである可能性もある。
(21) 以下、とくに断らない限り血縁関係は擬制的なものを包含する意味で用いる。
(22) 以下、首長は村落レベルの首長を含め、首長層はそれと同様の社会階層に属する人々を指す。
(23) 『大鳥太神宮幷神鳳寺縁起帳』は神鳳寺の定額寺勅定を契機として八世紀中頃に編纂された「定額寺縁起」をもとに、両部習合思想を背景として十三世紀後半から十四世紀後半までに成立した「垂迹縁起」を加筆した編纂物であると考えられている(栁田甫「『大鳥太神宮幷神鳳寺縁起帳』の翻刻とその史料的考察」『国学院大学大学院紀要―文学研究科―』四五、二〇一四年)。
(24) 古尾谷知浩「文字瓦と知識」(前掲註(2)論文)。
(25) 吉田晶「古代仏教と学芸・文化」(『羽曳野市史 一』所収、一九九七年)、笹川尚紀「西琳寺縁起」(鎌田元一編『古代の人物 一 日出づる国の誕生』所収、清文堂出版、二〇〇九年)。

(26) 今井啓一「帰化族とその文化―西琳寺塔礎と羽曳野発掘の石棺に寄せて―」(『帰化人と社寺』所収、綜芸舎、一九六九年、初出は一九五四年)。
(27) 石田茂作「西琳寺」(『飛鳥時代寺院址の研究』所収、一九三六年)。
(28) 中村英重「氏寺と氏神」(『古代氏族と宗教祭祀』所収、吉川弘文館、二〇〇四年、初出は一九九五年)。
(29) 續伸一郎「結語」(『堺市文化財調査報告 第二六集 土師南遺跡』所収、堺市教育委員会、一九八六年、同「和泉国土師廃寺について」(中山修一先生古稀記念事業会編『長岡京古文化論叢』所収、同朋舎出版、一九八六年)。
(30) 溝口優樹「大野寺土塔の文字瓦にみる知識」(前掲註(12)論文)。
(31) 東野治之「土塔の文字瓦」(前掲註(17)論文)。
(32) 近藤康司「大野寺跡・土塔の考古学的検討」(前掲註(10)論文、引用部分の初出は一九九九年)。
(33) 有井宏子「陶邑における瓦生産―いわゆる「行基集団」の構成を考える一助として―」(『狭山池 論考編』所収、狭山池調査事務所、一九九九年)。
(34) 菱田哲郎「須恵器の生産者―五世紀から八世紀の社会と須恵器工人」(『列島の古代史 四 人と物の移動』所収、岩波書店、二〇〇五年)、同『古代日本 国家形成の考古学』(京都大学学術出版会、二〇〇七年)、溝口優樹「三輪君と須恵器生産の再編―六・七世紀の陶邑古窯跡群を中心に―」(『国史学』二〇六・二〇七合併号、二〇一二年、本書第一部第三章)。
(35) 『続日本紀』養老元年(七一七)四月壬辰(二十三日)条、『類聚三代格』巻三、養老六年(七二二)七月十日太政官奏、『続日本紀』天平三年(七三一)八月癸未(七日)条。なお、これらは本書第二部第四章史料1~3にあたる。
(36) 岩宮未地子「文字瓦の分析と考察」(前掲註(3)論文)。
(37) 田村圓澄「行基と平城京造営」(『史淵』一一二、一九七五年)。
(38) 吉田靖雄「行基集団と和泉国」(前掲註(14)論文)。
(39) 北條勝貴「行基と技術者集団」(井上薫編『行基事典』所収、国書刊行会、一九九七年)。
(40) 森明彦「行基と高石の仏教」(『高石市史 一 本文編』所収、一九八九年)。
(41) 栄原永遠男「行基と三世一身法」(平岡定海・中井真孝編『行基・鑑真』所収、吉川弘文館、一九八三年、初出は一九七二年)。
(42) 正倉院文書続修二十八―八・『大日本古文書』三―七八。

(43) 栄原永遠男「行基と中臣系氏族―伊勢信仰と仏教」（野田嶺志編『地域のなかの古代史』所収、岩田書院、二〇〇八年）。
(44) 『日本書紀』崇神六十二年七月丙辰（二日）条。
(45) 『古事記』垂仁段。
(46) 舘野和己「文献史料からみた狭山池の開発」（『狭山池　論考編』〈前掲註(33)書〉所収）。
(47) 光谷拓実「狭山池出土木樋の年輪年代」（『狭山池　埋蔵文化財編』所収、狭山池調査事務所、一九九八年）。
(48) 栄原永遠男「行基と中臣系氏族―伊勢信仰と仏教」（前掲註(43)論文）は行基とその集団が、伊勢信仰が浸透していた狭山地域に支持者を獲得していく過程を考察している。
(49) 竹内亮「古代の造寺と社会」（前掲註(15)論文）。
(50) 『史跡土塔―文字瓦聚成―』（前掲註(3)報告書）。
(51) 吉川真司「行基と知識と天皇」（前掲註(7)書）。
(52) 『大正新脩大蔵経』史伝部所収（№二一一九）。なお、大蔵経テキストデータベース研究会「大正新脩大蔵経テキストデータベース」（http://21dzk.l.u-tokyo.ac.jp/SAT/）を利用した。
(53) 『続日本紀』養老元年四月壬辰条。
(54) 史料11に掲げた文章のうち、山崎橋の架橋に関する記述は『行基菩薩伝』に依拠していることが指摘されている（吉田靖雄『行基と律令国家』〈吉川弘文館、一九八七年〉）。
(55) 『続日本紀』天平三年八月癸未条。
(56) ただし天平三年の詔では行基に随う優婆塞・優婆夷で法（僧尼令）のとおりに修行するもののうち、男性六十一歳以上、女性五十五歳以上の者は出家することが認められるが、そのほかの托鉢するものは所管の官司に連絡して厳しく捉搦を加えよとされるように、行基集団は依然として国家と緊張関係にあった。しかし、これは行基に追従するものに対する施策であり、行基本人の宗教活動は問われておらず、聖武が帰依していたことと矛盾しない。
(57) 森明彦「行基と高石の仏教」（前掲註(40)論文）。
(58) 『史跡土塔―文字瓦聚成―』（前掲註(3)報告書）。
(59) 「平成一一年度下水道管布設工事に伴う立会調査概要報告」（前掲註(8)報告書）。「高向調使御賀利」（№二一四）がこれに該当する。

(60)「名づけ」「名乗り」の概念を用いるならば、知識は首長層にとっては「名乗り」であったが、共同体一般成員にとっては「名づけ」にすぎなかったということができる。

第四章　行基集団の構造とその原動力

はじめに

第一章から第三章にかけて、大野寺の土塔から検出された文字瓦をもとに、土塔の造営や修復などに関わった知識について考察してきた。大野寺は『行基年譜』に記されるとおり行基が結縁した寺院であり、土塔に関与した知識は広い意味での行基集団として理解することができる。八世紀前半に活躍した行基のもとには多数の人々が集まり、多岐にわたる活動を展開した。その活動にはさまざまな側面があり、僧侶による教化活動でありながら、人々を救済する社会事業であり、さまざまな施設の造営をともなう土木事業でもあった。その活動は総合的にみてかなり大規模なものであったと思われる。では、その原動力はどこにあったのであろうか。

行基やその集団に関する研究には膨大な蓄積があるが、上述した問題を考えるにあたって、とくにいくつかの研究に注目したい。第一にあげたいのは、行基論を古代「国家論」の一部としてとらえる石母田正の研究である。石母田は行基集団とその事業について、「養老—天平期の律令制国家の諸矛盾の所産であり、この時期の人民、すなわち班田農民から手工業者、渡来人、都市民等々の多様な形で存在し、ある場合には逃散農民として、ある場合には役民としてあらわれるところの人民の一側面、とくに畿内・近国の人民のそれを代表する運動」であるとする(1)。行基集団を国家権力に対する、またはより根本的には首長制支配にみられる社会の権力的秩序に対する集団としてとらえることには異論があるが、行基集団を律令制国家の諸矛盾の所産ととらえる視点は継承すべきであろう。

第二にとりあげたいのが、行基集団の活動を規定した人々の動きを重視する永山修一の研究である。永山は、行基集団の活動を「行基の活動」と鉤括弧をつけて行基自身の活動と区別し、それが行基自身、行基の弟子、行基に随う豪族・有力農民、行基に随う班田農民が相互に規定しあい、または規定されながら創出され、また行基自身の思想・活動が「行基の活動」に規定される面をもっていたことを指摘している。(2)本章も、行基集団の活動に影響を与えた人々の主体性を重視し、行基集団を相互に作用しあう要素の集合体、すなわち一つのシステムとして把握することを試みたい。指導者層は、行基集団を構成するさまざまな立場の人々、あるいはその外部から支持と要求すなわち「入力(インプット)」を受け、それを統合・調整して社会・土木事業として「出力(アウトプット)」する。そして、「出力」された社会事業が「入力」した人々に「還元(フィードバック)」され、さらなる「入力」に繋がる。しかし「還元」が不十分であれば「入力」に占める支持の割合は弱まり、指導者層による「出力」のあり方は変更を迫られるのである。行基集団の原動力を明らかにする鍵は、このような構造にあるのではないだろうか。行基集団の原動力は、多くの人々による要求と支持すなわち「入力」によると思われるが、それに繋がる「還元」の内容が問題となる。また、その「還元」を必要とした人々の背後にある歴史的背景が明らかになれば、行基集団を国家史の一部として位置づけることにも繋がるであろう。

上記の点を踏まえて本章では、まず行基集団の構成を確認したうえでその参加形態を明らかにし、人々が行基のもとに集まった歴史的背景をとくに律令制導入による社会矛盾という点を中心に追求したい。

一　行基集団の構成と参加形態

行基集団という語は、論者によって指す範囲が微妙に異なっている。議論の混乱を避けるため、まずは行基集団の定義をおこなっておきたい。行基は徒党を組み、各地を周遊していた。これを狭義の行基集団（以下「行基集団」と表記する）と定義する。また行基が周遊する先々では、彼らの教化を受け、社会・土木事業に参加・協力する在家の人々がいた。これと「行基集団」をあわせて、広義の行基集団と定義する。

行基集団は、院や多岐にわたる施設を造営ないしは修造した。『行基年譜』所引「天平十三年記」は、橋六所、直道一所、池一五所、溝七所、樋三所、船息二所、堀四所、布施屋九所を載せており、その範囲は山城・摂津・河内・和泉の各国に及ぶ。このような事業を推進した行基集団が、どのような人々によって構成され、またその形態がいかなるものであったのかを検討する。

1　第一次行基集団

行基集団は畿内の各地においてさまざまな社会・土木事業を展開したが、それ以前は主に平城京で活動をおこなっていた。まずはこの頃の行基集団の様相を確認しておきたい。

田村圓澄は養老七年（七二三）に行基が和泉に移るのを境として、行基集団を第一次・第二次に分け、第一次の行基の集団は、平城京造営に徴集された役民や運脚夫であった人々を軸に構成されていたとみる(3)。それを批判的に継承した勝浦令子は、行基集団が養老末年頃には、畿内に本拠をもつ下級官人やそれとの関連の深い平城京の住民、またその家族を含む多くの女性が行基集団に参加していたと指摘する。[4] さらに北條勝貴は、第一次行基集団がA類＝行基の立場に賛同する中央寺院の官僧と、B類＝行基によって救済された浮浪逃亡の役民・班田農民・都市民・手工業者、行路に飢餓した役民・貢調運脚夫・流浪乞食僧からなる二層構造をとっていたと指摘している。[5] 基本的にこれらの研究史を踏襲したいが、第二次行基集団との関連性を意識しつつ、今一度、第一次行基集団の様相を史料から確認しておく。行基集団が史料上はじめてあらわれるのが次の史料1である。

【史料1】『続日本紀』養老元年（七一七）四月壬辰（二十三日）条

詔曰、置レ職任レ能、所三以教二導愚民一。設レ法立レ制、由三其禁二断奸非一。①頃者、百姓乖二違法律一、恣任二其情一、剪レ髪髡レ鬢、輙着二道服一。貌似二桑門一、情挟二奸盗一、詐偽所二以生一、姦宄自レ斯起。一也。②凡僧尼、寂二居寺家一、受レ教伝レ道。准レ令云、其有二乞食者一、三綱連署。午前捧レ鉢告乞。不レ得三因レ此更乞二余物一。方今、小僧行基幷弟子等、零二畳街衢一、妄説二罪福一、合二構朋党一、焚二剝指臂一、歴レ門仮説、強乞二余物一、詐称二聖道一、妖二惑百姓一。道俗擾乱、四民棄レ業。進違二釈教一、退犯二法令一。二也。③僧尼依二仏道一、持二神呪一以救二溺徒一、施二湯薬一而療二痼病一、於レ令聴之。方今、僧尼輙向二病人之家一、詐祷二幻怪之情一、戻執二巫術一、逆占二吉凶一、恐二脅耄穉一、稍致レ有レ求。道俗無レ別、終生二奸乱一。三也。如有二重病一応レ救、請二浄行者一、経二告僧綱一、三綱連署、期日令レ赴。不レ得三因レ茲逗留延二日一。④実由二主司不一レ加二厳断一、致レ有二此弊一。自レ今以後、不レ得二更然一。布二告村里一、勤加二禁止一。

右は行基とその弟子等を含む僧尼に対する指弾の詔であるが、その内容は大きく分けて、①勝手に僧尼の姿をすることの禁止、②行基とその弟子等による宗教活動への指弾、③僧尼による治療行為の規制、④以上のような事態への対処という四点に整理することができる。

さて、ここであげられている人々について整理してみたい。①であげられているのは僧侶の格好をした百姓、②であげられているのは行基とその弟子等、③は治療行為をおこなう僧尼である。②からはこの時期における行基集団の様相がうかがわれるので詳しくみておきたい。②では行基とその弟子等の行為として、（1）街衢《がいく》に集まって妄りに罪福を説くこと、（2）徒党を組むこと、（3）指臂《しひ》を焚き剝ぐこと、（4）家々を訪問して「仮説」し、強いて余物を乞うこと、（5）詐《いつわ》って「聖道」と称して百姓を妖惑することがあげられ、その結果として道俗擾乱し、四民が業を棄てる事態を招いていることが問題視されている。これらは行基とその弟子等からなる「行基集団」による布教活動であるが、被布教者の存在も確認することができる。被布教者は教化を受ければ、在家の信者となり、広義の行基集団の構成者に含めることができる。ただし、常時活動に参加するわけではなく、適宜「行基集団」への協力をおこなうような形態であり、行基集団の輪郭は曖昧なものであったと思われる。（4）のように行基とその弟子等は托鉢をおこなっていたが、それによって在家の信者は布施という形で応じていたことになる。また、「四民」が業を棄てるといわれているように、在家の信者が生業をやめて行基のもとで宗教活動に身を置くことがあり、「行基集団」を構成する場合もあった。その場合、俗人として「行基集団」に加われば優婆塞・優婆夷ということになり、僧形であれば私度僧ということにもなろう。「道俗擾乱」とは、まさにこのような状態を指すと考えられる。要するに、養老元年詔からうかがわれる行基集団は、「行基集団」が平城京で布教活動をおこない、在家の信者は「行基集団」に布施をおこないつつ、場合によってはみずからも出家して「行基集団」に加わる体制であった。

次に行基集団と思しき集団が史料上あらわれるのが、養老六年（七二二）太政官奏である。

【史料2】『類聚三代格』巻三、養老六年七月十日太政官奏

太政官謹奏

垂レ化設レ教資二章程一以方通。導レ俗訓レ人違二彝典一而即妨。①比来在京僧尼不レ練二戒律一、浅識軽智巧説二罪福之因

果一。門底厘頭訟誘二都裏之衆庶一。内黷二聖教一外虧二皇猷一。②遂令下二人之妻子一動有二事故一。白剃二頭髪一輙離二室家一。無レ懲二綱紀一不上レ顧二親夫一。③或於二路衢一負レ経捧レ鉢。④或於二坊邑一害レ身焼レ指、聚宿為レ常妖訛成レ群。初似レ修レ道終為二姧乱一。永言二其弊一特須二禁制一。望請、京城及諸国国分遣二判官一人一、監二当其事一厳加二捉搦一。若有二此色一者、所由官司即解二見任一。其僧尼一同下詐称二聖道一、妖中惑百姓上依レ律科レ罪。其犯者即決二百杖一、勒還二郷族一。主人隣保及坊令里長並決二杖八十一、不レ得二官当蔭贖一。量レ状如レ前。伏聴二　天裁一。謹以申聞謹奏。奉　レ勅。依レ奏。

　　養老六年七月十日

同様の内容は『続日本紀』にも載せられているが、『類聚三代格』所載の太政官奏のほうが詳しい。その内容を確認すると、前半では在京の僧尼の問題点が指摘されており、後半ではそれに対する対策が掲げられている。問題とされている在京の僧尼の行為とは、①罪福の因果を説いて、戒律を練らずに都の衆庶を誘うこと、②それによって人の妻や子を剃髪・膚刻させ、仏法と称して住居を離れさせ、綱紀に懲りずに家族を顧みないこと、③街衢で托鉢をおこなうこと、④坊邑において身を害し指を焼き、集団で泊まり込んで怪しいことを説くことである。これらの点は養老元年詔と共通していることや、この後に行基が本貫地の和泉に活動を移していることから、対象は明示されていないものの、行基集団を強く意識したものとみたい(6)。『行基年譜』によると、養老五年（七二一）には寺史乙丸が居宅を奉って精舎を立てて菅原寺と号したとされ（行年五十四歳条）、養老六年二月十日には喜光寺（菅原寺）を起工したとされる（行年五十五歳条）(7)。このように行基らは、養老五・六年頃も平城京で活動しており、太政官奏にみえる在京の僧尼に含まれていたとみてよいだろう。在京の僧尼が布教活動をおこない、托鉢に対して在家の信者が布施をおこなうという構図は、基本的に養老元年詔と同様である。それに加えて②にみえるように、被布教者のなかに女性や子どもが含まれている点が異なる。また、④からは被布教者が僧尼を宿泊させていたことがうかがわれる。

養老元年詔と養老六年太政官奏から、第一次行基集団の様相を探ってきた。この頃の「行基集団」は、大まかに分けると①行基自身、②弟子僧、③優婆塞・優婆夷から構成されていた。その内実は、先に触れた北條による分類が詳細である。このような「行基集団」に加え、④教化を受けた平城京などの住民が在家の信者となって広義の行基集団を構成していたと考えられる。在家の信者は説法を聴いて、托鉢をおこなう行基やその弟子等に布施をおこない、僧尼を宿泊させ、場合によってはみずからも出家して「行基集団」に加わることがあった。

この頃の行基集団は、院の造営以外に社会・土木事業をおこなったことが確認できない。このような事業を展開するのは、行基が平城京を離れた以降の第二次行基集団であるが、その財源の問題を考える前提として、第一次行基集団の経済活動を確認しておきたい。「行基集団」は出家者を中心に徒党を組み、坊邑に身を寄せ、集団で泊まり込むという活動をおこなっていたため、生産基盤をもっていなかった。いずれの禁令でも、違法な托鉢が問題視されているように、主として平城京やその周辺に居住する在家の信者からの布施によって生活を維持していたと考えられる。ただその布施は、生活の維持というレベルを超えていたようである。そもそも托鉢は、正式の手続きと規則を遵守すれば、僧尼令でも認められた行為であった（僧尼令5非寺院条）。養老元年詔でも、托鉢をおこなう場合の規則が述べられている。そこで問題視されているのは、「強いて余の物を乞」うことである。僧尼令5非寺院条は乞食する場合の規則を定め、「余の物」を乞うことを禁止するが、「余の物」の例として『令集解』所引の「古記」は「衣服財物の類」をあげる。不正な乞食がおこなわれる際、衣服や財物を集めるのが一般的であったのだろう。単に修行として托鉢をおこなうだけであれば、僧尼令に違反してまで「余の物」を集める必要はない。このような托鉢に注目した井上光貞は、行基が養老期からすでに、社会・土木事業と一体となった独自な宗教運動を展開しはじめていたことを示すとした(8)。しかし、「天平十三年記」にみえる社会施設の造営を、養老期から開始していた様相はうかがわれない。ただ、僧尼令違反となる過度な托鉢と社会・土木事業を関連づける視点は継承すべきであろう。この頃の行基集団が、後におこなう社会・土木事業をすでに計画していたかどうかは不明である。しかし結果的に、行基は養老期から財源の獲得をはじめていたことになる。

2　第二次行基集団

行基は養老六年まで、主として平城京で活動していたことが確認されるが、『行基年譜』行年五十七歳（神亀元年〈七二四〉）条が、和泉国大鳥郡葦田里に所在する清浄土院と同郡早部郷高石村に所在する尼院をあげているように、神亀元年には和泉へ移ったとみられる。各地で人々を組織し、種々の施設を含む社会事業を展開したのはそれ以降の時期であり、第二次行基集団といわれる。そして神亀二年（七二五）からおこなわれた山崎橋の架橋によって、行基は社会事業と宗教活動の結合という形態を見出したとされる[9]。かかる第二次行基集団による事業は、どのような人々によって推進されたのであろうか。また、第一次行基集団とは、どのような関係にあったのであろうか。

行基集団が各地でおこなった事業については、豪族層の役割を重視する見解が有力である[10]。また北條は、行基の活動の背景に豪族間・技術者間のネットワークの存在を指摘し、行基集団が異なる氏族・技術者を抱え込んで移動、各地に施設道場を設けていくことによって、ネットワークがさらに活発化・大規模化し、人や物資・技術の流通が一層促進されたとする[11]。以上の研究を踏まえると、行基集団が社会・土木事業を展開するにあたっては、現地の共同体が活動の主力となっていたとみてよいだろう。しかし、それまで行基とともに活動していた人々はどうなったのであろうか。吉田靖雄は、可耕地や人口の少ない和泉において、集団の生活が可能であったとは思われないとし、厳しい抑圧に接した行基は、役民を中心とする第一次の集団を解体して郷里に帰り、出家の弟子に乞食行を、在家の弟子に布施行を勧める活動も中止したとみる[12]。

第一次行基集団と第二次行基集団の構成は断絶したものであり、連続性はないのであろうか。養老六年太政官奏（前掲史料2）では在京の僧尼による宗教活動の問題点が指摘されており、その対処方法も述べられている。それによれば、詐って聖道を称するものは、百姓を妖惑するのと同様に、律に依って罪を科し、違反者は百杖としたうえ、強制送還されることになっていた。文意がつかみづらいが、ここで述べられている強制送還が、第一次と第二次の行基集団の断絶の根拠となり得る。問題となるのは、強制送還が誰を対象としたものか、またそれは実行されたのかという点である。この後に行基が和泉へ移っていることは確実であるが、その後も継続して宗教活動を展開しており、処罰された形跡はうかがわれない。また、行基に付き随っていた人々が強制送還されたかどうかも不明である。むしろこの史料の解釈よりも、これ以降の行基集団の構成を検討することによって、連続性あるいは非連続性が浮かび上がってくるのではないだろうか。そこで、養老六年太政官奏の処罰決行に関する解釈は一旦棚上げにして、第二次行基集団による社会・土木事業がどのような人々によっておこなわれたのか、検討してみたい。

（1）『大僧正記』にみる行基集団の僧侶

行基の弟子僧を知り得る史料としては、『大僧正記』があげられる。『大僧正記』は数行の本文の後に、行基の弟子を「十弟子」「翼従弟子」「故侍者」「親族弟子」に区分した歴名を有する。その成立年代については、行基入滅後あまり年月を経ない時期に書かれたものとみられている[13]。『大僧正記』に記された僧侶のうち、「故侍者」としてみえる帝安・神蔵や「翼従弟子」としてみえる井浄の名が大野寺の土塔の人名瓦にみえていることが指摘されている[14]。従来は『大僧正記』にみえる僧侶のなかでも、ほかの史料にみえるものは行基の弟子として信憑性が高いと考えられていたが[15]、出土文字資料によって『大僧正記』の信憑性が認められつつあり、ほかの文献史料にみられなかった僧侶についても実在性が強まっているといえる。

『大僧正記』にみえる弟子僧のうち、「故侍者」以外は行基が死去した時点でも存命だったようである。したがってここにみえる弟子僧は、第二次行基集団を構成していた僧侶であったと考えてよい。吉田靖雄が整理しているように、『大僧正記』にみえる弟子僧のうち数名は官僧であることが確認される[16]。なお北條は、『大僧正記』にみえる僧侶が慶雲二年（七〇五）の大修恵院建立の前後にまで遡ると推測している[17]。『大僧正記』のなかに、確実に第一次行基集団まで遡る僧侶がいたことは確認できないが、少なくとも土塔が造営された神亀四年（七二七）にまで遡る者がいたことは確実である。いずれにしても、養老元年詔において、国家は「行基并せて弟子等」を官僧と認識しており、官僧の参加という点で、第一次・第二次の行基集団に連続性が認められる。

（2）『続日本紀』にみる行基集団

第二次行基集団を構成していた僧侶、とくに国家が得度を認めた官僧については、第一次行基集団と連続性があることを確認した。では、そのほかの「行基集団」を構成していた優婆塞・優婆夷や私度僧はどうであろうか。この点を意識しつつ、『続日本紀』から第二次行基集団の構成や参加形態を探ってみたい。

【史料3】『続日本紀』天平三年（七三一）八月癸未（七日）条

詔曰、比年、随㆓逐行基法師㆒優婆塞・優婆夷等、如㆑法修行者、男年六十一已上、女年五十五以上咸聴㆓入道㆒。自余持㆑鉢行㆑路者、仰㆓所由司㆒、厳加㆓捉搦㆒。其有㆑遇㆓父母・夫喪㆒、期年以内修行、勿㆑論。

右は行基に随う集団に対する詔である。その内容は、行基に随う優婆塞・優婆夷で法（僧尼令）のとおりに修行するもののうち、男性六十一歳以上、女性五十五歳以上のものは出家することを許すが、そのほかの托鉢するものは所管の官司に連絡して厳しく捉搦を加えよというものである。ここで留意すべきは、「自余の鉢を持ちて路を行く者」が捉搦の対象とされている点である。平城京で活動していた「行基集団」は、托鉢によって生活していたと考えられるが、同様の行為は天平三年に至っても継続しておこなわれていたのである。先述のように、托鉢は正式の手続きと規則を遵守すれば、僧尼令でも認められた行為であった。僧尼による違法的托鉢もあっただろうが、詔で優婆塞・優婆夷の存在があげられているように、ここで問題視されているのは得度せずに行基に随って周遊していた人々が托鉢をおこなっている点である。僧尼以外が托鉢をおこなっていた事実は、行基が平城京で活動していた頃に付き随っていた優婆塞・優婆夷、あるいは私度僧が天平三年に至っても依然として付き随っていたことを示唆するものである。

次に『続日本紀』天平勝宝元年（七四九）二月丁酉（二日）条に記された行基の薨伝（本書第二部第三章史料２）から、行基集団の様相を探ってみたい。それによれば、行基が都鄙を周遊して衆生を教化すると、道俗が化を慕って追従し、その数は「動《やや》もすれば千を以て数ふ」といわれるほどであったという。誇張があるかもしれないが、行基に追従した一〇〇〇人にも及ぼうとする人々は「行基集団」に該当しよう。そして訪れた先では、そのことを聞いた人々がやってきて巷に人がいなくなったという。ここからは、周遊先では行基のもとに現地の住民が集まってきたことがわかる。また、要害の処に橋や陂《つつみ》を造るにあたっては、行基の評判を聞いた人々が集まってきて、日ならずして成すことができたという。ここからは、造営事業には現地だけでなく、周辺地域の住民も協力していた可能性がうかがわれる。要するに行基の薨伝によると、行基集団の社会・土木事業は、道俗からなり一〇〇〇人にも及ばんとする「行基集団」と、事業をおこなう地域の現地住民や周辺地域の住民によって担われていたことになる。ただし表現が抽象的であり、具体像はつかみづらい。

『続日本紀』をもとに、行基集団の構成や関与形態について検討してきたが、大まかな様相はうかがえるものの、詳細は不分明である。次に、行基集団の社会・土木事業にどのような人々が参加したのか、具体的な事例から検討してみたい。

（3）大野寺土塔の知識からみる行基集団

行基集団が関与した多くの施設については、所在地からどのような氏族が造営の中心にあったかという点をある程度は推測できるものの、直接的にそれを示す史料がある場合は少ない。そのような状況下にあって、土塔からは人名を刻んだ文字瓦が多量に出土しており、その分析を通して行基集団に参加した人々の実態が浮かび上がってきた（本書第二部第一～三章）。

土塔の造営について留意しておきたいことは、それが単独で造営されたわけではない点である。『行基年譜』の「天平十三年記」によると、大鳥郡土師郷には野中布施屋、土室池、長土池が造営されていた[18]。これらの施設がすべて大野寺に付随するものとは断言できないものの、ほかの事例を参考にしても大野寺と池の造営は連動した事業であったとみてよいであろう。

では、土塔の造営を中心とする一連の事業には、どのような人々が、いかなる形態で参加していたのであろうか。何らかの形でこの事業に参加したと真っ先に考えられるのが、文字瓦に名前を刻んだ人々である。人名瓦には、僧尼あるいは優婆塞・優婆夷の法名や、俗名を記したものがある。

まずは、文字瓦にみえる法名の人名に注目したい。土塔から出土した僧尼関係の文字を記した瓦は計一一一点あるとされる[19]。このなかには在地の僧尼や優婆塞・優婆夷も含まれていたであろうが、行基とともに各地を周遊していたものも含まれていたであろう。そうだとすると、平城京で活動していた養老六年から土塔が造営された神亀四年までは五年間が経っているが、その間に随伴していた僧尼たちがすべて入れ替わったとも考えがたい。土塔の文字瓦にみえる僧尼のなかには、養老元年以来、行基に随伴していたものが含まれていたのではなかろうか。こういった僧尼たちは、行基とともに教化をおこないつつ、知識への参加を呼びかけたり、法会をおこなったりしたことが考えられる。一方で俗名の人名については、土塔の所在地の土師郷だけでなく、郷や場合によっては郡や国を越えて知識に参加していた中下級官人を輩出し得る氏族が中心となっていたと考えられる。

これらの記名者たちは、多かれ少なかれ、労働力・技術・財物などを提供することによって、土塔を中心とする一連の造営事業に協力したものと考えられる。そのなかでもっとも大きな役割を果たしたのが、土塔の所在する大鳥郡土師郷を本拠地とした土師氏であろう。行基集団によって造営された各施設の選地が無作為におこなわれたとは考えがたい。各事業にはそれぞれの主催者が存在し、その意向にもとづいた施設が居住地の近辺に造営されたと考えられる。土塔を中心とした一連の造営事業については、土師郷に居住する土師氏がそれに該当しよう。土塔の造営と連動して造営されたとみられる池の主たる受益者は土師氏であろうから、労働力の中心になったのも土師氏であったと考えられる(20)。土塔の造営にあたって土師氏が大きな役割を果たしたことは、土師氏の人名を記した文字瓦が七名分出土しており、人数としては最多を数えることからもうかがわれる。また土師氏は、かつて百舌鳥古墳群の造営に関与したとみられ、土木技術の面でも重要な役割を果たしたと想定されている(21)。

文字瓦の出土点数に注目すると、土師氏に次いで「陶邑」の窯跡が所在する地域に居住する氏族の人名が多くみられる。岩宮未地子は、土塔で用いられた瓦製作には大庭（造）氏をはじめ「陶邑」に居住する氏族が技術・労働力の提供をおこない、土師氏に次いで大きな役割を果たしたとみる(22)。森浩一は、土塔の瓦に須恵器と同様の青海波文状の叩文を有するものがあることから、行基の信者層に須恵器工人が含まれているとした(23)。土塔の創建期頃に操業していたとみられる大野寺瓦窯一号窯については、地理的な分布と時間的な前後関係から、高蔵寺・陶器山地区を中心に活動していた工人集団から、築窯に際して移動もしくは技術伝播がおこなわれた可能性が指摘されている(24)。「陶邑」に居住した人々は、大野寺に付随する灌漑施設などを利用することはできず、その意味では現地住民とはいえない。しかし、瓦を大量に葺く施設が選択されたことは、窯業生産に従事していたこれらの人々の意向が強く反映されているのではなかろうか。つまり土師氏や「陶邑」の人々が有する、土木や窯業の技術を活かせる建造物として、土を盛ってさらに瓦を葺くという特異な形状の土塔が選択されたと考えられるのである。

以上のように人名瓦の記名者のなかでも、土塔の所在地である土師郷に居住した土師氏や、周辺に所在する「陶邑」の窯跡所在地に居住した人々が大きな役割を果たしたと考えられるのであるが、ほかの記名者たちも、程度の差はあるだろうが、労働力や財物を提供したのであろう。

なお、土塔の造営に関与したのは人名瓦の記名者だけではなく、その背後にいる人々の存在にも注意しなければならない。瓦への記名は任意の行為であり、記名をおこなわなかった結縁者もいたであろう。また文字瓦が基本的に自筆であるならば、非識字者は文字瓦を遺すことができないが、非識字者が土塔の造営に関与した可能性は大きいと思われる。人名瓦の記名者が各地の有力者とみられることを勘案すると、記名者が人々を率いて土塔の造営に労働力を提供した状況が想定できよう。

人名瓦の記名者は、基本的に造営現場に足を運んでいたとみられることから、何らかの形で造営作業に従事した者が多かったと思われるが、知識への参加形態は労働力の提供だけとは限らず、財物の提供（布施）といった形態も考えられる。天平三年詔から、第二次の「行基集団」も托鉢をおこなっていたことがうかがわれるが、土塔の人名瓦にみえる人々は托鉢をおこなう僧尼に対して布施をおこなったのであろう。

知識の人々から集められた財物は、どのように消費されたのだろうか。まず必要となるのは諸施設の建設に必要な物資の調達である。もう一つ重要なのは、労働従事者に対する人件費である。[25]大鳥郡土師郷での事業では、土塔だけでなく池二所・布施屋一所が建設されており、それに見合った人件費が必要であった。このような人件費を必要としたのは、どのような人々であったのだろうか。現地住民からみて共同体外部から集められた財物は、また共同体外部の結縁者の協力は必要がない。受益者である現地の住民のみで諸事業を推進できるのであれば、共同体外部の結縁者の協力は必要がない。現地住民からみて共同体外部から集められた財物は、また共同体外部からの労働従事者によって消費されたと考えるのが穏当であろう。具体的には、周辺地域からやってきた人々である。もう一つ想定できるのが、行基とともに各地を周遊している人々すなわち「行基集団」である。「行基集団」を構成する人々は生産基盤をもたない以上、周遊する先々で生活に必要な物資等の供給（布施）を受ける必要がある。一方で、布施をうけるためには労働力を提供するなどして、事業に参加しなければならなかった。このように、労働に対して布施をうける行為が、国家によって違法な托鉢と認識されたのではなかろうか。

さらに土塔の造営には、国家あるいは官司の協力があった可能性もある。行基集団の社会・土木事業に国家や官司の協力を想定するむきも多いが、[26]土塔の造営についても、「司解」の銘をもつ文字瓦（No.一〇八八）の存在より、何らかの官司―郡司の可能性が高い―が知識の一員として土塔の造営に参加していた可能性がある。[27]

土塔の造営に関与した人々について検討してきたが、檀越として主導的な位置にあった土師氏を中心として、「陶邑」に居住した人々や、各地の首長層、その勢力下にある住民、官司、行基とともに周遊する「行基集団」といったさまざまな人々が参加していた。土塔を中心とする一連の造営事業は、これらの人々による「入力」が統合・調整された結果として「出力」されたものであった。

以上、第二次行基集団の構成について考えてきたが、その核となったのは、①行基、②弟子の僧尼、③優婆塞・優婆夷からなる「行基集団」であり、その構成員は第一次の集団との連続性があったと考えられる。したがって、養老六年太政官奏にもとづいた強制送還は実際にはおこなわれなかったか、少なくとも解体する事態には至らなかったとみられる。従来の研究では、行基集団が平城京を主たる活動場所としていた頃と比べて、畿内各地で社会・土木事業を展開していた頃には、行基に追従する脱共同体的な人々の役割はあまり重視されてこなかったように思われるが、第二次行基集団においても、行基に追従する僧尼や優婆塞・優婆夷あるいは私度僧といった人々は無視できないレベルで存在したと考えられるのである。こういった人々は、行基が平城京を離れることによって離脱したのではなく、各地域の共同体が行基集団のネットワークに加わることによって、行基集団全体に占める比率が相対的に低下したことになる。また、平城京では役民や運脚夫といった人々、あるいは都市住民が新たに「行基集団」に加わりやすい環境であったが、平城京を離れたことによってこういった人々が増えにくくなったことも、彼らの構成比率が相対的に低下した一因であろう。

このような「行基集団」に加え、各種の社会・土木事業は④現地の首長層が檀越として発願し、⑤現地の共同体成員が主たる労働力となっていた。さらに⑥周辺地域の首長層、⑦周辺地域の共同体成員が技術や労働力、財物などを提供することによって事業を支えていたのである。場合によってはさらに官司が加わることもあった。これが第二次行基集団の全体像である。社会・土木事業の中心となるのは現地の共同体であったが、それに協力する周辺地域の共同体は、事業ごとに立場が変化する。ある社会・土木事業が実施される場合、現地住民（④⑤）は事業の中心となるが、行基集団の活動がほかの地域でおこなわれる場合は、周辺地域からの協力者（⑥⑦）となる。あるいは事業の規模や利害関係などによっては、ほかの地域での活動に協力しないこともあり得たであろう。社会・土木事業を展開した第二次行基集団の実態とは、「行基集団」を核としてそれに媒介される共同体間の流動的なネットワークであったということができる。

二　行基集団による社会・土木事業の理由

前節では、行基集団の構成とそれぞれの参加形態について検討してきた。次に、これらの人々が行基集団へ「入力」をおこなった動機となる「還元」の内容を明らかにし、また人々を行基集団へ参加させた歴史的背景について、主に律令制導入によって生じた社会矛盾という点から考えてみたい。

1　行基集団参加による「還元」

(1)「行基集団」への「還元」

行基集団がおこなった社会・土木事業は、行基とともに各地を周遊した「行基集団」へどのように「還元」されたのであろうか。まず、これらの中心が行基をはじめとする僧尼であり、事業が仏事としておこなわれた以上は宗教的な面を無視できないであろう。吉田靖雄によると、行基の思想基盤には瑜伽戒と梵網戒を含むところの大乗菩薩戒があったとされる[28]。

しかし、それに対して吉田一彦は、行基の活動の「思想基盤」を探究しようという問題設定の枠組みを疑問視し、行基の実践活動とその「力」に対して与えられた民衆の評価こそが重要であるとする[29]。行基集団の僧尼たちが有した思想は一様でなく、ここでは深く立ち入らないこととして、利他行を実践しようとする宗教的な熱情があったことを確認するにとどめておきたい。このような宗教的な動機は行基をはじめとする僧尼を中心として、優婆塞・優婆夷らも程度の差はあれ共有していたであろう。宗教者としては、社会事業をおこなうこと自体が「還元」だったのである。

ただし、信仰的な動機は一様ではなく、とりわけ指導者層と被布教者の間では温度差があったのではなかろうか。長山泰孝は、この世において善行を積めば必ず現世で善い報いをうけ、死を免れ病を脱し、富を築くことができるという行基の説く「因果応報の理」が、現実の生活苦に悩む民衆をひきつけたとし、それはとくに豪族層の生産活動を内面的に支える役割を果たしたとする(30)。ただ、行基が灌漑施設の造営をともなう活動を開始するのは養老七年（七二三）に公布された三世一身法の以降とされるが(31)、養老元年詔において「妄りに罪福を説」いたことが問題視されているので、行基集団の指導者層は灌漑施設の造営をともなう活動をはじめる以前の養老初年頃からすでに「因果応報の理」を説いていたとみられる。指導者層の布教によって教化されて「行基集団」に加わった人々の信仰的な動機の内実は、このようなものであったと考えられる。

ところで、「行基集団」がおこなった托鉢は信仰の実践であるとともに、生活の手段でもあった。「行基集団」に参加することによって得られる「還元」は、現実の生活に即した面からも考える必要があろう。このように考えると、事業をおこなうことによって得られる物資の獲得という点を「還元」として理解することができる。生業や生産手段を放棄して行基とともに行動した人々にとっては、生活の維持は切実な問題であったに違いない。このような人々は、各種造営事業に参加することによって、得られる布施が「還元」されているのである。「行基集団」が平城京で活動していた際にも、こういった托鉢はおこなわれていた。しかし集団の規模が大きくなれば、必要となる布施も増加する。平城京では托鉢にも限度があり、新たな活動の地を求めて畿内各地を周遊するようになったという側面もあるのではないだろうか(32)。また、布施を得るためには、仏事をおこなう必要がある。そして「行基集団」に多くの俗人も含まれる以上、それらの人々も参加可能な形態の仏事が望まれる。具体的にいうと、僧尼たちは法会を開催することができるであろうが、優婆塞・優婆夷たちは労働力を提供することになろう。そこで選択されたのが、院やそれに付随する諸施設の造営であったと考えられる。「行基集団」を構成する人々は、布施を得て生活を維持するために、絶えず何らかの造営事業を継続する必要があったのである。灌漑や交通施設などは需要も多く、絶えず事業を継続したい「行基集団」と各事業の檀越らの思惑が一致するところであった。各地域の共同体にとっては、院や灌漑施設、交通施設など何を造営するかは重要であったし、こういった人々を救済しようとする宗教者にしても、生活に資するものを造営することが重要であったと思われる。ただ、「行基集団」を構成する人々が生活を維持するためには、何を造営するかという点よりも、布施が得られる造営事業をおこなうこと自体に意義があり、またそれを継続することが重要であったと考えられるのである。

以上のように、「行基集団」に参加した人々には、布施を得られるという「還元」と、信仰的欲求が満たされるという「還元」が存在した。信仰面については、利他行を実践しようとするものと、「因果応報の理」に動機づけられているものがおり、おおむね指導者層の僧尼が前者、その教化を受けた優婆塞（夷）、私度僧らが後者に対応すると思われるが、明確な区分はできないだろう。ただ後者のほうが、信仰面よりも、より現実的な動機から「行基集団」に参加していたのではないだろうか。

（2）　各共同体への「還元」

行基集団が展開した各種の造営事業において、それを主導したのは檀越となる現地の首長層であり、労働力等の面で中心となったのはその共同体成員たちであった。各地で実施された事業が檀越の発願をうけておこなわれ、造営された施設が灌漑や交通施設など、地域住民の生活に資するものであった以上、行基集団による活動は、信仰的にも実利的にも主に現地住民へ直接「還元」されたといってよい。たとえば土塔造営をはじめとする一連の事業の場合、檀越として中心的立場にあった大鳥郡土師郷の土師氏は、須恵質製品に刻まれた「七廟」の語を含む願文（本書第二部第三章史料9）[33]からうかがわれるような王権への作善という宗教的目的を果たすと同時に、連動した池の造営によって農業生産の基盤を整備していたのである。

また先述のように、行基集団のおこなった諸事業には、現地住民以外にも、周辺地域から人々が集まって協力していた。檀越からみれば共同体の外部に属する人々はどのような理由から知識に参加したのであろうか。ふたたび土塔の造営を例にあげて検討したい。基本的に結縁者たちは檀越が発願した趣旨に賛同したものであろうから、少なくとも形式的には須恵質製品の願文からうかがわれるような王権への作善という目的を共有していたものと思われる。ただし、このような知識全体の目的と重複して、結縁者それぞれには個別の信仰目的があったようである。土塔の文字瓦には「為父」（№一〇七二）や「為丹比□」（№一〇七〇）という銘文をもつものがある。これらの銘文は、結縁者が信仰行為として瓦に願意を記したものであろう。ここからは土塔の知識に参加した人々が、「父の為」「丹比某の為」といったように、それぞれに祖先信仰あるいは親類への作善という目的をもって結縁していたことがうかがわれる。このような結縁者の信仰は、山崎院跡出土文字瓦にも「父母為」[34]と記したものがあるように、土塔に固有のものではなかった。

ただし、このような信仰にもとづく仏事は、それぞれの結縁者が檀越として個別におこなうことも可能であろう。地域を越えてまで土塔の知識に結縁した理由はほかにも考えられる。そこで留意したいのが、文字瓦にみえる人々の本拠地にも、行基関連施設が造営されているケースである。私見によれば、土塔の造営に協力した首長層は、他方で行基を招請し、みずからの本拠地に院や灌漑・交通施設などを造営しており、それぞれの共同体の間には相互依存関係が見出される。(35) 土塔を中心とする一連の事業を遂行するには、多くの労働力や財物が必要であり、それを賄うために結縁者が集められた。その一方で、周辺地域から結縁した人々も、みずからが檀越となって事業をおこなう際には技術や労働力、財物を補完する結縁者を必要としていたのである。このように、ある事業に周辺地域から参加してくる人々は、技術や財物、労働力などを提供することによって、みずからが事業の中心となる際に協力を得られるという「還元」があった。

行基集団の活動は、それぞれの事業がおこなわれる現地住民を中心として、協力した周辺地域の住民や、それらを媒介した「行基集団」のすべてに「還元」があり、このような「還元」を求めた人々による「入力」が統合・調整された結果として創出されたものであった。「還元」の内実は事業によって異なるが、行基集団の実施した社会・土木事業は、基本的にこのような構図で説明することができる。

(3)　国家・官司への「還元」

行基集団が平城京で活動をおこなっていた頃、国家からの「入力」は活動修正の要求が中心となっており、支持は少なかったようである。これは、国家からの要求に対して、行基集団の活動が国家へ十分に「還元」されていなかったためである（負の還元）。国家からの要求とは、国家の描く官僧尼像に収まることであり、僧尼令で規定されるところであるが、養老元年詔（前掲史料1）の表現を用いるならば、「寺家に寂居して、教を受け道を伝」えることであった。

ところが、行基集団の活動が国家へ「還元」されるようになると、国家からの「入力」も要求だけでなく、支持の割合が増してくる。行基集団が造営した直道や橋などは国家の租税確保に不可欠な交通施設であり、運脚夫を救済の対象とした布施屋も同様である。また、灌漑施設の造営や修造にしても、受益者で賄いきれない部分は国家、実際には国・郡司が負担すべき立場にあり、その肩代わりという意味でも行基集団の社会・土木事業は国家への「還元」が大きかった。さらに信仰面については、王権への作善が謳われており、その点においても仏教に対する国家の要求と合致していた。国家や地方官司による行基集団への支持も、このような「還元」の内容の変化と表裏一体の関係にある。神亀二年におこなわれた山崎橋の架橋によって、国家への「還元」の内容が負から正へと変化し、それをうけた国家からの「入力」も要求だけでなく、支持の割合が増加したものと考えられる。

ところで、土塔の知識に何らかの官司、おそらくは郡司が参加していたことを想定したが、その参加の理由については、ほかの結縁者たちが、みずからの主導する事業において協力者を必要としていたのと同様に、官司もみずからの主導する事業において協力者を必要としたためではなかろうか。つまり、官司が事業を展開するにあたって、労働力・技術・財物をもたらす行基集団の協力、あるいは土木技術を有する土師氏の協力を期待していたと考えられる。

このような、行基集団の社会・土木事業と官司の関係がうかがわれる例としてとりあげたいのが、狭山地域における池の修造・築造事業である。『行基年譜』所引「天平十三年記」には狭山池が記されている。行年六十四歳（天平三年・七三一）条に狭山池院と尼院を記すから、狭山池の修造がおこなわれたのも同じ頃であったと考えられる。これと関連して注目されるのが、直後の天平四年（七三二）に狭山下池が築造されていることである(36)。この狭山下池の造営は、国家による事業であり、具体的には河内国が主導した事業とみられる。行基集団による狭山池の修造と、国家による狭山下池の築造は、近接した時期や同じ狭山地域という場所から、関連する事業とみて間違いない。舘野和己は、狭山下池造営の労働力に、行基の主導した知識も加わっていた可能性が高いとみる(37)。土塔の造営に官司が加わっていたように、行基集団の事業に官司が参加する一方で、官司が主導する事業に行基集団を構成する人々が参加することもあったのではないだろうか。行基集団を構成した各共同体は、行基らの媒介によって結合していたが、労働力とその財源を集めて、それを檀越の事業に投下するという知識の仕組みが形成されたならば、事業の参加者にとっては主導者が国家であっても構わないのである。若井敏明は、行基集団の活動が国家のおこなう事業の周辺事業（和泉や難波）あるいはその肩代わりという性格が強いと指摘している。(38) 行基集団によるこのような活動は、官司へ「還元」をもたらすものであるが、それは官司から行基集団への「入力」と表裏一体の関係にあった。そして、そのような関係は少なくとも土塔が造営された神亀四年頃には成立していたのである。

2　行基集団の意思決定

ここまで、行基集団へさまざまな立場の人々からの「入力」がおこなわれていたことを確認した。多様な「入力」は、誰がそれを受信し、どのように統合・調整して「出力」に変換したのであろうか。行基のもとに集まった集団であるからには、その中心的立場にあったのは、行基であったと考えられるが、大規模な集団の意思決定には、ほかの指導者も重要な役割を果たしたのではないだろうか。吉田靖雄は『大僧正記』の記載をもとに、行基の僧俗のうち出家者の指導層となったのは、もともと官僧としての経歴を経た人々であったと推測しており、(39) 従うべきであると考える。養老元年詔では、「行基幷せて弟子等」、養老六年太政官奏では「在京僧尼」といったように、指弾の対象は行基本人のみならず、弟子やほかの僧尼たちにも及んでいる。このことは、行基の弟子たちを国家が官僧とみなしていると同時に、彼らが主体的に教化活動をおこなっていたことを示すものである。これらの禁令では、行基らのおこなったいくつかの宗教行為が問題視されているが、その主体は行基と弟子たちなのである。行基集団に集った官僧たちは、行基からみれば弟子であったが、被布教者からみれば、指導者にほかならない。私度僧あるいは優婆塞（夷）であっても、指導者層になり得たであろうが、その中核にいたのは官僧たちであったと考えてよいのではないだろうか。さまざまな立場の人々からおこなわれる行基集団への「入力」は、行基をはじめとする官僧を中心とした指導者層によって統合・調整され、「出力」に変換されているのである。

こういった指導者層は僧侶を中心とした宗教者であり、決して中立的な立場から「入力」を「出力」へ単純に変換しているわけではない。先述のように、利他行を実践しようとする宗教的な目的や、生活のために布施を得なければならない状況が加味されていることは留意する必要がある。さらに、それに加えて指導者層の性格として重要な点がある。第一に、先述のとおり、行基を含めた指導者層の中心が官僧であるという点である。行基集団の指導者層である僧侶は、国家に規定された身分であった。養老期は国家の官僧像から逸脱する部分があったために指弾を受けたが、国家はあくまでも彼らを官僧として認識していた。また、指導者層が還俗したことも確認できない。行基集団の指導者層は、活動をはじめた当初から国家とは不可分の関係にあったのである。土塔の須恵質製品に刻まれた、王権への作善を祈願する願文は、国家や檀越からの「入力」が単純にそのまま反映されたのではなく、指導者層もそれを推進する立場にあったのである。

指導者層の性格として第二に留意したいのは、出身氏族との関係である。これに関して注目されるのが、川尻秋生の研究である。川尻は古代の僧侶が出家後も出身地との相互交流をはかり、知識結によって出身氏族の勧農機能を補完していたことを指摘し、その例として行基をあげる[40]。行基の出身氏族である高志氏の本拠地に近い葦田川下流域に造営された清浄土院には対応する社会施設はみられないが、その建立は知識結によって檀越（高志氏か）の造寺活動を補完していた可能性がある。また「大僧正舎利瓶記」によれば、行基の母方は蜂田氏とされるが、「天平十三年記」には、その本拠地であると考えられる蜂田郷に所在するという茨城池が記されており、行基は母方の蜂田氏の勧農を補完していた可能性が高い。

このように、僧侶が知識結を利用して出身氏族の勧農や造寺といった事業を補完するという関係は、行基の弟子僧についていくつか該当する点があるのではないだろうか。『大僧正記』は、何名かの僧侶について俗姓を記している。それに注目した吉田靖雄は、出身氏族の本拠地が和泉、次いで河内に多いことを指摘し、行基集団において指導者層を輩出した氏族は行基集団の強力な支持者であり、院や諸施設の造営にも関与したものと想定した。そして、その具体例として大村直と大修恵院、土師連（宿禰）と大野寺・野中布施屋・土室池・長土池、県犬養宿禰と久米田寺・同池溝、古志連と清浄土院・同尼院の四例をあげている(41)。この指摘を踏まえると、ある氏族が行基の弟子僧を輩出することと、その本拠地で行基集団が活動をおこなったことには、何らかの関連性があったことが予想される。勝浦は、行基が平城京など都市で形成された人間関係を媒介として、広範囲に及ぶ布教活動をおこなったと指摘している(42)。右の考察を踏まえれば、第二次行基集団による活動の前提となった「都市で形成された人間関係」のなかには、僧侶が有する出身氏族との結びつきも含まれるのではないだろうか。

『大僧正記』にみえる僧侶は、行基の晩年に従っていたことはわかるものの、どこまで遡るかはわからない。むしろ、『大僧正記』にみえるような、行基が死去した時点で存命だった指導者層が、第二次行基集団が社会・土木事業を展開しはじめた神亀年間頃から、すでに指導的立場にあった可能性は低いといえる。土塔の文字瓦にみえる神蔵と帝安が、いずれも『大僧正記』において「故侍者」に分類されている点からして、神亀四年頃に行基に随伴していた僧侶、とくに指導的立場にあったものは、行基よりも先に死去した場合が多かったのではなかろうか。「十弟子」は行基の死後間もない頃に行基集団の指導者層となっていたことがうかがわれるが、第二次行基集団が形成された頃はむしろ、「故侍者」のなかに指導的立場の僧侶がいた可能性がある。「故侍者」については俗姓が記されておらず、そのなかで俗姓がわかるものは『日本霊異記』中巻第二縁にみえる信厳のみである。しかし「故侍者」のなかには、第二次行基集団が社会事業を展開した際に檀越となった氏族の出身者が含まれていたのではなかろうか。むしろ「翼従弟子」も「故侍者」も「千有余人」とあり、各事業における檀越となった氏族出身の僧侶が、当時の指導者層に含まれていた可能性は極めて高いだろう。もちろん、指導者層の出身地すべてに「行基集団」が赴いたわけではない。しかし、行基集団の指導者層が出身氏族との関係を維持し続けていた点は否定できないであろう。

以上、行基集団に対するさまざまな人々からの「入力」を受け、行基とその弟子からなる指導者層が「出力」に変換していたことをみてきた。行基集団の指導者層は決して中立的な立場から「入力」を統合・調整しているのではなく、主体性をもって、仏教思想をはじめとする種々の要素を加味して「出力」の内容を決めていたのである。とくに、行基集団の指導者層であった僧侶自身が国家に規定、容認された官僧の身分であり、また出家しても出身氏族との関係を保持し続けていた点は、行基集団の意思決定に多大な影響を与えていたと考えられるのである。

3　行基集団形成の歴史的背景

ここまで、人々が行基集団に参加することによって、どのような「還元」があったのか検討してきた。では、人々はなぜそのような「還元」を必要としたのであろうか。人々を行基集団へと向かわせた歴史的背景について、とくに律令制導入によって生じた社会矛盾という点を中心に考えてみたい。

まず、行基と行動をともにした「行基集団」を構成した人々は当時、どのような境遇にあったのであろうか。すでに指摘されているように、第一次行基集団のなかには、役民や運脚夫たちが逃亡あるいは浮浪化したものが多数含まれていたとみられる。彼らが本貫地へ帰還しなかった理由としては、課役忌避や帰還が困難であったことがあげられる。役民は帰郷の際に餓死するものが多く、それに対する援助が国司に命じられている(43)。また『続日本紀』には、運脚夫の困難な状況を述べた詔が和銅・霊亀頃に集中してあらわれる(44)。これは税制を整備する一方で、それに見合った社会福祉が未整備であるという、律令制導入による社会矛盾といえる。また、養老末年の行基集団には女性も多く参加していたとみられているが、勝浦は女性の出家や宗教活動参加の理由として、律令制の導入にともない、家族・共同体・国家等における女性の地位が変動し、それまで現実に女性の占めていた地位とのギャップが大きかったことを指摘している(45)。さらに間接的ではあるが、行基を含めた僧侶たちも、人々が律令制によってもたらされた社会矛盾に直面する姿を目の当たりにしたことが「行基集団」形成の背景になったであろう。

次に檀越らが事業をおこなうにあたって、それを行基集団のなかでおこなわねばならなかった理由を考えてみる。行基集団が展開した社会事業は、基本的に現地住民が受益者となる場合が多い。労働力や財源の面において、受益者のみでは賄いきれなかったために、行基集団がそれを補完したと考えられる。しかし、こういった事業を本来推進すべき主体としては、まず国家があげられる。たとえば灌漑施設の修理は、小規模な工事であれば利用者がみずからおこなうものであり、それで解決できない場合は国家が雑徭や臨時の雑役によっておこなうことになっていたとされる(46)。また、律令制的行政組織による架橋は、橋の規模や位置・重要性等に応じ、律令政府・京国・郡によってそれぞれ、雑徭を用いておこなわれたとされる(47)。灌漑施設の造営にしても、架橋にしても、受益者である現地住民がおこなえないのであれば、国家がそれを補う立場にあったはずである。しかし、なぜ国家でなく行基集団がそれを推進することになったのであろうか。そこで浮上してくるのは、国家が雑徭のような不払労働を、公民に対して円滑に強制することができたのかという疑問である。

雑徭の差発権は諸国の国司にあったが、それが実現するためには公民とのあいだの人格的支配＝隷属の体制が前提条件として存在しなければならず、事実上の権力をもったのは郡司であったといわれる。(48) しかし、八世紀後半以降における灌漑労働の実例を検討した櫛木謙周は、功食支給による雇傭労働が一般的であることを指摘し、共同体的関係にもとづく人格的隷属関係を基礎にした労働力編成のみでは、当該期の農業経営が成り立ちがたくなっていた状態を示しているとした。(49) かかる傾向は、行基集団が社会事業を展開した八世紀前半の畿内ではすでに顕在化していたと思われる。その歴史的背景として、畿内、とりわけ行基集団が社会・土木事業を展開した主な舞台である摂津・河内・和泉（摂河泉）の有する独特な社会構成が指摘できる。すなわち、摂河泉は在地勢力が脆弱であり、多く分布する連姓氏族や渡来系氏族は、それぞれ職務遂行や開発のために王権によって配置されたと考えられている。(50) このような歴史的背景があり、当該地域の郡司は郡内全体に人格的な支配関係を貫徹させにくい状況にあった。具体例として、土塔の文字瓦等から行基集団への参加が知られる氏族をいくつかとりあげてみたい。

まず典型的な例をあげるならば、七世紀以前に河内国造であった凡河内直(51)は河内国志紀郡に拠点をもったが、同祖関係が確認できる氏族は三氏と少なく、国造としての地位はその地における代表的な有力首長であるというような伝統的権威とは異質の要素によって保障されていたといわれる。(52) また、八世紀の摂河泉における郡司についてみてみると、日根郡の大領となった日根造(53)は新羅系の氏族であり、郡司といっても、人格的な支配関係を郡レベルで構築したような首長ではなかった。

行基の出身地である大鳥郡の郡領氏族としては、日下部首(54)と大鳥連(55)が知られる。日下部首については、少なくとも『姓氏録』による限りにおいては、系譜を共有する勢力がカバネのない日下部氏以外に郡内にみられない。一方で大鳥連は、和太連や殿来連、蜂田連や民直といった大鳥郡における中臣系氏族の中心的存在であり、系譜の共有という点を指標とするならば、その人格的支配関係はある程度は大鳥郡の広い範囲に及んでいたとみられる。しかし、それも大鳥郡全体に及ぶようなものではなく、南部には紀直系の氏族が濃密に分布しており、土師郷にはもともと中央伴造氏族であった土師氏が居住していた(56)。土師氏は百舌鳥古墳群の造営にともなってこの地に配置された集団の後身であるとみられ、神話や系譜の共有という点からみる限りでは大鳥郡の郡司層による支配秩序に包摂されている様子はうかがわれず、その意味では半ば独立的な様相を呈する。

このように摂河泉では、郡レベルの範囲において、郡司が人格的関係にもとづく支配秩序の頂点では必ずしもなく、郡内に小さな共同体が多数存在する錯綜した様相を呈しており、郡領氏族もそうした勢力の一つにすぎなかったのである。したがって、郡司の人格的支配関係を前提とした、律令制にもとづく国家の労働力編成は機能しにくい状況にあったと考えられる。

このような状況下にあって、何らかの造営事業をおこないたい各共同体の首長層たちは、行基集団のなかで知識を募り、労働力とその財源を獲得する方式を採ったのである。石母田は、畿内の首長層または郡司の特徴として、畿外のそれがもっていたような伝統的な権力を、そのままの形では行使できないところにあったのではなかったかと指摘し、行基が国・郡司の機能を代行し補充していることを示すものであろうとした(57)。おおむね従うべき見解であるが、国・郡司の機能を代行した行基集団の実態は「行基集団」と各共同体間のネットワークから成り立っており、後者の基盤は郡司層を含む首長層の共同体との結びつきにあったのである。行基集団は、首長層の乱立によって郡司の支配が機能しづらい状況のなかで、行基らの媒介によって首長層が相互依存関係により結合して成り立っているのである。

行基集団による社会・土木事業の歴史的背景について、国家的な労働編成の面を中心に考えてきた。次に、労働力編成を必要とした、事業の主導者（受益者）側の状況について、とくに行基集団の特徴である灌漑施設の場合を中心にみてみたい。井上光貞は、行基集団がおこなった灌漑施設の造営が、三世一身法のもとでもり上がる土地開発の機運と関連すると指摘した(58)。ただ、行基集団が天平年間におこなった灌漑施設の造営や修造については、当時この地をおそっていた旱魃から、豪族に率いられた在地の社会を防衛する性格をもつものであったとする若井の指摘(59)も無視できない。一方で、灌漑施設を必要とした人々の歴史的性格を考慮すると、場合によってはさらに根本的な理由も考えられる。先述のように、摂河泉はさまざまな職務を負った連姓氏族や渡来系氏族が倭王権によって配置された地域であった。これらの集団は、元の本拠地と切り離されて配置されていたため、配置先では在地に農業基盤を有していなかった。七世紀以前においては、これらの集団は配置された地域で職務を遂行する一方で、経済的には日本列島の各地に設けられた部を基盤とするなど、倭王権の支配機構による調節に依存していた。つまり、王権に寄生することによって存立していたのである。ところが国家機構が整備されてくると、王権に寄生していた諸集団は、各地に領有していた部などに代わる経済基盤を確保せねばならず、官人として出仕するか、あるいはみずから農耕を営んで経済基盤を確立しなければならなくなる。そのような局面に立たされたのが、畿内の中小氏族、とくに固有の職掌によって倭王権に仕奉してきた集団であろう。土師氏はその典型例としてあげることができる。

大野寺の檀越氏族と目される大鳥郡の土師氏は、もともと古墳の造営や陵墓祭祀にあたって、その地に配置された集団であったと考えられる。したがって、その経済基盤は在地になく、日本列島の各地に配置された土師部を経済基盤としていた(60)。ところが、律令制にもとづく官僚制原理の導入や葬制の変化によって、土師氏は「氏姓制時代の技術や経験がほとんど不要になるのであるから、将来への不安ははるかに深刻」といわれるような状況におかれ、一般的な律令官人として生きる道を探ったとされる(61)。このような状況のなかで、官人となるものを輩出する一方、本拠地にとどまったものは農耕を開始しなければならなくなり、灌漑施設の整備が必要となった。土塔と連動して大鳥郡土師郷に造営された土室池・長土池のいずれか、あるいは両方は、このような境遇にあった土師氏の要請によるものであろう。[62] また、「陶邑」に居住した須恵器工人もそれに近い境遇にあったと思われる。「陶邑」の須恵器生産にあたっては渡来系工人が配置されたと考えられるが、在地に生産基盤がない以上、ほかに依存せねばならなかった。「陶邑」の最初期（五世紀前半）ではあるが、栂（TG）232号窯の灰原の状況から大庭寺遺跡（大阪府堺市）の集団は専業的に須恵器を生産したとみられており、生活に関わる農耕生産についてはほかの集団、おそらくは当地域の有力層に依存していた可能性が高いとされる。[63] こうした須恵器工人たちも、八世紀になると租税を負担することとなり、農業生産をおこなう必要に迫られたであろう。若井が指摘するように、行基集団が天平期におこなった造池は旱魃に対処するものであったと思われるが、土師氏と関わる可能性が高い長土池・土室池や、須恵器工人と関わる可能性が高い檜尾池の造営がそれ以前の神亀年間におこなわれたとみられることは、これらの造池が旱魃対策よりもむしろ、農業基盤の整備と関わっていたことを示すと考えられる。

なお、猪名野における開発には現地住民である猪名部との関わりが想定されている。[64] 猪名部は木工技術者として知られるが、その伴造である猪名部首の木工部門における支配的な立場は六世紀後半を境に失われ、八世紀中葉になると猪名部は特定の技術の世襲を義務づけられた氏族や集団ではなくなっていたとされる。[65] このような猪名部も船匠という職掌にもとづき、良質の材木や、それを運搬する猪名川・武庫川が存在し、武庫の水門にも近く朝鮮経営にも関係が深いという理由から、王権によってこの地に居住させられたものと考えられている。[66] したがって、それまで木工技術を駆使して王権に仕奉してきたものの、それが通用しなくなってきた猪名部にとって、農業基盤の整備は緊急の課題であったと考えられる。

以上のように、特定の職掌をもって王権に仕奉していた人々やその一族は、一般官人を輩出しつつ農耕を開始せざるを得ない局面に立たされていたのである。しかし、かつて倭王権によって職務遂行のための地に配置されたということは、経済基盤が在地にないだけでなく、動員できる労働力が在地にいないことをも意味するものであった。したがって、灌漑施設を造営するためには共同体を超える労働力編成が必要となったのである。律令にもとづく国家の理念では、受益者で賄いきれない労働力は国司が編成すべきところであるが、先述のように十分に機能できなかった。畿内の各地においては、郡司の人格的支配関係が郡内に貫徹していないという状況が存在したが、とくに摂河泉は灌漑施設の整備が急務であり、これらはいずれも倭王権による職能的な仕奉集団の配置に淵源があった。摂河泉では、このような行基集団形成の要因が歴史的に醸成されていたのであり、律令制の導入によってそれが顕在化したのである。首長制社会における社会統合で重要な意味をもつ生産の特殊化がもっとも進んだ地域において、社会統合原理の転換―法にもとづく官僚制による統合の出現―による矛盾が顕著にあらわれたのであり、その所産が行基集団だったのである。

ただ、行基集団に参加した氏族、とくに職能系の集団が直面した律令制の導入による社会矛盾を克服しようとして行基集団が採った方法は、農業基盤の整備による産業の転換だけではなかった。たとえば「陶邑」に居住した須恵器工人たちは、行基集団の活動によって檜尾池を造営し、農業生産の基盤を整えたが、一方で土塔の瓦生産によって窯業を活性化させていた。また、八世紀初頭より瓦や仏鉢型土器をはじめとする特徴的な製品が「陶邑」の光明池地区において生産が開始されているという点に注目し、行基集団を構成していた須恵器生産者たちが、みずからが生産した瓦や硯、仏鉢型土器等の製品を、行基の活動に際して提供していたとする井山温子の指摘もある。(67)

土師氏も土室池や長土池を造営して農業生産の基盤を整える一方で、土塔の造営に際して、不要となりつつあった土木技術を活用していた。なお、猪名部は猪名野における開発によって農業基盤を整えたとみられるが、行基集団の社会・土木事業への参加形態は明らかでないものの、彼らが木工技術者であったことを勘案すると、造寺にその技術を発揮していた可能性もあろう。

このように、律令制のもたらした社会矛盾を克服しようとする行基集団の活動は、伝統的職能を活かして存続を図ろうとする方向性と、職能が通用しなくなるなかで農業基盤を整備しようとする二つの方向性を内包したものであったといえる。

おわりに

本章ではさまざまな社会・土木事業を展開した行基集団の原動力を探るため、行基集団を一つのシステムとして把握し、その活動の歴史的背景について、とくに律令制導入によって生じた社会矛盾という観点から考察してきた。論じた点をまとめておく。

① 養老六年頃までの、平城京を主たる活動地域としていた第一次行基集団は、行基・僧尼・優婆塞（夷）らからなる狭義の行基集団を、教化された在家の信者が布施等によって支える構造であった。

② 神亀二年頃からはじめられた第二次行基集団による社会・土木事業は、第一次の集団から連続する「行基集団」のもとで現地の共同体が主力となり、周辺の共同体が協力して推進された。さらに官司が協力する場合もあった。

③ 行基集団が実施した社会・土木事業は、信仰・実利が結びついた形で立場の異なる参加者それぞれに応じた「還元」をもたらすものであり、それが「入力」へ繋がっていた。

④　さまざまな立場の人々からの「入力」は、行基を中心とした僧侶たち指導者層によって統合・調整され、「出力」に変換された。変換には、官僧としての国家との繋がりや、各僧侶の出身氏族との関係が影響を与えていた。

⑤　行基集団が形成された歴史的背景として、構成者それぞれが直面していた律令制導入の矛盾があった。とくに各社会・土木事業は受益者が賄いきれなければ国家が労働力を編成すべき立場にあったが、畿内では郡司の人格的支配関係が郡内に貫徹しておらず十分に機能していなかった。よって檀越は、事業に必要な労働力や財源を行基集団に求めた。とくに、かつて倭王権によって摂河泉に配置された職能集団は農業基盤を有しておらず、租税を負担するにあたって灌漑を整備する必要があり、そのための労働力や財源が必要であった。

本章では行基集団を複数の要素から構成されるシステムとしてとらえ、広義の行基集団を構成する人々からの「入力」を、行基を中心とした指導者層が社会・土木事業として「出力」に変換し、行基集団を構成する人々へ「還元」していたことを述べた。かかる構造は、見方をかえると首長制社会を特徴づける互酬性・再分配を意味している。このことは当時の日本列島が首長制社会であったことを意味するものではないが、律令制が導入されても、首長制社会のような仕組みを利用しなければ立ち行かなかったこの時代・地域における社会の特質を示していよう。

行基集団が結成した知識は、律令制導入の矛盾を克服すべく採用された社会統合の方法であったが、東大寺の大仏造営において聖武天皇が国家的な知識の結成を企図したように[68]、国家も知識の理念を利用した社会統合の方法を採用する。また律令制下における徭役労働の実態として、雇傭労働などもみられるようになってくる[69]。行基集団の活動は、律令制導入による社会矛盾を克服しようとするものであったが、国家がそれを克服すると、行基集団は必要とされなくなる。行基集団の社会・土木事業は、国家が支配理念と実態の乖離を克服する過程で発生した社会現象として位置づけることができる。

註

(1) 石母田正「国家と行基と人民」(『石母田正著作集　三　日本の古代国家』所収、岩波書店、一九八九年、初出は一九七三年)。
(2) 永山修一「天平年間の「行基の活動」に関する一試論」(『史学論叢』(東京大学)』九、一九八〇年)。
(3) 田村圓澄「行基と平城京造営」(『史淵』一一二、一九七五年)、同「行基と僧尼令」(笠原一男博士還暦記念会編『日本宗教史論集　上』所収、吉川弘文館、一九七六年)、同「行基についての二、三の考察」(『続律令国家と貴族社会』所収、吉川弘文館、一九七八年)。
(4) 勝浦令子「行基の活動における民衆参加の特質—都市住民と女性の参加をめぐって—」(『日本古代の僧尼と社会』所収、吉川弘文館、二〇〇〇年、初出は一九八二年)、同「行基の活動と畿内の民間仏教」(同前書所収、初出は一九八六年)。
(5) 北條勝貴「第一次行基集団の生成と構造上の特質(上・下)」(『日本古代・中世史研究と資料』一三・一四、一九九四年)。
(6) 井上光貞「行基年譜、特に天平十三年記の研究」(『井上光貞著作集　二　日本古代思想史の研究』所収、岩波書店、一九八六年、初出は一九六九年)。
(7) 米田雄介「行基と古代仏教政策」(『歴史学研究』三七四、一九七一年)。
(8) 井上光貞「行基年譜、特に天平十三年記の研究」(前掲註(6)論文)。
(9) 森明彦「行基と高石の仏教」(『高石市史　一　本文編』所収、一九八九年)。
(10) 米田雄介「行基と古代仏教政策」(前掲註(7)論文)、長山泰孝「行基の布教と豪族」(『律令負担体系の研究』所収、塙書房、一九七六年、初出は一九七一年)、栄原永遠男「行基と三世一身法」(平岡定海・中井真孝編『行基・鑑真』所収、吉川弘文館、一九八三年、初出は一九七二年)など。
(11) 北條勝貴「行基と技術者集団」(井上薫編『行基事典』所収、国書刊行会、一九九七年)。
(12) 吉田靖雄『行基と律令国家』(吉川弘文館、一九八七年)。
(13) 安倍嘉一「『大僧正記』について」(『文化史学』三八、一九八二年)。
(14) 岩宮未地子「文字瓦の分析と考察」(『史跡土塔—文字瓦聚成—』所収、堺市教育委員会、二〇〇四年)、吉田靖雄「大野寺土塔瓦銘文と文献史料との関係」(『史跡土塔—遺構編—』所収、堺市教育委員会、二〇〇七年)。
(15) 吉田靖雄『行基と律令国家』(前掲註(12)書)、北條勝貴「行基と技術者集団」(前掲註(11)論文)。

（16）吉田靖雄『行基と律令国家』（前掲註（12）書）。
（17）北條勝貴「第一次行基集団の生成と構造上の特質（上・下）」（前掲註（5）論文）。
（18）栄原永遠男「行基と三世一身法」（前掲註（10）論文）。
（19）『史跡土塔―遺構編―』（前掲註（14）報告書）。
（20）八世紀における小規模な用水労働は、農民の集落を中心とする共同体的労働が一般的であったとみられている（亀田隆之「用水労働力と用水技術」〈『日本古代用水史の研究』所収、吉川弘文館、一九七三年、初出は一九六五年〉）。
（21）吉田靖雄『行基と律令国家』（前掲註（12）書）、北條勝貴「行基と技術者集団」（前掲註（11）論文）、近藤康司「大野寺跡・土塔の考古学的検討」（『行基と知識集団の考古学』所収、清文堂出版、二〇一四年）。
（22）岩宮未地子「文字瓦の分析と考察」（前掲註（14）論文）。
（23）森浩一「大野寺の土塔と人名瓦について」（『文化史学』一三、一九七五年）。
（24）「平成一二年度市内遺跡立会調査概要報告」（『堺市文化財調査概要報告』第九七冊、堺市教育委員会、二〇〇二年）。
（25）井上光貞「行基年譜、特に天平十三年記の研究」（前掲註（6）論文）は正倉院文書を参考にして、猪名野における崐陽上溝・同下溝の施工にかかる人件費を試算し、あわせて一六一石・二一二二人を要したとしている。
（26）井上光貞「行基年譜、特に天平十三年記の研究」（前掲註（6）論文）、長岡篤「行基活動の再検討」（熊谷幸次郎先生古稀記念会編『日本史攷究』所収、文献出版、一九八一年）、畑井出「行基集団の開発と律令国家」（横田健一先生古稀記念会編『文化史論叢上』所収、創元社、一九八七年）、若井敏明「行基二考」（同前書所収）など。
（27）溝口優樹「大野寺土塔出土「司解」銘瓦をめぐって」（『国学院雑誌』一一三―二、二〇一二年、本書第二部第二章）。
（28）吉田靖雄「行基と菩薩思想」（『日本古代の菩薩と民衆』所収、吉川弘文館、一九八八年、初出は一九八二年）。
（29）吉田一彦「行基と呪術」（『日本古代社会と仏教』所収、吉川弘文館、一九九五年、初出は一九八六年）。
（30）長山泰孝「行基の布教と豪族」（前掲註（10）論文）。
（31）栄原永遠男「行基と三世一身法」（前掲註（10）論文）。
（32）田村圓澄「行基についての二、三の考察」（前掲註（3）論文）。
（33）願文が刻まれた須恵質製品計四片が土塔から出土しているが、そのうちの一つにみえる「七厝咸登萬」の語は「寺沙門玄奘上表記」にみえる玄奘の上表文の文言と共通している（溝口優樹「大野寺土塔の知識と古代地域社会」〈『ヒストリア』二三六、二〇一三年、本書第二部第三章〉）。願文の作成にあたっては檀越の願意をうけた僧侶がさまざまな用例を参照し、願意に適合した文言をそのなかから選んだものと考えられる。留意されるのは、玄奘の上表文の大般若経書写による功徳を述べる願文において、作善の対象として「国祚」「皇帝皇后」「皇儲」「諸王」とともに「七廟」があげられている点である。須恵質製品の願文が、あえてこのような文章を選択していることを考慮すれば、作善の対象に王権があったことは確実であろう。知識結集にあたっては「天皇の奉為」という社会的理念が標榜されることが多く（竹内亮「古代の造寺と社会」〈『日本史研究』五九五、二〇一二年〉）、須恵質製品銘の願文もその類のものであろう。

(34)『大山崎町埋蔵文化財調査報告書　第七集　山城国府跡の発掘―山城国府跡第二〇次発掘調査略報―』（大山崎町教育委員会、一九九〇年）。
(35)溝口優樹「大野寺土塔の知識と古代地域社会」（前掲註(33)論文）。
(36)『続日本紀』天平四年十二月丙戌（十七日）条。
(37)舘野和己「文献史料からみた狭山池の開発」（『狭山池　論考編』所収、狭山池調査事務所、一九九九年）。
(38)若井敏明「摂河泉における僧尼の動向―行基を中心に―」（井上薫編『大阪の歴史と文化』所収、和泉書院、一九九四年）。
(39)吉田靖雄『行基と律令国家』（前掲註(12)書）。
(40)川尻秋生「日本古代における在地仏教の特質―僧侶の出自と寺院機能―」（大金宣亮氏追悼論文集刊行会編『古代東国の考古学』所収、慶友社、二〇〇五年）、同「寺院と知識」（『列島の古代史　三　社会集団と政治組織』所収、岩波書店、二〇〇五年）。
(41)吉田靖雄「行基集団と和泉国」（『新版　古代の日本　六　近畿Ⅱ』所収、角川書店、一九九一年）。
(42)勝浦令子「行基の活動と畿内の民間仏教」（『日本古代の僧尼と社会』所収、吉川弘文館、二〇〇〇年、初出は一九八六年）。
(43)『続日本紀』和銅五年（七一二）正月乙酉（十六日）条。
(44)『続日本紀』和銅五年十月乙丑（二十九日）条、同六年（七一三）三月壬午（十九日）条、霊亀二年（七一六）四月乙丑（二十日）条。
(45)勝浦令子「行基の活動における民衆参加の特質―都市住民と女性の参加をめぐって―」（前掲註(4)論文）。
(46)亀田隆之「用水労働力と用水技術」（前掲註(20)論文）。

(47) 舘野和己「律令制下の渡河点交通」(『日本古代の交通と社会』所収、塙書房、一九九八年、初出は一九八二年)。
(48) 石母田正「日本の古代国家」(『石母田正著作集 三 日本の古代国家』〈前掲註(1)書〉所収、初出は一九七一年)、吉田孝「律令制の展開過程」(『律令国家と古代の社会』所収、岩波書店、一九八三年)。
(49) 櫛木謙周「八・九世紀における徭役労働の実態」(『日本古代労働力の編成』所収、塙書房、一九九六年、初出は一九七八年)。
(50) 熊谷公男「大和と河内―ヤマト王権の地域的基盤をめぐって―」(奈良古代史談話会編『奈良古代史論集 二』所収、真陽社、一九九一年)、同「文献史学から見た畿内と近国―氏族分布論」(『列島の古代史 一 古代史の舞台』所収、岩波書店、二〇〇六年)。
(51) 土塔の文字瓦に「凡河内倭麻呂」(No.一九九)とみえる。
(52) 吉田晶「凡河内直氏と国造制」(『日本古代国家成立史論』所収、東京大学出版会、一九七三年)。
(53) 土塔の文字瓦に「日根」(No.一二一四)とみえる。また天平十年「和泉監正税帳」に大領と主帳として日根造氏の名がみえる。
(54) 土塔の文字瓦に「日下五」(No.一二〇九)、伝「陶邑」出土資料(参考資料)に「日下マ〔部〕首吉事」(No.一一六三)とみえる。また天平二年「瑜伽師地論」巻二十六跋語に大島郡大領として日下部首名麻呂の名がみえる。
(55) 国立公文書館蔵(内閣文庫旧蔵)『大鳥太神宮幷神鳳寺縁起帳』。
(56) 和泉地域の氏族分布については、吉田晶「和泉地方の氏族分布に関する予備的考察」(小葉田淳教授退官記念事業会編『国史論集』所収、一九七〇年)を参照。
(57) 石母田正「国家と行基と人民」(前掲註(1)論文)。
(58) 井上光貞「行基年譜、特に天平十三年記の研究」(前掲註(6)論文)。
(59) 若井敏明「行基二考」(前掲註(26)論文)。
(60) 溝口優樹「「土師」と土器の貢納」(『史学研究集録』三五、二〇一〇年)。
(61) 直木孝次郎「土師氏の研究」(『日本古代の氏族と天皇』所収、塙書房、一九六四年、初出は一九六〇年)。
(62) 大鳥郡土師郷には百済の字名から百済公の分布が復元できるが、同氏は百済系の氏族であり(『姓氏録』和泉国諸蕃)、農耕の開始にあたって灌漑の整備を必要としたことは土師氏と同様である。
(63) 岡戸哲紀「陶邑と四ツ池遺跡」(『続文化財学論集 第二分冊』所収、文化財学論集刊行会、二〇〇三年)。
(64) 千田稔「行基と地理的「場」」(『環境文化』五八、一九八三年)、吉田靖雄『行基と律令国家』(前掲註(12)書)、北條勝貴「行基と技術者集団」（前掲註(11)論文）。

(65) 浅香年木「律令期の官営工房とその基盤」（『日本古代手工業史の研究』所収、法政大学出版局、一九七一年）。

(66) 長山泰孝「大化前代の尼崎」（『尼崎市史　一　本編　一』所収、尼崎市役所、一九六六年）。

(67) 井山温子「和泉地方における行基集団の形成―とくに須恵器生産者との関連から―」（『史泉』六六、一九八八年）。

(68) 『続日本紀』天平十五年（七四三）十月辛巳（十五日）条。

(69) 櫛木謙周「八・九世紀における徭役労働の実態」（前掲註(49)論文）。

終　章　本書の総括と展望

本書では、日本の古代国家形成を解明するために、和泉北部を中心に地域社会の歴史を社会統合という分析視角を通して考察してきた。最後に、論じてきたことを通時代的にまとめ、国家形成史への展望を述べてみたい。

第一部では大阪府の南部に所在する、須恵器窯を中心とした遺跡群である陶邑古窯跡群（「陶邑」）をとりあげ、その五世紀頃の成立から七世紀頃までの展開を三段階に分けて論じた。第一章では、「陶邑」の一帯に分布する氏族の分析を通し、五世紀前後に葛城地域の豪族集団と紀伊地域の豪族集団が結びつき、泉北丘陵に居住した中小の豪族層を勢力下に取り込みつつ、渡来人を配置して「陶邑」が形成されたことを述べた。第二章では、「陶邑」のなかでも三輪君が結びつきを主張している「茅渟県陶邑」は、日本列島各地への技術移転のセンターたる役割を担ったのに対し、神直などミワ系氏族が居住していた地域はむしろ技術移転をうける側であり、「陶邑」のなかには須恵器生産を王権が直接的に管掌した地域と在地の中小豪族が管掌する地域が内包されていることを明らかにした。また倭王権の人制のもとで、各地の首長から供出された人々が「神人」として「茅渟県陶邑」に上番し、三輪神祭祀に用いる神酒の容器としての須恵器生産を服属儀礼としておこない、その一方で倭王権から須恵器生産技術の再分配を受ける関係が成立していたことを述べた。第三章では、六世紀後葉から七世紀前葉にかけて「神人」などが部制のもとで再編成され、その管轄権が倭王権から三輪君に委譲されたとした。また、三輪君が職掌上の必要性から給酒をおこなう地域を往来する際にミヤケ間を媒介し、そこを拠点として貢納・奉仕をおこなうミワ系氏族間のネットワークが構築されたとみた。第四章では、部制の前身や人制は民衆の編成をともなわない簡素なトモの組織であったが、六世紀頃に成立した部制では、ミヤケが設置されることによって民衆がトモの組織に組み込まれる体制となっており、質的な段差があることを指摘した。また「部民」の管掌について、「部民」となる共同体の出身者が伴造となって管掌する形態と、中央から派遣される伴造が「部民」を管掌する形態があり、前者から後者へと漸次展開するにつれて、在地伴造―「部民」と王権の結びつきが強まる反面、地域社会内部の統合が弛緩する傾向があったことを述べた。

五世紀前後から「陶邑」は形成されるが、その当初から日本列島の社会統合において重要な役割を果たしていたわけではない。倭に最初に伝わった加耶系陶質土器の系譜を引いた土器すなわち「初現期須恵器」は西日本を中心に各地で多元的に生産が開始されていたことが明らかになっている(1)。したがって、この頃の「陶邑」が生産技術の移転などの点において日本列島の社会統合にさほど大きな役割を果たしたとは考えがたい。また大王が独占的に「陶邑」を掌握していたのではなく、それを支える紀伊や葛城の有力豪族の役割が大きかった点も留意される。しかし、「陶邑」が特定の有力豪族の本拠地ではなく、いわば「空白地帯」ともいうべき泉北丘陵に形成されたことは、倭王権が「再分配センター」の形成を志向し、それに乗り出していたことを示している。

その後、日本列島の須恵器生産は「最初の拡散期」を迎え、「陶邑」が技術移転の中心的な位置を占めるようになる。「陶邑」やミワ系氏族の分析を通してみると、五世紀後半の倭王権は技術の再分配や宗教を調整するセンターとして機能し、社会統合を促進していたと考えられる。また須恵器生産の技術を獲得した各地の首長層が、在地で共同体を結集させる手段としてそれを利用するという社会統合の構造があったことを指摘できる。つまり、「陶邑」を中心とした須恵器生産技術の再分配は、王権と各地域社会の間、そして地域社会内部という二重の社会統合を促したと考えられるのである。

ただしこの段階では、各地から須恵器工人のほかにもさまざまな奉仕をおこなう人々が供出されており、後の部制の起点にはなるものの、倭王権と関係を結んだ首長以下の共同体全体が特定の職務を負っていたわけではなく、さほど生産の特殊化は進行しなかったと考えられる。また「陶邑」からの技術移転によらず、独自のルートで技術や物資を獲得していた勢力も存在し看過できない。

一方で、五世紀代には上番奉仕するものや渡来人が倭王権によって大和や河内に配置され、特定の職務に従事していた。このような人々は在地に生産基盤がなく、倭王権に寄生した存在であった(2)。つまり、生産の特殊化によって社会的分業の一端を担うとともに、倭王権による生産品の再分配を必要としていたのである。したがって、これらの集団と王権の結びつきは相対的に強かったであろう。その反面、在地では他の集団との結びつきが弱く、それが国家成立後にさまざまな社会矛盾として発現することとなる。

社会統合という点に注目すると、部制の成立した六世紀代は大きな画期であった。部制ではトモを輩出していた出身母体までもがトモの組織に組み込まれ、社会的分業の一端を担うようになる。専門技術を必要とする物品の生産のみならず、トモを経済的に支える農業生産も分業を前提としたものであり、いずれも再分配の要因となる生産の特殊化を意味する。人制やプレ部制においては、地域の有力首長だけでなく、首長に供出され、王権に奉仕していたトモが存在した。このようなトモは王権への奉仕をはじめることによって地域の有力首長との繋がりが即座に絶たれたわけではないが、部制のもとで中央の伴造や王族などとの結合を次第に強め、それを背景として在地の上位首長から独立する動きをみせる。七世紀前半から中葉にかけて、王権主導の開発を背景にして在地首長下の村落首長が個別経営を志向するほどの成長をみせ、在地首長との桔抗が高じ、首長制秩序には中央集権化に対する平等化運動を含む動揺・変質がみられるようになるとされる(3)。本書でいう在地伴造が、この村落首長に該当しよう。その成長の背景にあるのは部制におけるタテ割り的な中央伴造・王族との結びつきであった。このように、部制は地域に生産の特殊化をもたらし、中央の伴造や王族との結びつきを強め、社会統合を進めたが、地域社会内部の結合は逆に弱体化するという矛盾を内包していたのである。ただし特殊化といっても、各地域で編成された「部民」は特定の職務のみに従事していたわけではなく、農業などの生業に基盤をおきつつ、トモの組織の末端に組み込まれたものであった。よって各地の在地伴造─「部民」は、威信財や技術の再分配という面で王権との結びつきを強めたが、生活基盤においては必ずしも王権に依存していたわけではない。したがって王権によって近畿地方に配置された中央伴造氏族や渡来系氏族に比して、在地伴造─「部民」と王権との間の結合は相対的に弱かったと考えられる。このように、それぞれの集団が編成された形態によって王権との結合の強さに差異が認められるが、各共同体に特殊化をもたらして倭王権を中心とした有機的結合を促進した部制は、生産の特殊化と生産品の再分配によって特徴づけられた社会、すなわち首長制社会における社会統合の仕組みとして位置づけることができる。

第二部では、律令制が導入された八世紀における社会統合の事例として、仏教信仰を媒介とする集団である知識をとりあげ、とくに顕著な活動をおこなった行基集団を考察の対象とした。第一章では大野寺の土塔の文字瓦をとりあげ、瓦に人名を書く行為が各自の信仰にもとづく任意の行為であることを確認し、知識の参加形態に労働力の提供以外の形態があること、土塔の造営をおこなった檀越のなかでもとくに有力な「大檀越」がいたとすれば、和泉監大鳥郡の土師氏の首長がそれに該当する可能性が高いこと、蓮光のような仏道修行者が檀越の動員力を補完していたことを述べた。第二章では土塔から出土した「司解」と記された瓦をとりあげ、この銘文が何らかの官司の解（上中文書）であること、「司」とは郡司であり、律令官司が行基集団の事業に協力していた可能性が高いことを指摘した。第三章では、文字瓦をもとに土塔の知識の構造について検討し、各地の首長層が結集することによって各共同体が結合して行基集団を形作っていたこと、行基集団を構成する共同体間に労働力や財物を補完しあう相互依存関係が認められることを指摘した。第四章では、土塔の知識に関する研究成果を踏まえつつ、畿内の各地で社会・土木事業をおこなった行基集団の構造について検討し、行基・僧尼・優婆塞（夷）からなる狭義の行基集団と、各地で事業の中心となる共同体間のネットワークとからなっていることを明らかにした。さらに、行基集団のおこなった社会・土木事業の歴史的背景として律令制導入によって生じた社会矛盾という点を追求し、畿内において国家が律令制にもとづく労働力（雑徭）を十分に編成できず、行基集団がそれを補完していたことを論じた。さらに、行基集団による社会・土木事業が人々に求められた八世紀前半は、律令制の導入によって一応は体裁を整えた国家が諸矛盾を克服しつつ成熟していく過程であると位置づけた。

行基集団は単に仏教信仰のみを媒介とする集団ではなく、流動的ながらも各地の地域共同体が仏教信仰と財・サービスの相互依存関係を媒介として結集したネットワークとして理解できる。行基集団のネットワークに加わった各地の地域共同体が、灌漑施設の造営をはじめとする社会・土木事業を自己のみでおこない得なかったのは、七世紀以前に進行した特殊化に起因すると考えられる。部制のもとで各共同体が特定の職務に従事したことは、特殊化した分野以外のさまざまな生産品などを王権による再分配に依存することになる。その点において部制は首長制的な社会統合を強固に進める側面があった。しかし律令制の導入後は、特殊化した分野の多くが不要なものとなる。また、王権による再分配に依存していたがために、地域社会内部の結合も弱くなっていた。したがって、郡司のもつ人格的関係に依存した官僚機構による地域支配も十全に機能しなかった。つまり部制の発展は、国家的な社会統合の妨げでもあったのである。行基集団がおこなった社会・土木事業は、結果的に税収の確保に結びつくものであり、真の受益者は国家であった。また灌漑や交通施設の整備などは、制度的にも国家機構が担うべき事業であった。にもかかわらず、国家機構がそれをおこなわなかったのは、官僚機構による社会統合が不十分だったからである。かかる状況下にあって、労働力や財源の補完を必要とする各共同体にとっても、郡の支配を図る国家にとっても、個別に存在する地域共同体をいかに統合するかが重要な課題であった。そこで大きな役割を果たしたのが、地域共同体を超えて信仰できる仏教であり、財やサービスを集積して再分配する仕組みをもった行基集団だったのである。

ところで、行基集団のような存在を、古代の日本全体に普遍化できるのかが問題である。行基集団に匹敵するような大規模な現象はほかの地域ではみられない。それは、特殊化の程度が関係していよう。部制は生産の特殊化をもたらすものの、「部民」の多くは農業生産を基盤としており、そのうえに部制が覆い被さっていた。したがって、多くの中央伴造氏族が拠点を構える畿内と比較して、ほかの地域の特殊化は相対的に緩やかであり、王権に寄生せざるを得ないほどの特殊化はともなわなかったと考えられる。したがって畿内以外の地域では、畿内ほどに社会統合形態の変化による社会矛盾が顕在化しなかったであろう。ただし、部制がタテ割り的構造を有しており、そこに地域社会の統合を弛緩ないしは分断するベクトルが働いていたならば、それをいかに統合するかという問題は生じるはずである。畿外においても、たとえば播磨国賀茂郡では別個の神話と系譜をもつ諸氏族が郡内に存在し、八世紀には族制的秩序よりも地縁的な原理で地域社会が結合していたことが指摘されている(4)。このように別個の神話や系譜をもつ諸氏族の地縁的な統合を宗教などのイデオロギー面から補完するには、仏教が大きな役割を果たしたであろう。よって各地域社会では行基集団ほどではないにせよ、仏教を媒介とした社会統合がおこなわれたとみてよいと思われるが、その検証は今後の課題である。

一方で畿内とりわけ摂津・河内・和泉地域の場合、渡来系氏族や中央伴造氏族など、在地に基盤のない氏族が王権によって配置されていた。そのような集団は農業生産を基盤としておらず、特定の職務をもって奉仕する代わりに生活の基盤は王権に依存せねばならなかった。つまり外部からの移住者は王権に寄生しなければ存立し得なかったのである。生産の特殊化は、首長制社会においては強固な統合をもたらすが、国家的な統合とは位相を異にする。したがって、特殊化が進んだ地域ほど、国家成立後の社会矛盾が明確にあらわれることになる。

行基の死後、かつての行基集団に匹敵するような現象はみられない。それは、行基集団が必要とされない社会になりつつあったこと、つまり首長制的な社会統合の形態から、国家的な社会統合の形態への転換が進んだことを示唆するのではなかろうか。

その具体的な内容としては、まず畿内に居住していた中央伴造氏族や渡来系氏族などが、特殊化した状態から脱しつつあったことがあげられる。これらの氏族はかつて、特定の職務をもって奉仕し、生活の基盤は王権に依存せねばならなかったが、行基集団の活動を契機として農業基盤を整備することができた。また、特殊な職務ではなく、一般的な官人への転身が進んだこともあげられよう。ただし、農業基盤をもっていなかったすべての中央伴造氏族や渡来系氏族が行基集団によって農業基盤を整えられたわけではない。むしろ本質的なのは、国家機構による社会統合の形態が変質したことであろう。行基集団が地域社会を統合した手段としてあげられるのは、仏教信仰と財・サービスの再分配である。国家は、行基集団がおこなった社会統合の方法を両方とも採用した。

八世紀半ばの国家は、仏教を利用した社会統合を企図した。紫香楽宮で発せられた盧舎那仏造営の詔では、知識の力によって盧舎那仏造営を成し遂げるとの理念が掲げられ、「一枝草一把土」をもって造像に協力するものを認めるとともに、国郡司が鋳造を理由として百姓（良民一般）から強引に物資を集めてはならないことが述べられている。(5)そして結果的には知識の協力が得られた。『東大寺要録』縁起章第二所引「造寺材木知識記」には、利波志留志をはじめとする献物叙位にあずかるような大口の布施をおこなったものだけでなく「材木知識五萬一千五百九十人、役夫一百六十六萬五千七十一人」「金知識人卅七萬二千七十五人、役夫五十一萬四千九百二人」が記されている。この数値の内実をどう考えるかは大きな問題であるが、知識の論理で社会を統合しようとする政策を国家が打ち出した点は重要である。このことは、律令にもとづく官僚制のみならず、仏教を社会統合の要として国家が位置づけたことを示す。そして、このような動きのなかで行基が国家に包摂されていったことは象徴的である。政府は行基を登用することによって空前の規模での「知識」を動員し、都鄙に成熟をとげた民間仏教の成果を吸い上げることに成功したとする見解があるが(6)、行基集団の社会統合はそのまま国家の社会統合として包摂されたのではなかろうか。

また行基集団の労働力は、単に仏教信仰だけでなく、知識から集められた財やサービスを再分配することによって組織されていたが、八世紀には反対給付をともなう労働力編成がひろくおこなわれていた。少なくとも八世紀後半には、雑徭に無償労働ではない場合がみられ、在地での有償労働の展開、とりわけ私的な労働力編成の進行という状況の下で、国家が役夫を徴発する場合、給付物が不可欠であった状況がみられるとされる(7)。反対給付を媒介とする行基集団の労働力編成は、このような有償労働の先駆的形態ではなかろうか(8)。このように社会統合の形態が変化した際に生じた矛盾は、行基集団の形成後に国家が政策を修正することによって解消されていったとみられる。行基集団の形成とその活動は、国家による社会統合のあり方を変質させる橋渡し的な現象であったと位置づけられる。

以上の考察結果を踏まえ、社会統合という観点から国家形成史をとらえた場合、八世紀前半における日本の社会は法的力を行使する官僚制による統合が十分でなく、その点において国家は成熟途中にあったということができる。ただ一方で、律令制導入による社会矛盾が生じたのも、新たな社会統合の形態、すなわち法的力を行使する官僚制による社会統合が成立し、社会を規定しつつあったからにほかならない。

では何をもって国家が成熟したといえるのであろうか。社会統合という要素に限ると、法的力を行使する官僚制による社会統合が十全に機能した段階があったとすれば、それをもって成熟したといえるだろう。この問題を追求するには、律令を補完した格式と社会の実態の関係を分析することが必要であると思われる。

本書は日本古代国家形成史の解明に寄与することを意図して、社会統合という分析視角から地域社会の歴史を考えてきた。社会統合は国家形成における重要な要素であるが、ほかにも検討すべき要素や側面があろう。また、国家の有する普遍性、個々の特殊性を明らかにするには、さまざまな社会・国家の比較検討が必要となるが、そのためには各事例について共通した尺度をもって長期的なスパンで歴史的意義を研究しなければならない。日本の古代史研究は、この問題を意識しつつ今後も実証研究を積み重ねていくことが求められよう。

註

(1) 酒井清治「須恵器生産のはじまり」(『国立歴史民俗博物館研究報告』一一〇、二〇〇四年)。
(2) 熊谷公男「畿内の豪族」(『新版古代の日本 五 近畿Ⅰ』所収、角川書店、一九九二年)は、連姓氏族がはやくから王権に寄生した存在であったことを指摘している。
(3) 鈴木靖民「国家形成の諸段階の再検討—首長制社会と対外交通」(『倭国史の展開と東アジア』所収、岩波書店、二〇一二年、初出は一九九六年)。
(4) 今津勝紀「日本古代の村落と地域社会」(『日本古代の税制と社会』所収、塙書房、二〇一二年、初出は二〇〇三年)。
(5) 『続日本紀』天平十五年(七四三)十月辛巳(十五日)条。
(6) 薗田香融「古代仏教における宗派性の起原」(『平安仏教の研究』所収、法蔵館、一九八一年、初出は一九七二年)。
(7) 櫛木謙周「八・九世紀における徭役労働の実態」(『日本古代労働力の編成』所収、塙書房、一九九六年、初出は一九七八年)。
(8) 亀田隆之「河内狭山池の造営工事」(『日本古代治水史の研究』所収、吉川弘文館、二〇〇〇年)は行基集団による狭山池の修造について和雇の先駆的形態とみる。

あとがき

本書は二〇一三年九月に國學院大學に提出した博士学位申請論文「日本古代の社会統合と国家」の一部をもとに再構成したものである。博士論文では、本書で扱った陶邑古窯跡群や行基集団のほかにも、土師氏に関連する論文が数編あったが、紙幅の都合により本書には収録できなかった。収録した論文の初出は以下の通りである。

序　章　本書の視角と構成　　新　稿

第一部

第一章　氏族分布からみた初期陶邑古窯跡群　　『日本歴史』七八四、二〇一三年

第二章「神人」と陶邑古窯跡群　　原題「ミワ系氏族と陶邑古窯跡群」『国学院雑誌』一一〇—七、二〇〇九年

第三章　ミワ系氏族と須恵器生産の再編　　原題「三輪君と須恵器生産の再編——六・七世紀の陶邑古窯跡群を中心に——」『国史学』二〇六・二〇七合併号、二〇一二年

第四章　人制・部制と地域社会　　新　稿

第二部

第一章　大野寺土塔の文字瓦にみる知識　　『国学院大学大学院紀要——文学研究科——』四三、二〇一二年

第二章　大野寺土塔出土の「司解」銘瓦　　原題「大野寺土塔出土「司解」銘瓦をめぐって」『国学院雑誌』一一三—一二、二〇一二年

第三章　大野寺土塔の知識と古代地域社会　『ヒストリア』二三六、二〇一三年
第四章　行基集団の構造とその原動力　新稿
終　章　本書の総括と展望　新稿

収録した論文は博士論文としてまとめる際、また本書をまとめる際に加筆・修正を施しており、大幅に改訂した箇所もある。前述の通り、本書は直接的には博士論文をベースとしているが、さらに遡れば第一部は卒業論文、第二部は修士論文に原型がある。

卒業論文では、和泉北部地域に分布する氏族の分析を通して、この地域の歴史的展開や特質を考察した。私の出身地は大阪府堺市であるが、実家のある土師《はぜ》町は和泉国大鳥郡土師郷の名を現在に伝えており、「毛受腹《もずばら》」とよばれる系統に属する土師氏の本拠地だった地域である。そこは百舌鳥古墳群の一角にあり、周辺には大小の古墳が群在しているが、なかでも土師ニサンザイ古墳（地元では「ニサンダ」と呼ばれている）は実家から程近く、子どもの頃から散歩でよく訪れた。また出身高校の大阪府立泉北高校は陶邑古窯跡群が広がる泉北丘陵に位置しており、当時の大阪府立泉北考古資料館（現堺市立泉北すえむら資料館）に近接していた。泉北高校では三年生の時に日本古代史研究者の下鶴隆先生に教わる機会を得た。受講した科目は政治経済だったが、古代のミヤケの話が印象深かった。このような環境の影響もあってか日本古代史に関心をもったのだが、どちらかというと対外関係史に興味があったので、鈴木靖民先生が教鞭をとられていた國學院大學に入学することにした。

二〇〇五年、学部一年生の前期には早速、鈴木先生の「史学基礎演習」を受講した。その際に、古代史の先生と大学院生たちが毎年おこなっている夏の巡見旅行にお誘いいただいた。偶然にもその年の旅行先が関西方面であり、私が大阪府の出身ということもあって声をかけていただいたのだと思うが、よくわからないまま参加することになった。

三日間で京都府や大阪府の古代の史跡などを巡る旅行だったのだが、最終日には藤井寺市や羽曳野市を徒歩でまわった。藤井寺市には近鉄南大阪線の土師ノ里駅があり、近辺には埴輪窯跡などを含む土師の里遺跡がある。また梅の名所として知られる道明寺天満宮とかつて一体であった道明寺は、もともと土師寺といって土師氏が建立した寺とされる。この地域と地元の堺市土師町はどちらも古代に土師氏が居住した地域であることを知り、ゆかりの深さを感じたことが記憶に遺っている。

学部二年生の時に受講した田中史生先生の「史学展開演習」は、各自で任意のテーマを選び、前期は研究史の整理、後期は史料にもとづいた研究発表をおこなうという内容であった。発表のテーマを決めるためにいくつかの書物にあたってみると、偶然にも土師氏に関する記述が目についた。前年の巡見のことを思い出し、一年生の演習ではひとまず土師氏をテーマとすることにして、対外関係史は卒業論文で扱おうと考えた。ところが調べはじめると興味が尽きず、卒業論文では土師氏を含めて和泉北部の氏族を扱い、それをもとに当該地域の歴史的展開や特質を考えることにしたのである。

修士論文は八世紀の知識をとりあげたのであるが、これも地元と関係が深い。学部二年生の時に鈴木先生から、「帰省する際に『史跡土塔—文字瓦聚成—』（堺市教育委員会、二〇〇四年）を買ってくるように」と依頼された。実家のある土師町の隣は土塔町であり、町名の由来になった土塔という史跡があることは知っていた。しかし、発掘調査がおこなわれ、文字瓦を中心とする大量の出土文字資料がみつかっていたことは、これを契機に知った。なにかの役にたつかと思い、鈴木先生の分と一緒に自分の分の報告書も購入しておいた。土塔の文字瓦には土師氏をはじめとする多数の人名がみえており、卒業論文で利用したかったが、ほとんど触れることができなかったので、修士論文では土塔の文字瓦を活用した研究をしたいと思い、土塔を中心として八世紀の知識を扱うことにしたのである。

卒業論文と修士論文は和泉北部地域を扱った点こそ共通しているものの、一貫した問題意識にもとづくものではなかった。したがって、それまでにおこなってきた研究をどのようなテーマのもとに収斂させ、博士論文として発展させていくかに苦心した。佐藤長門先生からも「その研究によって何がわかるのか」というお話を日頃からいただいており、常に念頭において研究に取り組むようにした。

大学院に在籍していた頃は、さまざまな演習や論文指導、国史学会などで、先生方や院生の皆さんと議論を交わす日々であった。國學院大學は日本古代史だけでなく、他の時代・分野を研究する院生も多かったので、学生研究室でも刺激をうけた。学外では、歴史学研究会古代史部会や古代史サマーセミナー、国造研究会などで研究発表の場をいただき、多くのご意見を頂戴した。また、国立歴史民俗博物館において仁藤敦史先生のもとでアルバイトに従事する機会も得られ、特別共同利用研究員としてもお世話になった。こうした活動の一方で、さまざまな史跡や資料などの調査・見学にも訪れた。本書の第二部では文字瓦をはじめとする土塔の出土文字資料を扱っているが、その実見にあたっては堺市文化財課の方々にご協力をいただいた。これらの成果は、さまざまな形で本書に反映されている。

このような大学院での生活をおくるなかで、「社会はいかに統合しているのか」という観点からこれまでの研究を見直せるのではないかと考えるようになった。また、このような問題が国家形成史の研究において重要であると認識するようになった。そこで、卒業論文や修士論文でおこなってきた研究を踏まえ、さらに国家史の一部として発展させるべく、「社会統合」を分析視角にすえて博士論文の作成にとりかかった。「社会統合」の語は従来の日本古代史研究でも使用されることはあったが、書名や論文名に掲げられることはほとんどなかった。その点において躊躇もあったが、敢えて博士論文や本書の題名に掲げることにした。本書は日本古代の社会統合を全体的かつ体系的に論じたものではないが、社会統合という分析視角の有効性が認められれば、それなりの意義があると考えている。この分析視角は時代や地域を問わず、適用することができるものである。本書は和泉北部地域を中心として、時代は五世紀から八世紀前半までを主な考察の対象としているが、今後はほかの地域や時代の研究にも取り組んでいきたい。

本書が刊行されるまでには、多くの方々によるご指導・ご助力があった。本書のもとになった博士論文の主査であり、学部生の時から現在にいたるまでご指導いただいている鈴木靖民先生、博士論文の副査であり、日頃からご指導いただいている佐藤長門先生、同じく副査をお引き受けいただいた佐藤信先生、市大樹先生に厚く感謝を申し上げたい。また出版に際しては、吉川弘文館の一寸木紀夫氏と並木隆氏には大変お世話になったのでお礼申し上げる。校正や索引作成にあたっては國學院大學大学院生の三輪仁美氏にお手伝いいただいたので、記して謝意を表したい。最後に、数々の無理をいったにもかかわらず、それを聞き入れてくれ、実家から遠く離れた東京の大学に私を送り出してくれた両親に感謝の意を示すことをお許し願いたい。

本書は、平成二十六年度國學院大學大学院課程博士論文出版助成金の交付をうけて刊行されるものである。

二〇一四年十一月

溝　口　優　樹

日本古代の地域と社会統合（オンデマンド版）

Digital Publishing

2024年10月1日　発行

著　者　溝口《みぞぐち》優樹《ゆうき》
発行者　吉川道郎
発行所　株式会社 吉川弘文館
〒113-0033　東京都文京区本郷7丁目2番8号
TEL　03(3813)9151(代表)
URL　https://www.yoshikawa-k.co.jp/

印刷・製本　株式会社 デジタルパブリッシングサービス
URL　https://d-pub.sakura.ne.jp/

溝口優樹（1986～）
ISBN978-4-642-74618-2

著者略歴

一九八六年　大阪府堺市に生まれる
二〇〇九年　國學院大學文学部史学科卒業
二〇一四年　國學院大學大学院文学研究科史学専攻博士課程後期修了
現在　國學院大學大学院特別研究員・信州豊南短期大学非常勤講師・武蔵高等学校中学校非常勤講師　博士（歴史学）〔國學院大學〕

〔主要論文〕
「「土師」と土器の貢納」（『史学研究集録』三五、二〇一〇年）
「天平宝字三年の遣唐使「白牛養」について」（『続日本紀研究』三九〇、二〇一一年）

日本古代の地域と社会統合

二〇一五年（平成二十七）二月　日　第一刷発行

著　者　溝《みぞ》口《ぐち》優《ゆり》樹《き》

発行者　吉川道郎

発行所　株式会社　吉川弘文館
郵便番号一一三—〇〇三三
東京都文京区本郷七丁目二番八号
電話〇三—三八一三—九一五一〈代〉
振替口座〇〇一〇〇—五—二四四番
http://www.yoshikawa-k.co.jp/

印刷＝株式会社　三秀舎
製本＝誠製本株式会社
装幀＝山崎　登

索　　　引

本索引は，Ⅰ事項，Ⅱ史料，Ⅲ研究者名に分類の上，採録した．

Ⅰ　事　　　項

あ　行

か　行

さ　行

ま　行

や～わ行

II　史　　料

あ　行

か　行

さ　行

た　行

な　行

は　行

ま　行

や　行

ら・わ行

Ⅲ 研究者名

あ　行

か 行

さ 行

た 行

な 行

は 行

ま 行

や～わ行